让没有资本有梦想的年轻人感悟并改变

零资金创业的24堂课

世界很残酷，你要学点白手创富术

赵凡禹◎著

深度挖掘全球创业精英披荆斩棘不舍不弃的大智大勇
完整呈现草根逆袭的漫漫征途和砥砺人心的无畏历程

立信会计出版社
LIXIN ACCOUNTING PUBLISHING HOUSE

图书在版编目（CIP）数据

零资金创业的24堂课 / 赵凡禹著. -- 上海: 立信会计出版社, 2015.1

（去梯言）

ISBN 978-7-5429-4401-6

Ⅰ.①零… Ⅱ.①赵… Ⅲ.①企业管理 – 通俗读物

Ⅳ.①F270-49

中国版本图书馆CIP数据核字（2014）第263580号

策划编辑　蔡伟莉

责任编辑　陈　昕

封面设计　久品轩

零资金创业的24堂课

出版发行	立信会计出版社			
地　　址	上海市中山西路2230号		邮政编码	200235
电　　话	（021）64411389		传　　真	（021）64411325
网　　址	www.lixinaph.com		电子邮箱	lxaph@sh163.net
网上书店	www.shlx.net		电　　话	（021）64411071
经　　销	各地新华书店			

印　　刷	固安县保利达印务有限公司			
开　　本	720毫米×1000毫米		1/16	
印　　张	20.5		插　页	1
字　　数	261千字			
版　　次	2015年1月第1版			
印　　次	2018年9月第3次			
书　　号	ISBN 978-7-5429-4401-6/F			
定　　价	36.00元			

PREFACE

前 言

　　怎样才能从身无分文到百万富翁乃至千万富翁呢？

　　不同的时代，创业的手法各有不同。改革开放以来，第一代大多是靠体力，靠自己的辛苦勤奋致富；第二代主要靠魄力，在市场经济还不太成熟的条件下，在许多人还满足于在计划体制的保护中衣食无忧地生活时，这代人敢于为自己创造一个金饭碗；第三代创业靠财力，这其中的多数是第一代创业者的儿女，父辈们已经为他们积累了一定的财富，此外，企业也需要向规模化发展，离开一定的财力是无法实现的；那么，第四代呢？目前在我们身边正在诞生的新生代的富翁靠的是——智力！

　　21世纪，是依靠知识和头脑创业成功的时代。

　　20世纪创业成功的张近东曾说过："很多人也许会用我的事例来证明他们一定可以成功，但是，就以我来说，有些情况是不可复制的，我们白手起家的时候，商品还是供不应求的，我抓住了这个机会，但是社会发展到今天，市场商品大部分都处于过剩状态，现在走我过去的路，就不一定会成功。"

　　在这个知识经济时代里，不仅创业方式前所未有，速度也惊世骇俗，过去需要几十年甚至上百年才能完成的财富积聚，现在几年甚至两三年就完成了。而且，第四代富翁大都也是知识大亨。

正如美国著名未来学家阿尔温·托夫勒所说，知识资本最终将导致"世界财富的一次大转移"，转移到知识资源掌握者手中。但并非持有多少知识就能立即兑换成多少财富，只有将知识资本化，只有把知识资本转化为产业资本，才能获取丰厚的财富。

所以，没有钱不要紧，没有关系不要紧，只要你懂得了这个新的时代创业的方式和方法，你就能双脚走天下，两手抓财富，运用你的胆量和智慧创造财富，这就是零资金创业的精髓。

零资金创业就是通过独特的创意、精心的策划、完美的操作、具体的实施，在法律和道德规范的范围之内，巧借别人的人力、物力、财力，用来赚钱的商业运作模式，如白手打天下、以小博大、四两拨千斤等。总之，在没有什么资金或者很小投入的情况下巧用别人的钱赚钱，让其他地区的钱流到自己的地区，把国外的钱赚到中国来，这就是新时代的创业模式。

首先，零资金创业需要有胆量，用胆识取代成本。试想：为什么只有诸葛亮一人敢唱空城计？因为他有超于常人的胆量。同样，对于零资金创业的人来说，没有胆量就不敢想，更不敢付诸行动。

其次，要善借。目前，许多中小企业因为资金、技术等方面的限制，面临着越来越受局限的市场，经营收益难以提高。何不借外部的力量发展、壮大自己？所以，要摒弃过去那种凡事都自己做、万事不求人的心态，要善于借势，借他人的优异资源发展自我，从而集中精力提高自己的核心竞争力。用借代替成本，也是零资金创业最实用的方法。

零资金创业的关键是创新。随着信息技术、网络技术等各种新兴技术的发展，越来越多的中小企业凭借新技术、新产品、新概念、新渠道、新应用等向行业领头企业发起了挑战。对它们而言："大"已经不再成为屏障，"快"也不能保证永远安稳。在创新中将知识产权化、知识商业化、知识能力化、知识速度化，就能实现无形资产向有形利益的转换。

新的时代产生新的竞争模式，"大鱼吃小鱼"已经转变为"群鱼吃单鱼"。所以，零资金创业要学会运用整合这种方式，与合作伙伴一起协作竞争、战略合作；通过对规模、实力、品牌、历史、商誉、合作月的、合作需求等重新进行整合，用整合代替成本，使企业的资源、品牌、营销模式等优势得到体现并传达给相关利益者；通过整合维持和提高企业的长期竞争优势。

要实现零资金创业，就要注重打造自己的信誉。财富的取得与人品和信誉分不开。就像张近东所说："人品是一个人在社会上的立足点，将其放到企业中来，就体现在一个企业的社会责任感上。"尽社会责任，把财富回报社会，让更多的人受益，是许多成功企业家独特的境界。有了这种精神和境界，也是推动你创业成功的动力。

以上就是本书结合新的时代所表达的新内容。它通过一些典型的事例告诉你零资金创业的精神、方式和方法，旨在培养你创业的胆量、敏锐的眼光、灵活的经营思路、过人的财技和对经营方式的巧妙运作能力。所以，在我们羡慕那些成功创业的人的同时，更要注意吸取他们创业的精神、闪光的智慧、娴熟的手段和独特的创新创意。

另外，本书不只是面对渴望创业的人，不同行业、不同职业者都可以从中受益。特别是对于企业来说，不只企业的创始人是创业者，在企业面临生死考验和跨越式发展的今天，每个人都是创业者。创业精神是共同的财富，是永远都可以激励人心的力量。每一个渴望改变自己命运的人，每时每刻都需要这种创业精神。

一种境界，一种人生，创业不仅是为自己，也是为社会，创业也是人生价值的体现。在这个时代，任何一个普通的人，只要其掌握了特殊的知识，都可以进入巨富的行列。愿我们每个人都能拥有自己的财富人生。

CONTENTS

上篇　零资金创业者的修炼之道

第7章 资源整合，驶上财富高速路

第8章 树金字招牌，凭魅力聚财

中篇 零资金创业者的经商之道

第9章 胜人一筹，创新决定创富 / 117

第10章 产品"拳头化"，品牌响天下 / 127

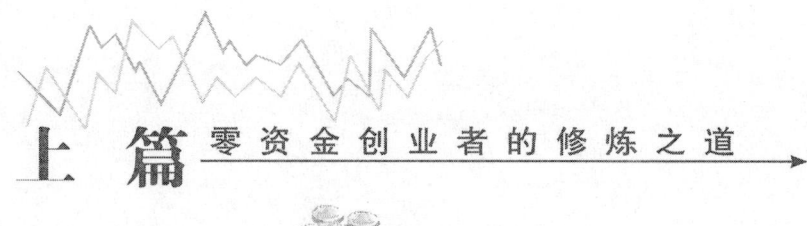

上篇　零资金创业者的修炼之道

第1章

把自己训练成高素质的创业者

零资金创业并不是件很容易的事。作为一个开拓者，你必须具有优良的道德品德、坚忍不拔的精神、坚定不移的信念、必胜的信心、巨大的魄力、充沛的精力、丰富的经验、渊博的知识、优异的才能等素质特征。

你适合创业吗

创业是你实现老板梦的捷径

目前来看，成为老板的有效途径不过是以下三条。

1. 传承

像周海江之于周耀庭、鲁伟鼎之于鲁冠球、徐永安之于徐文荣、梁昭贤之于梁庆德、茅忠群之于茅理翔，这些是儿子接老子的班，儿子接替老子当老板。

2. 打工到合伙人

先加入一个企业，当打工者，依靠自己的勤奋努力和才能，慢慢升格为合伙人，成为合伙制的老板，或在实力养成后，收购本企业或外部企业，成为老板。

3. 自己创业做老板

自己想办法进行创业，做老板。

通过分析来看，这三条途径有利有弊，而且条件要求各不相同。

第一条途径，你首先得有一个好爸爸，能开创事业，做大事业，并且愿意将事业传递给你守成。这十分难得，可遇而不可求，对大多数人来说，只能是一个梦想。

第二条途径，很多人依循这条途径成为了老板，但是过程漫长，对人的耐力、才华有超高的要求，而且这种才华不但要有做企业的才华，还要有"做社会"的才华，你得是企业家，同时也是社会活动家。

第三种途径是最简单的，也是最直接、最干脆的。开一个小门店，投资一两万元，你就可以当老板了。

对大多数人来说，第三种途径是成为老板最现实的途径，也是最为可靠的途径，换句话说，创业是你实现老板梦的捷径。

你对现在的生活是否满意

生活还不是很富裕的人，谁不想自己的生活能够更好一些？创业可以让他们的生活有所改变，甚至是翻天覆地的改变。

早先的创业者大多为下岗工人、失去土地或因为种种原因不愿困守乡村的农民，以及刚刚毕业找不到工作的大学生。这是中国数量最大的一拨创业人群。

清华大学的一份调查报告说，生存型创业者占中国创业者总数的90%。他们其中许多人是被逼上梁山，为了谋生混口饭吃。一般创业范围均局限于商业贸易，少量从事实业，也基本是小打小闹的加工业。当然也有因为机遇成长为大中型企业的，但数量极少，因为现在国内市场已经不像几十年前，像刘永好兄弟、鲁冠球、南存辉他们那个创业时代，物质短缺，机制混乱，机遇遍地的时代已经不存在了。

在今天，仅仅想依靠坐等机遇成就大业，早已经是不切实际的幻想了。虽然创业越来越难，但是如果你做都没有去做，又怎么敢期望一觉醒来就成了老板呢？

你是否喜欢做老板的感觉

你是否不喜欢被管制，你是否喜欢做老板的感觉？有那么一些人，很奇怪，他们没有什么明确的目标。就是喜欢创业，喜欢做老板的感觉。他们不计较自己能做什么，会做什么，可能今天在做着这样一件事，明天又在做着那样一件事，他们做的事情之间可以完全不相干。其中有一些人，甚至连对赚钱都没有明显的兴趣，也从来不考虑自己创业的成败得失。

奇怪的是，这一类创业者中赚钱的并不少，创业失败的概率也并不比那些兢兢业业、勤勤恳恳的创业者高。而且，这一类创业者大多过得很快乐。如果你也是这这"怪人"中的一员，没准哪天你就真成了老板了。

检验自己是否适合创业

一个想要创业的人在创业之前必须了解自己是否具备成功的条件，你需要清楚地想想下面的问题。

1. 是否有一个清晰的创业构想

创业的想法必须明确，你应该能用很少的文字将你的想法描述出来。根据成功者的经验，不能将自己的想法变成语言的原因是还没有经过仔细思考的表现之一。

2. 是否了解你所从事的行业

许多行业都要求这个行业的创业者，对其行业内的方方面面有所了解。否则，你就得花费很多的时间和精力去调查诸如价格、销售、行业标准、竞争优势，等等。

3. 是否有人从事过这个行业

一般来说，一些经营的比较成功的公司，其经营方法比那些特殊的想法更具有现实性。有经验的企业家流行这样一句名言："还没有被实施的好主意往往可能实施不了。"

4. 是否经得起时间考验

当未来的企业家的某项计划真正得以实施时，他会感到由衷的兴奋。但过了一个星期、一个月甚至半年之后，将是什么情况？它还那么令人兴奋吗？或已经有了完全不同的另一个想法代替了它。

5. 是否有良好的关系网

创业的过程，实际上就是一个组织诸如供应商、承包商、咨询专家、雇员的过程。为了找到合适的人选，你应该有一个服务于你的个人关系网。否则，你可能会误用不可靠的人或滥竽充数的人。

总之，你想创业，必须要有相当的竞争力，而且只有你自己才能决定怎么做最恰当。成事不易，创业更难。选择创业这条路，自然而然地会憧憬成功的景象，但是，提前预想到创业过程中将会遇到的种种难题应该是在创业之初应该考虑清楚的。

　　成功的创业者应该具备的条件包括以下各项：

　　（1）自律性强。

　　（2）自信自强。

　　（3）识人能力强。

　　（4）管理技能强。

　　（5）想象力丰富。

　　（6）口才不错。

　　（7）有毅力。

　　（8）较乐观。

　　（9）有奉献精神。

　　（10）有积极人生观。

　　（11）有推销能力。

　　（12）有独立决策的能力。

　　（13）会算成本，重利润。

　　当你确定自己适合创业后，也不必急着走上创业这条路，还必须先评估一下你的创业计划是否可行。

不是所有的人都具备创业素质

　　前面说的一些人具备创业的素质，但是有些人却不具备创业素质，究竟哪些人不适合创业？研究发现以下九种人不太适合创业。

1. 只会说"是"的人不适合创业

　　只会说"是"的人不太适合创业。因为这种人缺少独立性、主动性和创造性，若当了经理，也只能是因循守旧，难以开拓性地工作，对公司的发展不利。此外，这种作风对员工的培养也没好处。

2. 缺少职业意识的人不适合创业

职业意识是人们对所从事职业的认同，它可以最大限度地激发人的活力和创造性，是敬业乐业的前提，如职业运动员、职业演员等，他们具有较强的职业意识。如果你对自己曾经从事的工作缺少职业意识，只满足于机械地完成自己分内的工作，对自己的要求不高，缺少进取心，工作中缺少积极主动性，那你是不适合创业的。

3. 喜欢偷懒的人不适合创业

如果作为一名员工，这种人被称做"工资小偷"。他们付出的劳动与工资不相符，空闲时间过多，只会发牢骚、闲聊，每天晃来晃去，浪费时间，影响工作，这种行为实际是一种变相的盗窃。创业尤其需要勤奋的人，如果这样的人自己去创业，后果可想而知。

4. 僵化死板的人不适合创业

这种人做事缺少灵活性，对任何事都只凭经验教条处理，不能灵活应对。他们习惯于将惯例当成金科玉律，不能适应迅速变化的形势和环境。

5. 感情用事的人不适合创业

处理任何事情都要理智，感情用事者往往以感情代替原则，想如何干就如何干。他们不能用理智自控这对公司的工作是极为不利的。

6. 片面与傲慢的人不适合创业

有的人只注意别人的缺点，看不到别人的优点，或明知别人的缺点，却不能向好的方面引导。有的人喜欢贬低人，抬高自己，总认为自己是最强者，自我本位，以自我为中心，人格方面存在很大的缺陷。这两种人弱点明显，即使有能力，也可能会给公司造成很大的负面影响。

另外，品质不好和优越感过强的人也不适合创业，如果一个人缺少诚信的话，是很难在商场上长期立足的。优越感过强的人自恃才高，我行我素，脱离公司集体，与公司集体的关系难以融洽。

信心，可以成就你的梦想

如果想创业成功，先要对自己充满信心。如果自己对自己创业都没有信心，那创业就是很危险的了。

一个创业者咨询公司曾经对8名创业者做过一个很有趣的实验：

实验人员让这8个人穿过一段很黑的道路，他们都勇敢而顺利地通过了。

这时，实验人员打开这段道路上方的一盏灯。在昏暗的灯光下，创业者们惊讶地发现：那并不是一条平坦的道路，而是在下水道上面搭建的一个小木桥，小木桥下面是脏兮兮的污水。他们正是在毫不知情的情况下，从那个相当狭窄的悬浮的小木桥上走过去的。

实验人员看到他们惊异的表情，问："现在，你们谁还愿意再次走过这段路？"沉默了几分钟，只有2个人举起了手。其中一个小心翼翼地走了过去，速度比先前慢了许多；另一个走到半路就向实验人员求救返回。

实验人员打开了早已经准备好的灯。在明亮的灯光下他们看清：其实小木桥下方装有一个颜色不很醒目的安全网，他们刚才都没发现。

"有谁不愿意通过这座小木桥？"实验人员问。这次有4个人站了出来。"你们几个为什么不愿意呢？"实验人员问没有站出来的其他4个人，他们几乎同时问道："这安全网安全吗？"

创业的确是有一定风险的，就像上面案例中小桥下的下水道。但是，创业能否成功，比拼的既不是对风险的无知，也不是对风险的全知，而是在知道有危险存在却仍然敢前行的信心。

创业成功的人的最大特点就是对自己充满信心。对任何想创业成功的人来说，自信心是清单上最重要的东西。如果一个创业者对于走哪条道路拿不定主意，就会对企业上下的所有人都产生影响。

创业当老板应具备的品质

创业者应当具备哪些品质

创业是一项充满挑战的人生选择，它对创业者有着特殊的品质要求。创业者一定要具备以下几种品质。

1. 公道正派

公道正派和对事业的无私，能使创业者身上产生巨大的向心力和凝聚力。

2. 热情和责任感

创业者是企业的核心，他对事业的热情必会感染企业的职员，从而将各项工作搞得有声有色。同时，只有强烈的责任感、使命感，才能使创业者无论遇到什么样的困难，都有完成事业的决心。

3. 积极性和创造性

创业是一种需全身心投入的事，积极的态度才能使创业成功。在这个过程中，没有人会给创业者部署安排，也没有人会给创业者决策计划，面临问题、困难、危机，创业者只有积极去奋斗，才能取得应有的创业效益。

只有具有创造性的精神，才能让创业者发挥自己的潜能，打破各种条条框框，开创新的局面。

4. 诚实和谦虚

诚实和谦虚是一种美德，这种美德对于任何一个想成功的人来说都非常重要。而对于创业者来说，尤其重要。因为，只有诚实和谦虚的人才能获得别人的信任。

5. 克制和忍耐

克制力和忍耐力是衡量一个人有无坚强意志的标志。如果缺少这样的东西，势必经常发脾气，而发脾气又使人丧失理智，会弄得人际关系紧张，影响工作关系，有可能导致创业的失败。要想创业成功，必须要主动地强迫自己去干自己最不想做的事情，而这往往是你最需要的。

对经商有浓厚的兴趣

对自己做的事没有兴趣，就不会有热情，而对于一个创业者来说，热情是很重要的，没有热情的创业者是很难胜任经营的工作的。

阿尔弗雷德·斯隆（Alfred Sloan）就是一个典型的例子。斯隆生前是美国通用汽车公司的董事长。斯隆毕业于麻省理工学院电讯工程专业，23岁时即就任菲亚特轴承公司的董事长。该公司被联合汽车公司兼并时，斯隆就任新公司董事长（31岁）。联合汽车公司进入通用汽车公司（GM）5年后，他升任公司董事长（48岁），此后历任总裁、名誉总裁。1996年90岁高龄时辞世。

斯隆就任通用公司之时，该公司产品的市场占有率只有12%，每一股的股息不过1美分。1956年他辞去总裁一职时，该公司市场占有率已高达52%，股息也增加到2美元。在斯隆任职的半个世纪中，从来没有发生过不能配息的事情。

在担任名誉总裁后，斯隆也从不缺席公司的董事会。晚年耳聋以后，当记者问及"美国最有希望成长的股票是什么"的时候，他毫不犹豫地写下了"General Motors"。

斯隆的独到之处在于他作为经营者所持的观念和生活态度，特别是他严于律己的实践精神。

当然除了对经营有浓厚的兴趣之外，有经营才能、善于用人、通晓业务、依顺社会情势，这些都是出色经营者的必要条件。

创业者要具有顽强精神

如果说有一种素质几乎所有的成功创业者都具备的话，那就是顽强精神。没有任何其他一个阶层的人会比企业的创业者更需要有坚持不懈、顽强拼搏的精神了。

职工、顾客、股东都希望有坚强的领导人，只有你的竞争对手希望你放弃这种精神。把你的抱负顽强地坚持下去，顽强精神使你更顽强，成功之后会有更大的成功。

哈罗德是福特公司的产品工程师，他坚决主张生产一种微型货车。他的顽强精神并没有马上给他带来好处，因为亨利·福特二世不想在微型货车上冒风险。于是，哈罗德去了克莱斯勒公司。在那里，他设想的新产品得到了总裁艾科卡的支持。艾科卡坚持制造这种新产品："每个人都反对我……但是，赛马的情况就是这样。"后来，哈罗德和艾科卡主导的新产品——克莱斯勒牌微型货车成为连续10年最畅销的车型之一。

所谓顽强，并不是达到愚蠢地步的顽固。它是一种下决心要取得结果的精神，不管在这条路上要忍受什么样的艰难险阻。

在销售领域，售货员需要记住这样一个定律：必须听到三次"不"，才真正意味着这个顾客不买了。在你从事的任何事情上，都不妨考虑一下这个简单的"三次定律"，碰到任何事情，都要用不同的方法试验三次，然后才放弃它。为了更稳妥起见，不妨试验第四次。

成功的老板的重要素质之一是：该坚持的，一定要顽强坚持；该放弃的，一定要及时放弃。

创业者要具有创新精神

所谓创新或具有想象力，并不仅仅是设想出一件新产品或新的服务项目、一种经商的新窍门或者对传统方法的更新，它是指用一种不同的方法表达自己的意思，用一种新方式处理老问题等。你不一定要成为人类最新思想之父，你可以用不同的方式去做一件件小事，从而汇成你的创业事业。

迈克·威尔弗利是威尔弗利家族公司的第四代首席执行官，这是一家生产、供应采矿和化学工业使用的国际公司。

在他的办公室有会议区、会客区和工作区，全都堆放着整齐的文件，可以随时翻阅。在一个角落的一块四英尺见方的厚塑料板上，摆放着机械用具的金属部件。六七块部件并排摆着，非常干净，就跟你可能在机械师车间角落里看到的一样。

当有人好奇地问起时，他解释说："我们出售的产品就是由这些部件构成的，我每天都要看几次。我经常问自己，我们如何进一步改善这些设备？是否可以把它们做得更小一些？是否可以用别的材料？由于我们经常看到这些部件，所以它们始终在我心里。我虽然不是工程师，但公司是由我管的。"

威尔弗利充满创新的思想，公司在他的领导下不断取得成就，这也证明了他的创新思想是多么的重要。

提高创新能力的最简单的办法是什么呢？观察并仔细研究大多数人在一般情况下是怎样做的，而你换一个方式做。你往往不自觉地跟着别人亦步亦趋，人家怎么做，你也怎么做。不要那样，要有新花招，与众不同，推陈出新，超过别人。抛弃以前的老惯例，走新路子，成功的创业者就是这么脱颖而出的。

创业者要具有竞争精神

商场如战场，不进则退。你必须有一定的竞争精神，才能在这个领域里兴旺发达起来。

不论对个人的成长还是对职业的发展来说，竞争都是一件好事。同对手进行的殊死搏斗有助于增强你的斗志，提高你的水平。不要妄想在你卷入的斗争中轻而易举地获得胜利。胜利，特别是轻而易举的胜利不会使你学到很多东西。只有斗争才能学到东西，当你回顾你一生中获得的成就时，最值得你玩味的是克服了重重艰难险阻才获得的胜利。胜利是短暂的，而强大的竞争能力则带给你持久的喜悦。有一个强大的对手或一个难办的问题，是一件好事，因为你战胜了它，可以获得巨大的享受。

请记住，竞争对手帮助你达到顶峰，而轻而易举的胜利则容易使你变得软弱起来。只有同对手不断进行斗争，才能使你的战斗精神旺盛起来。

科罗拉多的罗基斯棒球队的老板杰里·麦克莫里斯说过这样的话："如果我输了，我会感到失望，但我会检讨一下我的失误，考虑一下改进的方法，以保证将来不再重犯。"

具备并保持你的竞争精神，在商战中永不言退，你将成为一位成功的创业者。

创业者应具备的能力

成功创业者应必备很好的洞察能力

勇于竞争、善于把握机遇的人，无论从事何种职业都会大有作为。因为所有产业都要面对市场，因此要有市场眼光对市场上的供求信息反应迅速，并且能够根据实际情况大胆进行决策，再以周密的计划、灵活的处理方式，将设想转化为实际行动，创业就一定会成功。

对于为什么科技创业往往失败、科技型企业往往规模不大的疑问，依靠技术起家的施正荣认为，科技创业能否取得成功，最关键的是是否具有很强的市场意识。"从长期来看，技术对科技创新的成败意义极为重要，但如果不能在短期内做好市场，再好的技术也要归于失败。"

创业就意味着你要带领一个团队打天下，你需要事事冲在最前线，需要与形形色色的现象打交道。这就要求创业者是一个能审时度势、透过现象看本质的人，而这就需要有敏锐的目光区别是非、辨别真伪、洞察秋毫、预算未来。

成功的创业者大都具有极好的洞察力，这样才能趋避风险。正如在山路上能开好车的司机，他会根据路况决定车速，而且会系上安全带，随时收听路况信息。

成功创业者应必备管理能力

管理并不容易，不是管管人、动口不动手的事。小到经营一个家庭、大到经营一个国家，都需要有科学的管理。如何能将内部的资源利用最大化？如何能使一个企业的办事效率最大化？这都与科学的管理有直接的关系。对于一个企业来说就更重要了，良好严谨的管理体制，能使企业散发活力，充满生命力，这就形成了企业文化，能带领企业进行团队作战，其作用可想而知。相反，一个没有科学管理能力的创业者带领的企业就如一个团伙，哪里起火哪里救，哪里出事哪里死，更不用谈战斗力和生命力了。

另外，创业者要有很好的学历能力。成功的创业者大都具有比别人更优秀的学习能力，并且有高度的创新精神。因为他们善于在实践中学习，这种事例不胜枚举，这些成功的创业者对于新事物都具有积极的学习能力与高度的创新精神。管理能力也可以通过学习获得。

成功创业者应该善于工作

成功的创业者总是能够很出色地完成自己的工作：估计商业形势、筹划改组、解雇员工、改革销售代表的报酬、积聚谋求扩展的实力、解决劳资纠纷、处理复杂的人际关系，等等。如此之多的工作需要创业者出色地完成，这就必须要求创业者善于工作。就是说创业者既要是专家，又要是通才。

1. 成为一两个领域内的专家

专家的意思是，你要在对企业极为重要的一两个领域内，如金融、营销、法律、工程技术方面，极其精通业务。如果你不知道哪些方面对你的公司至关重要，你要把它们找出来。如果可能的话，选择一个你喜欢而又是公司所需要的专业，钻进去，学深学透。"如果你不钻透一门专业，你就会在商海里迷失方向。"一位老板这样说，他把一个公司比作大海里航行。对某些事情，尽可能多了解一些，使自己成为专家。

2. 对公司里的各种事情都有一定的了解

所谓通才，就是说，你既要了解自己的专业，又要对别的多种专业有所了解。作为一个老板，你每天所做的许多决定都涉及你专业以外的事情。如果你不对各种事情都有一点了解，那么，你连提问题都不知道怎么提。

做一个成功的创业者，你还必须在两者之间保持平衡：一方面发挥你的通才特点，另一方面必须在你的专业领域内表现得非常出色。

成功创业者应该乐于领导

有人说领导是天生的。另一些人说，领导人是通过学习而形成的。不管怎么说，反正你必须愿意出来领导才行，愿意走到前台来，愿意像一个真正的老板那样承担风险。

要做到乐于领导，你必须首先做到以下几个方面。

1. 树立明确的目标

创业者对发展前途要显得心中有数，这可以给下面的人注入信心。要明确地说："我希望（或者我不希望）你们现在做这件事。"没有任何含糊不清的地方，在你的注视下，做什么事或不做什么事，有明确的界限，使人们找不到借口。

应适当的批评和表扬。当目标没有达到时，要学会进行建设性批评，加以纠正，但不要指责和进行人身攻击。如果伤了人家的自尊心，那会使人抬不起头或在背后跟你对着干。如果人家完成了预定的任务，创业者应加以表扬，这是自不待言的。聪明的领导人往往让下属无意中从第三者那里听到这样的表扬。

2. 合适的形体语言

创业者常常使用非语言的沟通手段。他们传达好消息和坏消息的时候，总是保持轻松的笑容，一副轻松自在、充满信心、稳操胜券的表情意味着："我来领导，我希望你们跟我一起前进。我很需要各位。请相信，我牢牢控制着局面。"有能力的创业者总是保持着充满信心的轻松笑容，即使笑不出来，也得装出来，因为他知道这是发挥领导作用所必需的。

一个乐于领导的人是愿意动动手表示亲热的。例如：创业者拍拍下属的肩膀或后背表示鼓励。领导人适当地动动手，是他可以采取的最有分量的行动。

3. 多出现，多说话

在办公大楼里到处走走，同你碰到的人说说话、聊聊天。不要老是坐在自己的办公室里，那样，你是发现不了公司存在的问题的。

如果你做到了这些，相信你会成为一个乐于领导的创业者。

创业者应该掌握法律知识

自由社会也是法制社会，市场经济也是法制经济，创业者及其所创办的企业，都生活在日益法制化的社会里。如果创业者没有必要的法律知识，就会像不懂得交通法规的驾驶员一样，四处开车乱撞，红灯不停，绿灯不行，即使万幸没有发生伤人之类的情况，那也是要被批评、罚款、吊销执照、剥夺自由开车的权力的。真到那一天，不仅创业者很惨，连其所经营的企业也必将受到影响和重创。

所以，创业者必须十分关心法律的颁布情况，对有关法律必须认真学习，并把重要的条款牢记在心。知道哪些方面有哪些法律规定；哪些法律对企业的生产经营有用；生产经营活动能得到哪些法律保护等。

创业者应了解的法律有：《合同法》《公司法》《银行法》《证券法》《反不正当竞争法》《商品质量法》《劳动法》《知识产权保护法》等。

这些法律法规与创业者的职业活动密切相关，创业者应认真学习，不过不必达到律师那样的熟悉程度。这时，创业者不妨做一次律师的"外行"。

创业者要善于处理人际关系

卡耐基的"人际关系准则"为你拥有良好的人际关系提供了方法。

卡耐基的"人际关系原则"适合处理各种人与人之间的关系。创业者应详加研读，并经常使用。

处理人际关系的基本技巧包括以下各项。

1. 不抱怨，不批评，不责备

抱怨别人是领导者身处压力的象征，成熟的领导者通常不用这种方法；对人有反对意见是正常的，但是作为领导切不可动不动就批评他人，而应该多用激励；领导说话一定要讲究方式方法，不能唯我独尊，把责备他人挂在嘴上。

2. 给予真诚的赞赏

作为创业者，一定要真诚，而真诚要针对某项特殊的表现而发，否则就成了无益的。

3. 引发他人心中的渴望

把你的观念与对方的利益联结起来，这在商场上是非常有用的。

创业者要赢得别人的认同

要赢得别人的认同并不容易，要做到以下几点。

1. 避免争辩

唯一能在争辩中获得好处的办法是，避免争辩。争辩是90%的情绪，加上10%的无聊。成熟的创业者在从事一项并非稳操胜券的工作时，都是避免与别人争论的。

2. 尊重他人的意见

尊重他人的意见，切勿对他说："你错了！"这是对别人智慧的直接侮辱，并且会招来怨恨，只会使沟通的机会更小。要尊重别人的意见，或者只要问他们为何会有此种想法即可。

3. 勇于承认自己的错误

如果是你错了，立即承认。成熟而具有信心的创业者，绝不怕承认自己的错误。

4. 友善待人

以友善的态度开始，假如我们不这么做，如何有可能赢得别人的信任，而同意我们的看法呢？

5. 善于倾听

多让他说话，并乐于倾听。此法不仅可获得更多讯息，甚至可使对方亲自谈到你已决定要做的事。

6. 帮他人重建信心

让他觉得，这主意是他想到的。重要的是什么是对的，而不是谁是对的。只有根据这个原则，你才能帮助他人重建信心，并使他们愿意把好意见提供出来。

7. 真诚

真诚地试图从他人的角度去了解一切。每个人的观念都来自他们的立足点，也许，他们所看到的比你看到的更清楚。

8. 同情他人

同情他人的想法与愿望，这是启开沟通渠道的最好方法。

要让周围的大多数人都喜欢你

创业需要与很多人交往，与一般人相比，创业者尤其需要赢得他人的信任和好感。要让周围的大多人都喜欢你，就要做到以下几点。

1. 记住别人的姓名

姓名对任何人而言，都是最悦耳的语音。许多成功的管理人，在牢记职工姓名方面可说是专家。这当然需要花费心去做，但其收获绝对值得。

2. 聆听

聆听、鼓励别人多谈他自己的一些事，领导者需要资讯以做决策。让那些在基层工作的职工有机会讲话，他们会告诉你许多真正的讯息。

3. 经常微笑

你脸上的表情愉不愉快，并不决定于外在的环境，而在你自己本身，这是你自己的决定。问问自己：你喜欢与什么样的领导一起工作？别人也会有同样的感觉。

4. 真诚地关心他人

无论你有多少资本，真正会使你成功的因素是人。若能逐个去了解他们，不仅会形成好的人际关系，也是一项好的人生事业投资。

5. 谈论他人感兴趣的话题

我们大部分的时间都在想与自己有关的事。让别人也知道，什么与他们有关，谈论他们比较感兴趣的话题。

6. 衷心让他人觉得很重要

这需要很真诚地去做。"让我觉得自己的工作很重要，我便会认真去做。"这概念很可能就是你成功的重要因素，也是你的职工会成功的原因。

第2章

零资金创业凭的是一身胆

　　零资金创业，最先决的条件之一就是胆识，敢于尝试，敢于坚持，提高见识，所谓穷则思变，变化之道在于改变自己。创业最初，什么都没有，如果再没有了胆识做支撑，确实很难创造性解决很多创业难题。不管做什么，只要有胆去做，就会有实现的可能。

胆识非凡，事业才能非凡

没有超人的胆识，就没有超凡的事业。作为创业者，有些事情，一旦想好了，就应该大胆去做。在没有资金或者资金不够的情况下，敢想、敢说、敢干也是一种资本。只要你拥有超人的胆识，在资金短缺的原始积累初期，它也能发挥出难以想象的"资本"威力。

李光前先生是颇具经营才干的新加坡企业家。但是，在他独立创业的初期，他的经营理念并不被别人所认同。然而，李光前先生没有轻易放弃自己的见解，终以他超人的胆识赢取了财富的青睐。

1893年，李光前出生在福建省南安县梅山芙蓉乡，原名李玉昆。由于家境贫困，1903年秋天，年仅10岁的李光前不得不随父亲李国专南渡新加坡谋生。开船不久，气温骤降，船上多是来自穷乡僻壤的福建人，衣衫单薄，个个冻得直打哆嗦。就是这样一个来自乡下的贫穷孩子后来成为东南亚的橡胶大王，其中很重要的一点是他有敢想、敢干的超人胆识。

在李光前先生独立创业的早期，曾发生过这样一件事。一次，他想购买橡胶园，恰巧有一个准备回国的商人想把麻坡1 000英亩的橡胶园以10万元出售。可是，他的岳父陈嘉庚先生极力反对，理由是那个橡胶园时常有猛虎伤人的事情发生，因为工人不敢去割胶，胶园再便宜也会赔钱的。

陈嘉庚先生是商界经验丰富的老前辈，他的话几乎是真理，许多人都佩服他的远见，纷纷劝阻李光前不要轻易买下那块橡胶园。对于李光前来说，自己从一个苦孩子成为名门之后，当然和陈老先生的指点与帮助是离不开的，这一点，李光前永远感激。但是，他更不想让老先生失望，他要青出于蓝而胜于蓝。

于是，李光前开始围绕那块橡胶园进行大量的信息收集和市场调查，之后他得出了一个大胆的见解：政府已经准备在麻坡修建公路，在修建公路的过程中，原来空旷的公路上施工人员和车辆都会增多，修好公路后，来往的行人车辆会更多。这么热闹的公路，老虎会因害怕而另择他处，那时胶园的价格也会成倍地增长。再说，正是因为现在有老虎侵扰，那位商人才急于出手，售价才这么低，如此大好的机会怎能错过？

虽然他的理由很充分，但是毕竟是独立创业，陈嘉庚老先生对他还是不放心。他担心一旦买下来，事情不会像李光前想象的那么好，不但赔钱还会打击他创业的积极性，因此，并没有马上答应他借款的请求。

因为李光前是初次独立创业，资金还是要依靠老先生的，所以他暂时等了两天。

几天后，他见老先生丝毫没有同意的意思，想到机不可失，他作出了大胆的决定，擅自行动，预付橡胶园的定金，最终还是按照自己的意愿把胶园买下了。

不久，李光前的预言实现了，政府在麻坡修建的公路，使他的胶园价格暴涨了3倍。1928年，李光前把买下仅1年的胶园以40万元的高价出售。前后不到1年，李光前净赚了30万元。1928年8月31日，李光前用这笔钱创立了自己的公司——南益树胶公司。后来他的生意越做越大，发展成为东南亚橡胶大王。

在创业初期，当事情进展得不像自己所想象的那么顺利时，许多人难免瞻前顾后，左思右想，或者没有自己的主见。要成功创业，胆识是其中关键的要素。民间流传的成功之道是：一胆二力三工夫。即第一是胆量，第二是力量，第三才是工夫（科学管理或专业技术）。有胆识才会有勇气，才会坚持到底。

无所畏惧定成大事

对于初次创业的人来说，心存恐惧和疑虑是在所难免的。但是，如果处处谨小慎微，不敢去做前人未做过的事，不敢去攀登前人未曾攀登过的高峰，未免显得懦弱无能。因为在目前这个复杂多变的现代社会，心存疑虑就延缓了前进的脚步，当然更难以体验到成功的喜悦，只有勇敢地抛弃那些制约自己的胆怯，无所畏惧，迈出行动的第一步，才能敲开财富的大门。

克里曼·斯通年纪很小的时候，他的父亲就过世了，所以由母亲抚养长大。童年时，斯通曾去一家餐馆卖报纸，结果他被连续赶出来好几次，而且屁股还被踢得很疼。但他还是一再地溜进去，因为他实在需要钱。那些客人见他这样勇气非凡，便劝阻餐馆的人不要再踢他出去。由此，斯通的报纸很快便卖光了。

斯通刚满16岁的那年暑假，在征得母亲的同意后，他试着出去推销保险。曾经推销过保险的母亲指导他去一栋大楼，并从头到尾向他交代了一遍，但是他犯怵了。此时，当年卖报纸被人踢出去的情景又重现在他眼前，于是他站在那栋大楼外的人行道上，不断地发抖。这时，母亲鼓励他说："不用担心，那里的人都很有礼貌，如果你做了，没有损失，还可能有大收获。但是，如果你不做，那你永远也别想过上幸福的生活。"

在母亲正反两方面的激励下，斯通硬着头皮像当年卖报纸那样壮着胆子走进了大楼。很幸运，第一间办公室的人虽然拒绝他但没有把他踢出来。斯通于是壮大了胆子，每一间办公室都去了。那天，果然有了收获，有两个人向他买了保险。虽然斯通只赚了几美元佣金，但是锻炼了他的胆量。什么事情，只要去做，没有什么大不了的。他知道自己已经具备了克服恐惧的那种勇气，于是，接下来的几天，不用母亲催促，也不再需要母亲的鼓励，他每天都会提前走出家门，自告奋勇地去卖保险。尽管也遇到过一些难缠和野蛮的客户，但是斯通首先使自己保持镇静，毫不退缩，然后再想办法将保险推销出去。从此，他开始了自己的事业。

自那个假期开始，斯通继续替母亲推销健康保险和意外保险。他居然创造了一天10份的好成绩，后来发展到一天15份、20份。连母亲都感到意外，也替他高兴，因为母亲一辈子也没有卖出过这么多的保险。斯通也在想：为什么我能行？为什么我成功了？他终于想明白了，因为自己有了"胆量"这个法宝，胆量使他无所畏惧，想办法去克服一切困难，从而变得强大起来。

正是依靠着这种积极进取、无所畏惧的胆量，克里曼·斯通最后走到了美国联合保险公司董事长的位置，成为在全美乃至整个欧美商业界都享有盛名的大商家。之后，他根据自己的经历，向世人传播了成功的秘密及由此所带来的幸福生活的意义。

无所畏惧的勇气是可以锻炼出来的。创业也是如此，因为畏惧失败和风险而不敢行动，只能永远没有作为，甚至被时代所抛弃。这难道不是最大的失败吗？迈出行动的第一步后，你就会发现：成功其实并不难。

风险里面淘黄金

就像美丽的玫瑰花总带刺一样，开创性的事情总是充满着风险。在当今商场中，冒险和成功常常是相伴在一起的，没有胆量就不敢冒险，不敢冒险就没有机会。只有敢于冒险的人，才能在风险面前毫不畏惧，进而抓住成功的机会。

　　小刘在做了5年的建筑工后终于决定自己开公司了。刚开始他想开个砖瓦厂，因为他看到建筑行业砖的用量很大，而自己老家的砖窑还闲置着，正好用上。砖瓦厂开工后利润很可观，很多人羡慕他选对了项目。

　　可是不久，去年由于金融危机的影响，许多建筑工地拖欠他的砖款，后来，就连一些大的建筑商也想先拉货，后付款。这样，小刘前期赚到的钱反而赔进去不少。看到形势的严峻，于是他想到了二次创业，想重新寻找合适的项目。

　　夏季，他来到大城市考察了一个新的高科技产品——畜禽绿色养殖仪，可以利用红外线的作用减少动物感染病菌。小刘想到了家乡是个大的肉鸡养殖基地，觉得市场前景比较好，就想做家乡地级市的总代理。但是，当他把自己的想法说出后，全家人一致反对，大家都觉得不合适，因为这种新产品价格比较贵，而且全国都没有开始销售，第一只螃蟹还没有人吃。最关键的是，做总代理，至少需有上百万元钱买产品，还要租办公楼，支付员工工资，还有广告费用，这些钱一时到哪里借？如果代理没做起来，投入的钱就打水漂了。所以他们都劝小刘不要轻易再创业，等形势好转了再说。

　　小刘调查市场后，养殖户的意见是从来未听说鸡不吃药靠仪器可以控制感染病。但是小刘觉得全市区的肉鸡养殖场很多，鸡的传染病影响养殖户的收入，他们苦于无计可施，这种新产品正好可以解决他们担心的问题，市场空间应该还是很好的，于是就大胆提出要做这个代理商。而且他理直气壮地说：我做好了，就好；做不好，不就是房子没有了，车子没有了，年轻呢，还可以再来！

　　全家人看看实在无法说服他，就积极想办法帮助他筹款。经过一段时间的运作，公司开张了。

　　公司开张初期，小刘整天忙着投放电视广告、报纸广告，在最繁华的地段、汽车站投放广告。但是，对于看重实惠和收效的农民来说，单靠广告宣传并不能说服他们掏钱买一种新产品。为了打消用户的疑虑，他免费让用户使用3个月。在这3个月里，有等着看他失败的，也有同情他的，但是小刘不理会这些，专心辅导用户们怎样使用。经过3个月的推广，市场逐渐打开。当第一个用户反馈说他的肉鸡没有传染到病菌，毛色发亮而且产蛋率高时，小刘兴奋得跳了起来。自己没有看错产品，付出终于得到了回报。之后，一传十，十传百，公司的订货电话也接二连三打来。于是，小刘白天忙着开车送货，晚上有时候下半夜才能睡觉。现在，每天的销售业绩都非常不错。不到半年，小刘在养殖户集中的地方又开了几个代理连锁店。

之后，小刘又在养兔、养牛等其他养殖场推广畜禽养殖仪。在使用的过程中再将用户的意见反馈给厂家，使其得以改进，厂家看到小刘的经营业绩后很满意，又把临近地级市的代理权也给了他。

不到1年，小刘的经营收入已经达到了他开砖瓦厂一半的收入。他深深体会到了高科技项目利润的可观。现在，他不仅买了新车，而且还建立了大商场销售渠道。看到小刘二次创业成功的人们也佩服起他的胆量来。

如果当初小刘畏首畏尾，听从大家的劝说，就不会有今天如此成功的事业；如果他没有创业的勇气和胆量，不坚持自己的主见并且毅然下决心去做，现在就少了一个出色的商人！虽然，他的成功不能仅仅归于胆量。

时代飞速变化，旧的模式不能适应新的环境。经营上的逆境，随时都会出现，要经营制胜，就必须敢于冒险，有冒险才能创新，否则就会寸步难行。当然，冒险不等于一意孤行，在冒险中需要有谨慎的态度。有了谨慎的态度，摔的跤就会少一些。

不惜生命创大业

创业就是干事业，需要付出很大的代价。特别是在上世纪八九十年代，创业环境不成熟的情况下，创业者面临的风险和艰辛更大。因为那时的许多创业者大多是生活所逼，而且没有太多文化知识，仅凭自己求生存的胆量和勇气。所以，对他们来说，创业也是生命的挑战。

臧健和是山东青岛的一个普通医生，从没有想过自己的命运会和亿万女富豪联系在一起，是生活把她逼到了不搏不行的地步。1974年，臧健和的丈夫办好了去泰国定居的手续。3年后，丈夫要她带着两个女儿去泰国。没想到，命运从此将她推入了深渊。丈夫家嫌她生了两个女儿，不能延续香火，因此丈夫早已瞒着她另娶了第二个妻子。只希望能有一个和睦家庭的她眼前顿时一片黑暗。

丈夫家是一个富裕的家庭，在泰国是有名的丝绸商贾。他们以为这样对臧健和已经仁至义尽，她只要安心做这个家庭的附属品就行了。但是臧健和是个自尊心很强的女子，她绝不肯过这种寄人篱下的生活。于是，她一手牵着一个女儿，头也不回地离开了夫家。她暗暗发誓：总有一天，我要让他们对我刮目相看。

可是，这样失魂落魄地回国也会给家里人增添烦恼，于是臧健和辗转来到举目无亲的香港。在这里，她除了一股永不低头的精神外，身无分文。

很快，生活的压力就向她袭来。由于她既不会英语，也不会粤语，找工作遇到了极大的阻力。两个女儿有时饿坏了，只能啃自己的手指头。臧健和看在眼里，疼在心上。劳工处的工作人员问她："你能干什么？"她小声说："现在我已经没有权利选择工作，而是工作在选我，做什么我都愿意。"那位工作人员帮她找了一份洗毛巾、洗厕所的工作。后来，她又兼职给一位老太太打针，晚上去洗电车。一天打三份工，经常累得两眼发黑。

一天，她正蹲在街边洗碗，突然，一辆运货车失控，将她撞倒在地。邻居送她到医院检查，发现是腰骨挫裂伤，还伴有严重的糖尿病。伤愈后，她不能再做重体力劳动，这样的饭碗也丢掉了，难道自己真的没有用了吗？这时又有人劝她回国，因为糖尿病是一种难以治愈的病，需要安心静养。可是，面临巨大生活压力的臧健和哪里能有这种条件？臧健和坚决不答应，她一定要靠自己在香港闯出一条生路。不服输的她在想着自己还有什么一技之长是可以发挥的。有位朋友得知她会包饺子，就建议她去卖水饺。

虽然会包水饺，但是臧健和以前做的是令人羡慕的医生职业，从来没有干过服务业。此时，由不得她多想，臧健和第一次手忙脚乱地生着了火。8岁的大女儿帮助包水饺，4岁的小女儿帮助洗碗。从此，拖着自己带病的身体，臧健和开始在湾仔码头卖水饺。

生意虽然很顺利，但最担心的是政府不给发熟食牌照。一天，小女儿忘记了放哨，结果她们被警察抓了。小女儿一把抓住警察的衣角："叔叔，这不是妈妈的错，是我没有看到你。"臧健和听了泪流不止，警察见状，眼圈也红了，小声说："你做生意吧。"

为了感谢顾客，也为了感谢那些支持自己的人，臧健和决心把水饺当成事业来干。她用的肉、菜、面都是最好的，她的宗旨很简单：使顾客吃着就像在家里做的一样，让每个食客都满意。慕名前来的食客要排一个半小时的队。后来，政府取缔小贩，她便改在家里做生意，许多顾客都会找上门来，生意并未受到影响。

久而久之，一传十、十传百，臧健和的水饺卖出了名气，报纸、电台等大小媒体也争相报道。一天，经亲戚介绍，日本大丸百货公司的老板找来，想与她合作，出资建厂，日方负责，条件是要用他们的包装；办牌照，臧健和来负责。臧健和想，这样一来，中国水饺不就变成了日本水饺了吗？她的水饺事业能发展到今天，是付出了全部的心血啊！怎么能看着别人把自己辛辛苦苦干出来的事业抢走？那样，她这么多年含辛茹苦的付出岂不付诸东流？于是她据理力争用自己的包装。关于价格，她说零售价是11块，但拿到商场上出售就要12块半。在场的人都笑了，哪有批发价比零售价还高的？臧健和不卑不亢地列举理由：到超级市场的产品要改良包装，增加成本，价钱自然要贵，否则就不合作。最后，日商破例答应了她的条件。

周围的人很吃惊："一个在家里做水饺的家庭妇女，竟然能让精明的日本人唯命是从。"而臧健和认为：只要产品好，不愁找不到合作商。你不据理力争，就会被别人欺诈、被算计。最重要的是不能丧失一个中国人的骨气。

之后，臧健和与日商的合作非常成功。不但她的"湾仔码头"水饺在北京获得嘉宾的一致好评，而且她的产品也成功地进入了八佰伴等世界著名百货商场。她由手工作坊实现了现代化生产，只不过为了保持中国水饺的传统，臧健和固执地坚持最后一道工序用手包。

香港回归祖国时，臧健和百感交集，她在上海浦东金桥区购买土地，与美国合资兴建了一间大型现代化工厂。臧健和有一个梦想，在世界各地开分厂，让中国水饺像美国的汉堡一样，在全世界都能看到。

一个曾经被人遗弃的女子，终于用自己的勇气站了起来，而且满带荣誉回到了自己的祖国。

一个女人在被丈夫抛弃而且还带着两个年幼的孩子的情况下能够开拓自己的一番事业，肯定付出了超出常人的代价。事业的成功是她用自己全部的心血换来的，事业就是她的命，她怎能不全力以赴去发展自己的事业呢？

人们常常说：商场如战场。战场上是以生命换来胜利的，虽然商场上不必流血牺牲，但是干事业也需要全身心付出，因为创业过程中遇到的辛苦和风险是无法估计的。尽管有些人的创业可能比较顺利，不会经过什么大的挫折和磨难，但也不能掉以轻心。任何财富的获取都不会是轻而易举的。

置之死地而后生

在影视剧《蒙古王》中，扎木合问铁木真："蒙古人都害怕闪电，为什么你不害怕？"铁木真说："因为我无处躲藏，所以我不惧怕。"年幼的铁木真在茫茫无边大草原的夜晚要独自面对闪电时，他曾经惶恐过，但是当他知道这些胆怯并不能阻止闪电时，他反而变得无所畏惧了。创业者也需要有这种放胆一搏的勇气，方能置之死地而后生。

俞敏洪最初创业时的确是一无所有。在卢跃刚的《东方马车》一书中生动地描述了这段经历：他在中关村第二小学租了间平房当教室，外面支一个桌子，放一把椅子，"东方大学英语培训部"正式成立。

来了两个学生，看"东方大学英语培训部"那么大的牌子，却只有俞敏洪夫妻俩，破桌子，破椅子，破平房，登记册干干净净，人影都没有，学生满脸狐疑。俞敏洪见状，赶紧推销自己，像是江湖术士，凭着三寸不烂之舌，活说死说，让两个学生留下钱。夫妻俩正高兴着呢，两个学生又回来了。他们心里不踏实，把钱又要回了。

就是这样一个一无所有的人目前在中国30多个城市建立起自己的学校和学习中心。新东方还在纽约证交所敲响了上市的钟声，作为中国首家教育概念股，股价上涨强劲，较15美元的首次公开募股价上涨了3.5倍多。而持股31.18%的"新东方"掌门人俞敏洪，如今已是20多亿身家的中国最富有的老师。

俞敏洪取得的这一切靠的是自己的坚韧和顽强。

1991年年底，俞敏洪即将迈向而立之年，可是作为一个男人，快到三十而立的年龄，他却"连一本自己喜欢的书都买不起，连为老婆买条像样的裙子都做不到，整个家庭无处栖身，连家徒四壁都谈不上，自己都觉得没脸活在世界上"。为了攒够自己的出国学费，俞敏洪在北大做外语老师时兼职在外做培训。这种做法惹怒了学校，当时北大给了他一个处分。经济上的困境，再加上名誉上的打击，他突然萌生了辞职的决心。

此时的俞敏洪丢掉了令多少人羡慕的名校的铁饭碗，生活和前途似乎都到了暗无天日的地步。当时，俞敏洪所承受的心理压力外人很难想象，更无法体会得到。尽管成功后的他看起来波澜不惊，但当时他的心中肯定掀起了巨大的惊涛骇浪。怎么能够就这样屈服于命运的摆布呢？毫无退路的俞敏洪决定破釜沉舟了。

后来，当俞敏洪向别人谈起这件事时说道："北大踹了我一脚，当时我充满了怨恨，现在充满了感激。"为什么充满感激，因为他走出了自己独立创业的第一步。"如果一直混下去，现在可能是北大英语系的一个副教授。"正是这些磨难使他找到了新的机会。显然，走出北大成了他人生的分水岭。

尽管因为没有面子在北大待下去，尽管没有攒够出国的学费，俞敏洪却对出国考试和出国流程了如指掌，对培训行业越来越熟悉。离开北大后，俞敏洪开始在一个叫东方大学的民办学校办培训班，学校出牌子，他上交15%的管理费。尽管困难重重，但拼死拼活干了一段时间后，俞敏洪的培训班渐渐有了起色。

眼看着培训班越来越火，俞敏洪渐渐萌生了自己办班的念头。就是为了每天能多挣一点钱，早日攒够出国的学费。就这样，1993年，在一间10平方米透风漏雨的小平房里，俞敏洪创办了北京新东方学校。

截至2014年5月，新东方已经在全国50座城市设立了56所学校、31家书店以及703家学习中心。自成立以来，新东方累计教授学员2000万人次。新东方品牌在世界品牌价值实验室编制的2010年度《中国品牌500强》排行榜中排名第94位，品牌价值已达64.23亿元。外语培训和考试辅导课程在新东方营收中所占比例高达89%，是该公司最主要的营收来源和增长动力。

虽然俞敏洪曾说过："新东方走到今天，不在我的意料之中，因为最初只是为了糊口，招几个学生办个小小的补习班而已。"虽然俞敏洪开始并没有想干一番惊天动地的大事，但事实上他做到了。俞敏洪今日之成就是从昔日苦难、失败中锻炼出来的，在苦难的历练中造就了自己百万富翁的素质。

"岁寒知松柏"，他注定是大器晚成的人。高考数次落榜，他不气馁，复读时他还要务农、代课，终于在第三次高考一举考取北大西文系；毕业后，同学们纷纷出国，他却失败了几次；迟到的爱情，病魔的耽误，拖沓三年半出国未果，还有学校的处分。一切的酸甜苦辣他几乎尝遍了，也锻炼了自己的抗风险能力。所以，才有了现在的"不鸣则已，一鸣惊人"。新东方学校从"星星之火"发展到"燎原之势"。

对此，俞敏洪曾谦虚地说："任何一个人办了新东方都情有可原，但我就不能原谅，因为我在同学眼里是最没出息的人。我的成功给他们带来了信心，结果他们就回来了。"所谓的没出息实在是生活所迫。因为他是全班唯一一个出身于贫困农村的孩子，没有任何社会地位和背景，因为生活所迫，还背负了处分。正是因为他"扎根原在破岩中"，历经艰难困苦才出深山，所以，才能"任尔东西南北风"，顶住各种风浪的袭击，在成千上万的创业者中胜出。

1995年年底，积累了一小笔财富的俞敏洪飞到北美，这里曾是他魂牵梦绕的地方。在加拿大，曾经同为北大教师的徐小平听了俞敏洪的创业经历后怦然心动，毅然决定回国和俞敏洪一起创业。在美国，看到那么多中国留学生叫"俞老师"，许多海归也终于下定决心回国。对此，俞敏洪笑言自己是"一只土鳖带着一群海龟奋斗"。这批从世界各地汇聚到新东方的桀骜不驯的人，把世界先进的理念、先进的文化、先进的教学方法带进了新东方。因此，俞敏洪也就有了更多的期待，他希望能够用自己的行为和思想，为中国学生做更多的事，为中国教育做更多的事，为中国未来做更多的事。

置之死地而后生。只有在那种食不甘味、夜不能寐的焦虑和巨大的压力之下，才能使自己绝处逢生。并且，一旦重生，就犹如生长在岩缝中的树木，生命力会更加强劲。

大胆作为，草根也能成富豪

从草根到富豪是多大的距离，对于许多谨小慎微的人来说，永远都可望而不可即，可是，对于敢想，敢做，敢冲破束缚、打破限制的人来说，没有什么不可能。

在第二次世界大战后的美国，许多人都看好互助基金这一行。互助基金一般由股东提供，股东将这笔资金集中起来，然后投资股票，相对于自己玩股票来说，要保险得多。就个人来说，谁能看透变化莫测、瞬息万变的股市呢？但是，如果投资互助基金，因为有"职业性财务专家"代为经营，所以，小额投资人通过基金就能买到更多种类的股票，相比较而言，比自己炒股风险要小。

随着这种行业的兴旺，他们也到处搜罗推销员，招来后，加以短期培训，就出去推销基金股票了。身无分文的孔菲德就是新招来的推销员中的一位。

因为推销员的佣金是从投资人资金中提取的，而且无论股票行情如何变化，即便是顾客们赔本，对于推销员来说并没有什么大关系，所以孔菲德每天都卖命地推销着，争取多一份投资，多一份佣金。

但是，互助基金犹如一座"金字塔"，最底层是推销员，高高在上的是经理们。居塔尖的人拿到的佣金最多，他可以从所有的下层中提成。爬上那座"金字塔"顶，在工作中，孔菲德的野心开始萌发，一名小小的推销员再也无法满足他的愿望。

一段时间后，他觉得自己羽翼渐丰，应该到更广阔的天地去闯一闯，便自费去了巴黎。当时欧洲许多国家禁止本国公民购买美国的互助基金股票，以免本国资本流向美国。但是，孔菲德却发现了这个禁区中的"新大陆"——美国的侨民市场。比如欧洲各国的美国驻军、外交人员和商人。这些美侨有很多余钱，想要融入即将崛起的华尔街，但由于远居异国，没有一条合适的渠道让他们把资金投于美国股票市场。

孔菲德看到了这个空白而富足的市场，于是，他四处游说，卖了很多投资者计划公司的股票，为公司和他本人赢得了巨额利润。这次成功，激起了他干事业的雄心，他要在巴黎之外，去开拓更广阔的潜在的市场。当然，他已不再满足于从前的公司了，他注意到了一家新的基金公司。当时这家公司的基金股票销路很好，比投资者计划公司拥有更广阔的市场。于是他毅然决定加入这家更有名气的基金公司，大展自己的宏图。随后，孔菲德写信给该基金公司，谈论了他发现的欧洲市场情况，并提出一个迅速开发的统计报告，要求公司高层委派他担任欧洲总代理。

这一建议很快受到了该公司高层的重视，他们反复研究讨论之后，答应了孔菲德的要求。不久，孔菲德成立了自己的销售公司，给它取了一个响亮的名字——投资者海外服务公司，并招聘了许多推销员。现在，孔菲德可以从每一个推销员的每笔交易中提取1/5的佣金。

随着推销员队伍的继续扩大，孔菲德来自佣金提成的收入逐步高升。

到20世纪50年代末，他已拥有100个推销员，业务范围遍布世界许多国家。于是原来的推销员被提升为推销主任，他们也有权从推销员的佣金中提成。而当推销员越来越多、业绩也越来越突出时，他又在推销主任和推销员之间设了一个中间机构——超级推销员，以便满足那些优秀推销员的要求。就这样，孔菲德一级级建立着金字塔般的组织，一层层地从每一个属下身上提取他应得的那部分佣金，他距离"金字塔"塔尖也越来越近了。到1960年，孔菲德已净赚了100万美元，而他自己从未投入过一分资金。

拥有了雄厚的资本，孔菲德终于实现了自己的愿望，成立了自己的互助基金公司——国际投资信托公司(简称IIT)。公司在卢森堡登记，通信地址和总部设在瑞士。他那些熟练而有冲劲的推销员们，使IIT股票像销售热门股票一般节节蹿升。12个月以后，该公司已获得350万美元的投资，直到最后增长到将近7.5亿美元。

但是，长期以来，孔菲德只能向欧洲的美国公民推销，这大大妨碍了他的业务。他采取了一个更为大胆的行动——破除这个限制。

于是，他去拜访每一个国家的财政当局，对他们说："你们现在担心资金流出贵国，我可以帮助你们解决这个问题。我的新基金IIT，将投入一部分资金购买贵国企业股票。但你们要准许我向贵国人民推销基金股票，作为交换条件。"对方感到他的办法可行，购买自己国家企业的股票不就推动了经济发展吗？于是，答应了他的条件。之后，他又用这种模式去说服其他国家。就这样，孔菲德打开了欧洲基金的大门。

之后，孔菲德又在加拿大注册登记了"基金的基金"公司，财路进一步得到拓展。

他就是这样一步步使自己从推销员、推销主任，到老板的地位，直至登上了互助基金的"金字塔"塔尖，实现了白手创富。

成为百万富翁的路有千万条，哪条路最快，什么方法最适合自己，需要根据自己的情况和时代的发展来选择。但是，有一点不能缺少的是——胆识。许多草根成就为富豪的故事可以给我们以启迪：白手起家不是梦，只要你敢于冲破命运的束缚，有一天，也能攀上财富的顶峰。

第3章

改变思维，财富从0到亿

　　零资金创业不是在一堆空杯子里挑一个金杯子，而是要把一个空杯子做成金杯子，创业的关键不在"挑"而在"做"。如果你不能确定创业目标，找到自己的投放点，那么你准备得再怎么充分，都是枉然。

改变命运从改变思维开始

人们早已习惯了一般的思维方式，比如：许多人一想到创业就是租办公室、打广告，这些得花多少钱！而且投入还不知道是否有回报。这种对投入的恐惧阻碍了他们创业的激情。

而且即使失败了，也很难改变早已形成的传统思维方式。

殊不知：创业成功者很重要的一个原则是"少用资金多用脑"。一个"像样"的办公室不一定要自己花钱租！广告也不一定要花钱投放！这就是逆向思维。逆向思维往往能给人一个新的思路，而且还能收到意想不到的效果。

凯恩是美国一个白手起家的企业家，他雄心勃勃，一心要进入华尔街富人的行列。他除了一个充满智慧的大脑和一双手外，一无所有。但不久之后人们发现在繁华地段的办公楼上，有一个公司打出了开办邮购业务的招牌，那正是凯恩的公司。

一天，一家一流杂志的广告推销员正在满头大汗地四处奔波寻找业务。一抬头，他看见了这家公司的新招牌，喜出望外。能在这样繁华的地段开公司，一定是实力雄厚的大公司。

当那位推销员来到这家新开的公司办公室时，看见一位颐指气使的人正在拿着电话大声地说："2 000美元太贵了！1 800美元我也不同意，我要用这笔钱在别的杂志上做更好的广告！"这正是凯恩。当推销员进门的时候，凯恩的电话已经挂了。秘书立即过来请凯恩到另外一间房子里去接"长途电话"。

当凯恩离开后，站在门口的推销员一眼就看到房间里早就坐满了各大杂志社来拉业务的推销员，因为他们都在争先恐后地说着自己公司的优势，千方百计说服该公司负责广告的人到他们那里登广告。真没想到，这些人的消息这么灵通。更为醒目的是，墙壁上还挂着不停跳动的图表，图表上面有许多一流广告杂志社的名称和广告价格。

那图表已使推销员肃然起敬。

这时，凯恩又回到了这间办公室。推销员生怕自己面前的"大鱼"被别人抢走，便迫不及待地说："我们是一流杂志，影响力度最大，而且像贵公司这样的大公司，我们是能给予优惠的。"

凯恩似乎漫不经心地看了他一眼，满不在乎地说："像我们这么有实力的公司，给我优惠是任何一家广告杂志都会做的。"边说边把手指向其他在座的推销员。

一听这话，这位一心想拉住大客户的推销员，急忙给总公司打电话，意思是这是家新开的大公司，为了长期合作，是否考虑首次优惠。挂断电话后，推销员急忙说："总部不但同意低价为您做这次广告，并且完全用赊款的方法，因为能和你们这样的大公司合作真是太荣幸了！"而此时，凯恩也表现得非常通情达理："假如这本杂志的广告效果十分理想的话，今后我每次登广告都将优先考虑你的杂志。"

推销员兴高采烈地忙着向公司汇报去了，他哪里知道这正是凯恩采取的"无中生有"的计谋。因为要让市场和消费者知道自己的公司，必须要登广告。可是对于白手起家的凯恩来说，如果要在计算机杂志上登一页广告的话，最少也要用2 000美元。当时钱是他最缺的，如何解决呢？于是凯恩就想到了一个绝妙的办法，先设公司，租用一个星期朋友的公司，之后又让朋友们扮作其他杂志社推销员，这样一分不花便在一流杂志上刊登了自己的广告。

这样，凯恩的公司名声在外，找他要货的电话令他应接不暇。自然，凯恩又用先付定金后提货的办法为公司赢得了第一桶金。后来，凯恩的公司成为世界一流的微电脑技术软件公司。他自任总裁，自己决定一切重大决策。没有资本的凯恩就是依靠自己的非凡智慧和高超策略扭转了被动局面，达到了自己的目的。

在创业初期，实际花销常常会大于自己所预计的，所以一定要千方百计寻找低成本的替代方案。"无中生有"就是一种大胆驾驭市场的韬略，尽量不花钱或少花钱用智慧替代资金的方法。实在不行，也要尽力用分享未来收益的方法，以减少前期的现金投入。

拒绝陌生行业的诱惑

有句俗话说"隔行如隔山"，创业的确是一门大学问，尽管各行各业是紧密联系在一起的，但是每个行业之间又有许多区别，每个行业都有其自身的经营之道。所以，创业者切不可盲目涉足自己不熟悉的领域。在这方面，有许多血的教训值得我们吸取。

张氏家族是东南亚一带有名的显赫家族，在香港的华人、洋人贸易界有着举足轻重的地位。博彩业大王张先生就出生在这样的豪门世家里。其祖伯父是东南亚最富有的华人；父亲既是洋行买办，又是立法局非官方华东三院主席；另外，他的伯父和叔叔大多都是买办出身。而且，他们既通中文又精通英文的优势，无人可比。

然而就是这样一个显赫的家族，却栽在了股票市场上。张先生的叔父张世明因无法偿还债务，饮弹自杀；长兄张世达患上了精神病，服下大量的安眠药后长眠不起；其他人也抛妻别子，亡命他乡。

是什么原因造成张家家破人亡的呢？

一天，在怡和洋行做买办的张世明，进入大班办公室时，发现地上有一封未封口的信，他好奇地拣起瞄了一眼，原来正好是一个买入股票的信息。张世明早对股票的神奇有所耳闻，但是自己从来没有炒过股。他早就幻想着能一夜暴富，不再打工。惊喜之余，张世明急忙回去与兄弟们商量，决定立刻贷款并倾其所有家产购入信息上提示的股票。

谁知，当张氏家族倾其所有将全部资产投向那只股票后，该股票的价格演出了"高台跳水"的一幕，一路狂跌，一直跌得张家家破人亡。

原来这是怡和大班故意玩的一出把戏。他们想抛出手里的股票，又发愁中小投资者没有巨额资金来接盘，于是操纵股价，先高后抛。虽然张家上下都是非常聪明的人，但张世明弟兄对股票生意是外行，哪里能识破这其中的诡计。

一个本来家业兴旺的大户顷刻之间家破人亡。

虽然有的陌生行业看起来利润大，但是对于不懂行的人来说，涉足就意味着风险。所以，无论致富还是创业，都要慎之又慎。

俗话说：做熟不做生，熟门熟路好赚钱。虽然经商中难免遇到陷阱，但如果是懂行的人，则受骗的可能会大大降低。因此，创业者选择自己的行业时，一定要考虑自身的情况，万不可冒冒失失，一头扎进自己不熟悉的领域而不能自拔。毕竟，选择熟悉的行业是赚钱的一个好开端，因为在最熟悉的领域才能铺下你的第一块金砖。

不做产品，只做技术

目前，不做产品、只做技术的公司在国外比较多。中国企业为什么只能贴牌生产，就是因为国外许多公司只做技术，只做品牌。他们不用投入厂房和生产线，而利润却是制造企业的几十倍。这就是他们以智赚钱的手段。

前几年，上海有一家公司打出了不做产品、只做技术的招牌。这种经营理念是在国家政策的大背景下出台的。

根据国家的计划，2008年中国要在大中城市普及数字电视。所以，电视产业正面临着从电视发明以来的最大的技术革命，正步入一个高清晰和交互服务的时代，要为人们提供更丰富多彩的节目和内容。

对广电运营商们来说，这既是一个良好的机遇，又是一个严峻的挑战。因为在世界经济全球化、市场国际化等外部环境的影响下，国内电信业务范围迅速扩张，同业竞争相当激烈。怎样才能降低技术开发的投入成本，提高运营水平是众多广电运营商们都在思考的问题。

要提高自己的运营水平，必须提高技术投入，但是没有大量的资金如何启动？而且还要招聘一批高技术的人才，花费不少。并且，管理者们大多只是在商业渠道的运作上熟悉，对于高新技术的开发很陌生。

于是，上海某公司看到了这里的商机，他们决定利用自己的技术优势专门做数字电视这一产业发展进程中最主要的技术推动者，为广电运营商提供完整的数字电视综合运营支撑系统和平台。这其中包括业务支撑平台、技术支撑平台、终端平台，帮助广电运营商快速建立和部署数字电视综合运营系统，为数字电视运营商提供用户管理和计费系统、MBS播控平台、内容增值业务平台系统和机顶盒中间件平台系统。

其目的是为了通过降低运营商的成本和提高运营商的运营水平，使观众能从令人耳目一新的新技术中享受到交互电视和高清电视的最大好处。

作为一家完全立足市场的技术型公司，该公司与一般科研院所单纯的技术研发不同，而是更注重于应用，并且要始终切合市场的发展方向。因为众多的技术公司都存在这样的情况：搞技术的管理者不懂市场运作，更不去了解市场的情况，而技术人员则更是只专于技术。对此，该公司总经理认为："技术型公司不可清高，而要和市场密切合作。"并且他们和上海有线网络一直保持着非常紧密的合作关系，如成立数字电视联合实验室，这样，从研发到产业化就有了流畅的通道，研发的产品可以直接应用。一方面避免了研发的盲目性，另一方面也降低了自己的成本投入。这种和应用商的需求结合起来的方式也是研发型公司获得成功的关键。

此外，这家公司是和世界500强之一的TI公司合资成立的，TI是一家发展相对成熟的美国公司，在技术和管理上都给了他们很大的帮助，如技术团队应该怎样组建和管理等。得益于TI的指导，该公司在管理上没有走弯路，降低了管理成本。所以，从成立到现在，一直都在顺利地不断发展壮大。

随着知识经济时代的来临，高新技术的开发和应用会普及到越来越多的行业，拥有技术就是拥有财富。特别是在今天，"中国制造"正在向"中国创造"转型的大背景下，要创新更离不开技术。不做产品只做技术就是用头脑创富的证明。因为这样的公司技术含量高，而投入又很少，所以利润是单纯的制造业所不可及的。

一样的商品两家卖

有时候，我们可能也会遇到这样的情况，同样的商品两家店的售价居然会相差很多，这是为什么呢？同样的商品两家卖，你想过吗？做生意要以顾客的心理为出发点，才能满足他们的需要。如果只顾推销商品而不顾顾客的感受，通常不会受到大众的欢迎。

小玲虽然文化程度不高，但是很有经商头脑。她开了一家服装店，可是由于资金有限，店址并不在繁华路段。如今服装行业竞争很激烈，商家都本着薄利多销的原则做生意，于是小玲也把利润压得很低，可生意还是很萧条。

几天后，好不容易来了一些顾客，但是，他们即使在她店里看中了服装，也还要再到其他地方走走转转，他们总相信其他店还有更便宜、样式更新颖的服装。因为人们相信"货比三家"。可是，往往顾客这一转就再也不回来了。由于周围没有其他的服装店，顾客就去别的地方了。附近地区的居民收入普遍不高，而且文化水平也不高，挑挑拣拣、比来比去是常事。

小玲的服装店周围不是五金店就是百货店，本来她以为自己独行独市肯定好做。现在，没料到居然是这种情况，这样下去不但赚不到钱，撑不了多久就会连本钱都赔光。小玲非常着急，便考虑怎样能把顾客吸引住。

也许是急中生智，后来她终于想出了一个改变经营策略的办法。她想：假如开两个店铺，陈列的商品相同，但若价格不同，不就满足顾客挑挑拣拣的心理了吗？

于是，小玲在离自己店不远的百货店中又租赁了一个店面，然后小玲让自己的朋友帮忙打理新店。她每次都把进来的服装分别放在两个店里卖，但同样的衣服标的价格却不一样，从5元到30元等都会有不少差距。

因为周一到周五，人们大多上班，所以她就在星期天或节假日的前两天准备好充足的货源，而且适当延长营业时间。并且把进货的重点放在自己比较熟悉、有竞争性的商品上，比如：青春一族的服装和物美价廉的服装两者兼顾，或者由较内行的买过服装的朋友亲自介绍给上门的顾客。她的服务内容也不限于商品对路，即便对于那些翻来覆去挑拣甚至只看不买的顾客，她都很有耐心，从不像有些商户那样讽刺顾客。

有时候顾客在小玲的店里看中了一件衣服，又看到不远处还有一家服装店，就去那家转转。尽管小玲告诉顾客自己店里的衣服价格已经很低了，但顾客还是不相信她的话，也有些顾客半信半疑地说：我们先去看一下，不合适再回来。等他们到那家店里一看，同样的服装价格居然和小玲店里的相差很多，于是顾客便很快折回来非常痛快地掏钱买下看好的衣服。不久，小玲就以她灵活的服务吸引了不少顾客上门。

顾客哪里知道，不论自己在哪家店里买，钱都装进了小玲的腰包。从此，小玲的生意渐渐红火起来。

许多开店的人看到同行赚钱很容易，自己辛苦半天却赚不到钱，却不明白是什么原因。开动大脑的智慧才是创业成功的关键。同样的商品两个店卖，也许你认为，这样会增加成本，事实上，两家店所售的价格不同，顾客有了比较，他们选择商品就有信心。总之，只要能抓住顾客的心理，商品销售自然不成问题。

站在他人的角度去考虑

创业者需要和不同行业的人打交道，有供货商、消费者，还有其他人。想要从对方那里有所获取，就必须站到他人的角度去考虑，而不能只强调自己的利益。

这听起来似乎不符合经商的规则，商人哪有不考虑自己利益的？如果考虑别人的，自己还能获利吗？但是，如果一厢情愿只按照自己的意志行事，结果肯定不会是十分理想的。

在法国，有个老太太卡尔基，非常乐于帮助邻居办事，是一个整天闲不住的人。

1965年，老太太90岁时，意外地得到飞来的横福——一笔价值不菲的养老金。

那天，一位不速之客找到她家。他非常真诚地说：老人能长命百岁是许多人的福分。为使卡尔基老太太生活富裕，享受天伦之乐，他乐意慷慨解囊，每月发给老太太2 500法郎养老金。

老太太喜出望外但也有些怀疑：天下真有这么善心的人？在她的追问下，此人才委婉地说出了来意。原来他是法国一位小有名气的法律公证人，叫拉伯莱。

养老金并不是白送给老太太，等老太太百年之后，要把她祖先留下来的一幢房子归他所有。

拉伯莱说完后，老太太莞尔一笑，便答应了下来，并到公证处做了公证。

当时拉伯莱年仅46岁，年富力强，他估计已90岁的卡尔基顶多再活七八年就会去世，自己的如意算盘就可以实现了。于是，费尽心机的拉伯莱天天盼着老太太生病，可老太太却一直健康如常，而且越活越有精神，这可急坏了拉伯莱。

因为他答应给老太太的养老金要按月照付！付出没有回报，不是白扔钱吗？而且从答应老太太到现在30年了，付给卡尔基老人90万法郎的养老金，已经高出房产的4倍多了。

越这样想，他越着急上火。终于，拉伯莱于1995年77岁时患心肌梗死撒手归西，而卡尔基老太太于1997年才去世。

经商强调双赢。双赢就要考虑他人的意见、他人的需求。如果你想让你的合作伙伴与你配合，就需要站在他的角度去考虑对方的利益，那么，对方也会心甘情愿地配合。

古代有个故事就很能说明这个道理，虽然这个故事已过去数百年了，但现在读来，仍然耐人寻味。

明朝时的翰林学士严讷，打算在城中建造新居，地基已经量好，只是有座民房夹在新居房址之中，破坏了新居的建筑格局，大煞风景。

以严讷的地位和财富，想让那家民居搬家是可以做到的。于是，主持新居建筑工程的主管便自告奋勇去和民居主人商量，打算买下这座房子，可房主就是不答应。

因为这所房子是他家祖上历经千辛万苦好不容易才盖起来的，绝对不能在他这辈的手中卖出，落个败家子的名声。主管无奈之下，回来告诉严讷，并请严讷出面惩治房主人。

严讷听后却淡淡一笑，说道："不必了，你只管先去建造其他那三面的房子吧。"遵照严讷的吩咐，工程开工了。

施工时，因为人手多，厨师需要大量的豆腐，严讷让人全部到那座民房主人那里去购买，而且每次都交付现钱。

主管实在不明白，到谁那儿买不行啊！为什么非得去这个不通情理的人家去买？但是，厨师是不敢违背严讷命令的，便乖乖照办了。

民房的主人是经营豆腐生意的，看到一下子有这么大的生意要做，当然很感谢严讷。

每天两口子都忙得不可开交。可是，尽管他们每天起早贪黑地忙活，但还是应接不暇，于是便招人帮工。不久，这家豆腐作坊的学徒工大增，店主也挣了不少钱，制作豆腐的工具也增添了不少。这样一来，那间房子便显得狭小、拥挤。此时，他们靠卖给严讷豆腐赚的钱已经超过了以前1年赚的钱，便考虑为豆腐坊另谋新址。

同时，民房主人为感激严讷对自己的扶助之德，便将祖传房子的房契献给了严讷。严讷随即命人在邻近买了一所比较大的房子，送给了民房主人作为回报。民房主人非常高兴，几天内便迁到新房去住了。

愚者遇事不是决定硬碰硬，就是选择逃避；而智者则善于开动大脑巧妙地利用环境。人人都可能成为你的盟友，关键是你能不能理解他人的需求，并将它与你的需求结合在一起实现。多为别人考虑，反而更容易达到自己的目的。创业致富也是同样的道理，当你和合作伙伴发生冲突时，要考虑以智取胜。

第4章

借力使力，白手也能创大业

　　借助别人的力量让自己获得利益的同时自身的安全也得以保障。零资金创业更是如此，我们在自身条件不足的情况下应懂得借助团队的力量，懂得借助成功平台的力量从而实现自己的梦想，这样才能事半功倍。

没有什么事物不可以利用

荀子说过："君子生非异也，善假于物也。"人要想驾驭自己的命运，提高自己的生存能力，必须要善于借用一切。如果站在平地上看前方的道路看不清，不如借高地以便看得清楚。声音的音量不是无限的，如果要想听者听得更明白，不如借风而呼。自己不擅长的或不能靠个人做到的，可以借外在之物办到。无论借局借势借资金还是借天借地借自然，总之，没有什么不可以为我所用。

在江西老区，有个贫穷的小山村叫高寨，因为山高路远，一度是全县最贫困的村庄。如今，这个小山村依托自己独特的自然条件和浓郁的民俗风情，借"势"建村，不但打造了集观光、休闲、度假于一体的乡村旅游点，而且一跃成为全县旅游业的一个新亮点。

他们之所以能在短时间内打造出一个旅游新村，进而脱贫致富，首先在于他们借助了大自然赋予这里的独特的风光优势。

小山村虽然地处山旮旯，没有什么工业资源，比不上其他地方繁华和喧闹，但是，其地理环境独特，依山傍水，山水环绕，十分秀丽。它四周重峦叠嶂，竹林遍野，一眼看去，令人心旷神怡。而村西边一条小溪穿过翠绿的竹林，形成了蜿蜒曲折的十里峡谷；村东边一条河流从山上奔腾而下形成三个颇有气势的瀑布群，更增添了几分壮美。地势较低的地方，小溪流过之处，清澈见底，大小不一的鹅卵石遍布水中。村西边和村东边的两条水源在村头汇聚成河，两岸杨柳依依。在外人看来，仿佛世外桃源，令人流连忘返。

但是世代生活在这里的人们并没有意识到这是大自然赐给他们的财富，因为他们已经习以为常了，再加上以前的致富观念影响，他们也总想走工业加工的路线，反而抱怨自己这里缺少资源，所以这样独特的资源并没有很好利用。

　　进入21世纪，村支书等人的观念也在转变。听到来这里的客人对自己家乡独特的自然风光赞叹不已，听着游人对高寨村风光的赞美，他们萌发了依托独特的自然风光优势发展乡村旅游的想法。这就是大自然给予自己的财富啊！为什么不好好利用呢？于是，他们决定向天向地借用这些独特的自然风光。

　　在乡党委、政府的引导下，他们把规划建设新农村与开辟旅游景区景点结合起来，积极自筹与引资开发了十里大峡谷、漓源瀑布等著名景点，形成了村中有景、景中有村，村、景相融的新农村。

　　村庄的面貌变样了，他们又决定借助历史文化的优势，打造有独特民俗风情的旅游新村。

　　原来，历史上这里是个瑶族村民居住较多的村庄，虽然几经变迁，但至今该村还保留着浓郁的民族风格。例如：这里的房屋都是以木楼为主，幢屋毗连，层次分明；村里上年纪的村民还时常穿上瑶族服装，这些服饰非常鲜艳精美，图案也十分生动艳丽。而且他们在生活上还保留着瑶族的一些风俗，如男女婚礼要唱贺郎歌、陪嫁歌，劳作时喜欢唱山歌等。丰富的民俗风情成为这里的一大特色，也是增添旅游内容、吸引客人的一大亮点。

　　于是，村民们决定借助历史上流传下来的瑶族民俗风情的优势，再进一步挖掘整理，突出瑶族民俗的观赏性和娱乐性。为此，他们成立了由20多个年轻小伙子和姑娘组成的"民俗表演队"，一有客人从远方来，大伙就凑拢来，或举行瑶族饰服表演，或载歌载舞、吹拉弹唱，让外来的游客大开眼界。同时，还举办篝火晚会，邀请游客一起跳民族舞蹈"竹竿舞"，让游客参与其中，自娱自乐。

　　最后，他们要借助名山的优势，壮大自己的名气，进而丰富旅游内容。

　　由于这个小山村的名气不大，前来旅游的人在地图上很难找到它。于是，村支书和一帮足智多谋的村民商量，决定借名山扬自己的名。这个山村位于著名的"华南第一峰"猫儿山的山脚下。猫儿山是漓江、资江、浔江的发源地，海拔2 124米，四季都适合旅游，各有特色。20世纪90年代初，各地游客就纷纷前来饱览"华南第一峰"猫儿山胜景。随着猫儿山的旅游日渐红火起来，小山村的人们看准了这个可以借助的现有优势，打出了"猫儿山下第一村"的招牌。经过大力宣传，小山村的知名度越来越高。

通过借天借地借自然，小山村大变样，旅游的人们越来越多，村民的钱包也鼓起来了。

外在的力量，包括有形的、无形的，社会的、自然的等，凡是独立于自己之外而存在的，都可以为你所借。

人类生活的大环境、大气候等，本身就是一个巨大的场，影响和左右着人们及其身边的一切，没有什么比这种力量更神奇和强大。能够借助这种神奇而独特的力量，胜过自己奋斗几十年。在借天、借地、借自然的同时，我们往往也强大了自己。

用别人的钱创自己的业

任何事情，都是在一定的局势之下开始的，认清面临的局和势，恰当地利用它们，是成功的前提。有了这样的智慧，借者可以将现实中各种错综复杂的关系看得清清楚楚，对自身的处境、优缺点一目了然，在借的过程中少走弯路。

亚都人工环境科技公司是我国一家著名的加湿器生产厂家。亚都加湿器自上市以来，一直在市场上独领风骚。但是，该公司在推出自己产品的过程中，并非像其他厂家那样高成本地在知名媒体大把花钱去做广告，而是经常巧妙地借别的厂家已经造好的现成局势，借对方的"力"为自己服务。这样亚都不费吹灰之力，轻而易举地就把市场争取到了自己手中。

早在20世纪90年代，他们推出自己的产品时曾发生过这样一件事情。一次，亚都得知北京某加湿器厂将于8日起在各大、中型商场同时开始展销。当时的亚都没有多少名气，但是他们分析那个公司展销期间一定会大做广告宣传，肯定会招徕不少顾客。

果然不出亚都所料，展销那天，得知要展销加湿器的人们挤满了北京所有的大、中型商场。那个公司的推销员们也急忙兴高采烈地向人们介绍他们的产品。可是令他们感到意外的是，人们在询问了功能和价格后，都选择了旁边另外一家公司的产品，这家公司就是亚都。

原来，在展销之前，亚都公司就做了一件事，在7日、8日两天，把该公司的新型加湿器摆在那个公司在各商场的所有展销柜台。他们虽然没有力量去做市场推广工作，去吸引庞大的顾客群，但是，他们可以借助对方已经造好的声势。结果，被对方广告吸引而来的大批顾客，来到商场，经过比较，大都选择了亚都产品。亚都加湿器在展销期间，销量超出竞争对手几十倍。而那个公司展销半个月在各商场的销量却仅有30~50台。

即便亚都有能力去做像该公司那样的庞大的市场推广，但是耗资肯定不会少。能够借对方之力为你所用，不也可以达到同样的目的吗？而且投入的成本可谓微乎其微。

企业推销产品可以借势造势，个人创业也可以巧妙地运用他人现成的局势。或是关系，或是能力，或是资源，或是销售网络，或是周边环境等，一切都可以借来为你所用，把他人的力量转化为自己的力量，达到借梯上房、借树开花的效果。

商业巨头星巴克初创时从未在媒体上做过广告，但他们却强调把店开在拐角处——因为十字路口两边的人都会看得到。他们的选址一般都会在市区繁华路段，选择与消费者量大的店面合作的方式，如餐饮店、网吧、婚庆店、鲜花礼品店等。

这样的话，他们无须多少现金投入，只要在店外竖起一块醒目的广告牌作为宣传，即可借繁华路段的那些气派店面提高客户信任度。有什么广告能比繁华路段上店面的效果更好？对消费者来说，毕竟，百闻不如一见，而且能在繁华地段开店面，实力也不可小看。何况，星巴克在经营自己业务的同时也可以帮助其他店面带来客流，而那些店家所付出的不过是借用一席之地。

如果创业者有足够的信心，甚至可以提出更好的条件以选择与更好的店面合作，或者调动合作者的积极性。如免费试用2个月后付租金，或者根据自己公司的销售给店面提成。

巧借身边资源

当今，随着市场经济和经济全球化的发展，生存竞争日趋激烈，这从另一侧面说明了中国人生存压力之紧张，谋生之紧迫。人与人之间的交往也免不了借与被借。这就促使人们更多地利用借，巧妙地借，广泛地借。

当你需要筹一笔款或筹些创业资本时，一般都会首选自己的父母兄弟姐妹，因为他们最了解自己，在别人心存疑虑时他们会给予支持。

浙江的施关水在养殖石蛙的过程中因为没有完全按照技术专家说的去做，再加上天气等因素，赔进去不少钱。他几乎没有钱再投入了，眼看着自己辛辛苦苦养殖的石蛙要毁于一旦，他不甘心。但是，这么一大笔钱谁敢借给他？万一他养殖不理想，岂不打水漂了吗？所以，在这个关键的时刻，施关水想到了他的弟弟。他知道弟弟想盖房，手里肯定存着不少钱，于是他向弟弟说出了自己的想法。弟弟很佩服哥哥干事业的决心，毫不犹豫地借钱给他，推迟了盖房的日期。施关水得以购置饲料等，才有了以后的大翻身。

后来，施关水的妻子都说，如果知道他要借这么多钱，肯定不让他借，因为她担心万一还不了，兄弟的情分都没有了。

这种担心不是没有必要的。但对于大多数人来说，也正是关键时刻亲人的支持，才使他们有破釜沉舟、拼死一搏的勇气，从而才可以扭转败局。

所以，无论借钱还是借力、借势等，有血缘关系的亲人肯定是首选。在这方面，我国的私营企业在发展的过程中大多借助了家族和亲戚的力量就是明证。

对于亲人间的借来说，父母、亲友的钱款通常是无息的，因为是出于义务性的帮助，所以，在向自己周遭的至亲朋友开口伸手前，一些常识也是必须知道的。父母、亲友的钱一定要有个还款期限；万一还不上，一定要重新约定下一个还款时间，不可依靠人际关系而蓄意蒙骗。否则，这种金钱的往来可能使你的人际关系恶化。

另外，要切记一个原则——别人没有绝对义务借钱给你。父母的血汗钱要多多体谅，即便不能助你一臂之力，也要内心常怀感激。

除去借助亲人的力量外，还可以借助合伙人的力量，他们也是你身边可以利用的资源。而且，从古至今，都有这方面成功的例子。

1990年，年仅32岁的"新掌柜"刘瑞旗在恒源祥家底还很薄的时候，筹集资金18万元做广告。广告虽然仅做了5秒，但却大获成功。从此，他们看到了广告的力量，宣传费逐年增加：1991年33万元，1992年118万元，1993年419万元，1994年1 103万元，1995年2 000万元，1996年突破3 000万元。

当时，恒源祥集团有人感觉这个价格太离谱了，不好接受。但是，刘瑞旗的办法是：增加加盟店。刘瑞旗给他们算了一笔账：这3 000万元分摊到加盟店头上，不算太多。假设每个加盟店计划用1 000万元投入广告，5家就需要5 000万元。现在恒源祥集团用3 000万元来推广大家共同的品牌"恒源祥",对每一家加盟店来说,相当于用1 000万元获得了3 000万元的广告效果。这么做,对加盟店来说投入少、收益大,对恒源祥集团来说,加盟店的成员越多,"恒源祥"节约的广告运作费用相对也就越多。

这种利益捆绑,其实相当于引入创业合作伙伴。在创业初期这种借的方式尤为重要。

事实上,借用别人的东西对借用者来说解了燃眉之急,对被借的一方来说,有一种受尊重的感觉。只要利益分成达成一致,借别人的东西可以认为是天经地义、习以为常的。

我们身边有很多免费的资源,无论人力、物力还是财力。所以,在经商创业时,千万不要忽略了身边这个既方便又直接可以利用的资源,更不要舍近求远。让身边的资源活起来吧!

借金鸡才能下金蛋

不论一个人的全面发展还是一个企业的健康成长、甚至一个国家可持续性的经济增长,都存在着个体和外部之间的各种物质、能量和信息的交流、交换,或者更直接地说就是借与被借,这种借和被借是免不了的。问题仅仅在于,在借的过程中,必须注意到借的条件。

就像谁都盼望自己能得到一只金蛋一样,要借先是要借一只"好鸡""金鸡",找好项目。那么,一只金鸡什么时候能够孕育出金蛋来呢?这就需要做好策划。因为利用不好的话,他人的"金鸡"也可能不给面子地生一只普通的蛋、甚至是"臭蛋"。蒙牛借"神五"腾飞就很好地借助了"金鸡"的名气，从而达到了下金蛋的目的。

2003年10月15日，中国第一艘载人飞船发射升空，16日下午，"神舟五号"载人飞船顺利返回地面，中国首次载人飞船飞行成功。

举国同庆、万众欢呼，大大地提升了人们强烈的民族自豪感。短短的二十几个小时内，不但中国，而且世界许多其他国家都在关注"神舟五号"载人飞船事件。

此次事件无疑最能吸引人们的注意力。如何借助这个令人欢欣鼓舞的时刻，展开事件营销，迅速提升企业品牌知名度与美誉度，成为全国众多企业关注的焦点。

10月16日6时23分，"神舟五号"载人飞船的返回舱在内蒙古大草原安全着陆，宣告中国首次载人航天飞行圆满成功。此时，蒙牛户外广告宣传立即在全国广泛开展起来。在"神五"载人舱成功落地的短短10分钟内，北京新源里大街上，人们就看见了蒙牛的第一幅候车亭广告。如此神速，迅速成为焦点中的焦点。

此后在不到1天的时间里，蒙牛关于此次飞行事件的电视广告、平面广告、户外广告，各种软硬结合的新版广告共计5 000幅，在第一时间出现在全国各大城市的家庭与街头。

人们惊奇地发现：蒙牛的广告一改从前只介绍产品的做法，而以庆祝"神舟五号"载人飞船取得圆满成功为主，如"举起你的手，为中国航天喝彩""健康才能强国"等以情感诉求为主的公益广告和企业庆贺广告等。完成了广告的整体更新，赋予了蒙牛产品更丰富的内涵，通过不同的广告表达形式，人们看到了蒙牛和全国人民一道真诚地为"神舟五号"喝彩的形象，同时也加深了对蒙牛品牌的记忆。蒙牛品牌的知名度在短期内迅速得到了提高。蒙牛无疑达到了借"神五"腾飞这只极其宝贵的"金鸡"为自己的企业下"金蛋"的目的。

蒙牛被喻为中国乳业的一头"猛牛"，作为处于生长期的新锐品牌，其势头不可阻挡，他们仅仅用了4年的时间，就跻身于中国乳品行业前四强。虽然蒙牛公司已具备了稳定的、更具市场发展前景的销售网络和一支过硬的、熟悉业务的经营管理队伍，产品市场覆盖率达91%（以省为单位），全国有30个省、市、自治区，160多个城市在销售蒙牛产品，并深受消费者的欢迎，但蒙牛集团认识到其品牌的认知率仍需要加强和提高。因为中国乳品行业竞争激烈，一线品牌不仅要迅速进行市场渗透并且巩固市场地位，而且还要面对国际市场品牌的挑战。品牌突围迫在眉睫。蒙牛决定通过大规模的市场推广来建设品牌，利用品牌效应充分挖掘、发挥、提升集团在产品上的优势和潜力。

但是，选择什么载体才能体现蒙牛与世界品牌奶业一争高低的气魄呢？他们经过反复的思考、筛选，最后定位于航天工程类，因为这是中国国力强盛的标志。

于是，早在2002年的上半年，有先见之明的蒙牛集团就与中国航天基金会进行了接触，作为航天员专用牛奶的策划也进行了两年多。"蒙牛"品牌搭乘"神舟五号"载人飞船的战略目的是：借此令全国人民振奋鼓舞的时机，在消费者心目中树立正面的形象，使消费者对企业产生一种强烈的认同，最终提升消费者对蒙牛品牌的忠诚度。

在蒙牛通过一系列的营销运作后，2003年7月18日，蒙牛集团向多家媒体公司公布了媒体发布竞标通知书。在经过1个多月的谨慎筛选后，蒙牛集团最终确定以广泛分布于全国主要城市的白马"风神榜"候车亭网络，来担当策划已久的"神舟五号载人飞船搭乘计划"的户外广告媒体，为蒙牛品牌事件营销的成功打下良好的基础。

事实证明：整个事件活动全程策划和执行得都非常完美，其广告速度可以说在中国广告业界是绝无仅有的。这次营销活动为蒙牛在全国的乳业市场奠定了良好的品牌基础，也为蒙牛在未来市场的品牌之争积蓄了力量。

"神舟五号"为蒙牛品牌带来的强势效果不但令蒙牛人引以为荣，就连全国的观众也都记住了蒙牛在那个激动人心的时刻与全国人民一起欢呼的场面。

任何健康的企业模式都不是为了亏损而被创建的，借用别人的资源必然存在一个成本回收周期和赢利周期。"借金鸡"虽然投入会比较高一些，但是它下的金蛋会源源不断，说不定会孵出一只小金鸡。如此一劳永逸、滚动发展不但可以提升自己，使利益最大化，而且可以达到实现自我利润、提升资本的终极目的。

借成功的人一起干事业

在每个人的发展过程中，无时无刻不在和形形色色的人打交道，人与人之间相互制约和影响。市场经济社会也促进了有志者成才的机会，许多有志者要在这个社会大舞台上施展一下自己的拳脚，而好的人际关系能为他们的成功助一臂之力。我们可以利用对方提供的发展空间缩短自己与成功的距离。

在阿根廷首都布宜诺斯艾利斯，一段时间里，人们总是看见有个17岁的年轻人几乎每天都在一家著名的烟草公司门前徘徊。没有人理睬他，就连看门的人也只会时不时给他白眼。

原来，年轻人出生于希腊的一个难民家庭，为了改变贫穷的命运，靠在一艘货船上做帮工漂洋过海才来到南美。因为两地烟草贸易差价悬殊，许多像他一样贫穷的人都发财了，所以，他也希望自己能投身于"淘金"者的行列。

可是，当他来到这里后才明白，自己在当地一无熟人、二无客户，尽管他每天起早贪黑地辛苦推销，但别人根本不敢买他的货。怎样推销出这些烟叶呢？年轻人苦思冥想后，决定到著名的郝根烟草公司寻找机会。

对于一个陌生人来说，要进入这家大公司，难度可想而知。但是，尽管遭受冷遇，年轻人还是像烟草公司的员工上班一样准时，天天来这儿。后来人们习以为常了，就让他出入公司大楼。年轻人到楼里，从不打扰别人，只是在董事长的办公室门口耐心地等待。

烟草公司董事长郝根开始并不在意，几个星期后，他终于发觉了这个似乎有着满腹心事的年轻人，便问道："小伙子，你有什么事吗？"

年轻人回答道："我来自希腊，手里有一些中东优质烟叶。听说贵公司经营良好，想卖给您，但初来乍到，希望得到您的指教。"

"做买卖我们总是欢迎的，你为什么不早点说呢？"

"您一直很忙，我本不想为这点小事麻烦您。所以，来了好几周都不好意思向您开口。"

"唔，我确实很忙。你可以同本公司的购货处洽谈。"

年轻人连声称谢，可是并未有离开的意思。这时郝根恍然大悟：他等了足足几个星期，并非不知道购货处负责此事，可能是有求于我。想到这里，郝根说："这样吧，请到我办公室来稍候片刻，我打个电话去购货处联系一下。"

得益于郝根董事长的帮助，年轻人日夜发愁的烟叶销售问题顷刻之间顺利解决了。

从此，年轻人从中东源源不断地运烟叶卖给郝根烟草公司，郝根公司的发展如日中天，因此年轻人获益颇丰。

3年后，正是靠从烟草生意中赚得的5万美元，年轻人买下了第一条旧货轮，从此开始了航运事业。

以后，在世界船运史上，崛起了一位名叫奥纳西斯的船王。当然，他永远也忘不了是恩人郝根帮他掘的第一桶金。

在实现理想的过程中，借对于我们人生的帮助是巨大的，要做大事就要到水深的地方去行大船，而许多人却因无人引领、不懂成事之道而为难。结交有发展潜力的朋友，会节省你的时间、资源、力量，从而让你的人生向高处飞翔，在竞争激烈的社会中早日脱颖而出。

第5章

特色创业，财源滚滚来

所谓特色创业，就是创业者对自己拥有的资源或通过努力能够拥有的资源进行优化整合，从而创造出更大经济或社会价值的过程。虽然创业艰辛，但只要坚持下来，特色创业，也能成功。

有心遍地财

同是创业者，同样都有一双眼睛，都有一个大脑，为什么有的人很快就能赚到自己的第一桶金，而有的人经营多年也攒不下多少钱财？关键是要做个有心人，善于发现商机并且创造商机。那样，不管从事哪一行，行行都会是聚宝盆。

出生在甘肃偏远小城的小玲从经贸大学毕业后，决定到大上海去闯荡一番。在硕士、博士都爆满的人才市场，仅有大专文凭的她最终没能如愿挤进写字楼做白领，而是到一家合资的化妆品厂做了一名流水线工人。

看到其他女孩儿穿着靓丽的时装，小玲握着自己那点可怜的薪水，自惭形秽，财富梦何日才能实现？从此，小玲开始睁大眼睛寻觅商机。

那天，一位做模特的女友邀请她到家里做客，席间为她冲了一杯自制的"鲜花茶"——只见女友抓了一撮干燥后的鲜花放进杯里，然后放进几颗莲子和枸杞，用开水一泡，花瓣就在水中上下翻飞，美丽缤纷而又散发着醉人的馨香。小玲好奇地品尝了一口，一股淡淡的清香直入肺腑，感觉满心的清爽。只听说过鲜花味美色香，可以做菜肴，自己却从不知道它们还可以拿来饮用。

就在这时，一个偶然的发现让她眼前一亮。

"开一间时尚鲜花茶吧"的念头马上在小玲的脑子里产生了。此后，她开始潜心研究鲜花茶的制作。其实，鲜花茶的配制工艺并不复杂，只要加上一个晶莹透明的玻璃器皿，将花瓣放进去，用沸水冲开，闷泡4~5分钟后，一股花香便伴随着袅袅升起的水汽洋溢开来。为了保持鲜花茶味道的持久，防止香气散失，小玲请教了那些茶楼的师傅，精心挑选了瓷制的有盖茶杯。但是，要开发成商品投入市场，品种单一肯定不行。而且不同爱好的人们选择鲜花茶也有不同的目的。像她女友这样的是为美容，但是年龄大的人也许更看重茶的保健养生功效。于是小玲利用打工之后的业余时间去图书馆、上网吧，查阅了许多资料，最后决定将几种功效能够"互补"的鲜花巧妙搭配在一起，并配以薄荷、莲子、枸杞、人参果等产品，研制几种新的配方——养颜护肤的、活血通脉的茶，既能美容又有保健功效。就这样，小玲的新产品问世了。

之后，她做了一些市场调查，请一些写字楼的高级白领品尝了一下，都反映味道很独特，没有普通茶水的苦涩，女士们很愿意接受。

这些极大地增强了小玲的信心。她开始辞掉工作，用打工赚来的薄薄的积蓄开了一间鲜花茶吧。

对于小玲来说，只能成功，不能失败。因为她的资金只够交3个月房租。所以在开业的第一个月里，她既要跑一些花卉培育基地收购各种鲜花，回来后把它们干燥处理，又要像发明家一样，不断研究某几种鲜花的搭配能否产生一种新鲜口味和绝佳功效的新花茶。再加上店里乱七八糟的烦琐事务都要自己处理，一天下来，小玲的骨头都累散了架。

考虑到白领女性工作很忙，路途远的人没有时间赶来喝鲜花茶，她还推出了自己研制的几款花茶，拿到那些配制好的干花后，她们只需在自己的写字间用开水沏泡一下就可以喝了。这一新业务的推出，深受白领女性们的称赞，她的生意也开始红火起来。

辛苦终于得到回报。除上海的一些白领外，许多老外人也开始经常光顾小玲的鲜花茶吧。那些白领丽人亲切地把鲜花茶叫"美女茶"。

小玲针对不同年龄段和收入不同的顾客，向她们推荐不同品种的茶的功效。她也会告诉她们：那些鲜花是不能乱喝的，比如夹竹桃的花果中含有多种糖甙毒素，万年青的花和叶中含有天门冬等毒素，食后都会出现不同程度的中毒反应等。许多客人都亲切地称她为"健康顾问"，即便不买茶，也要来这里坐坐。小玲更是来者不拒，在随便闲聊中，小玲看到了人们对她的期待，她终于找到了自己的价值，感觉很满足。

虽然生意人都说挣钱很累，但小玲却把茶吧当做一种爱好来经营。第二年，她又在浦东区拥有了一家分店。

在拥有固定客户的基础上，小玲又看准了一些星级酒店。她到酒店的餐饮部去推销自己的产品，并让客人免费品尝。因为有了一些零散客户的口碑，这一举动大获成功。许多酒店都开出诱人的高薪，希望小玲能带着自己调制的鲜花茶，到酒店的餐饮部去工作。小玲委婉拒绝了对方，但却和他们保持了业务联系——常年为各大酒店提供研制好的干花，而且免费送货。仅这一项，每年都能为她带来20万元左右的收入。

随着鲜花茶吧经营规模的不断扩张，第三年，小玲从一个两手空空的打工者变成了拥有50万财富的小老板！当然，小玲并不满足，下一步，她打算和专家们合作，研制出南方和北方人都适应的不同品种的鲜花茶，把鲜花茶推向全国的市场。现在，小玲早就不再为买靓丽时髦的服装而发愁了，她可以精神抖擞地走在上海这个大城市里，因为她凭着自己的打拼，拥有了值得自豪的事业。

财富不会从天上掉下来，也不会轻而易举地获得，创业必须专心、深入地研究经营之道。市场信息在哪里？怎样开拓？"有心遍地财，处处皆生意。"在竞争态势十分激烈的市场中，只要有足够的洞察力，能悉心观察、巧妙经营，总会抓住赚钱的商机。

无本生利，点叶成金

人们都知道"点石成金"这个成语，当然也认为那是神话中的故事，现实生活中不可能发生。但是却有一个"点叶成金"的故事，与"点石成金"可谓同样神奇，令人们不得不佩服这位主人公的奇思妙想。

小刘从小就喜欢美术，但出生在农村的她，小学并没有美术课。父母也认为学美术的就业面太窄，小刘只能把兴趣放下。考上大学后她学的是生物系，但只要有时间，她就会跑到美术系去听课。

一次野外写生时，千姿百态的树叶忽然映入了她的眼帘。

树叶本身就是一件艺术品啊！看着纹理错落、变幻万千而又形状各异的树叶，她突发奇想："能不能在树叶上画画呢？把那些人物、山水、风景等画在上面不是也很有保存价值吗？"她为自己这个奇特的想法而兴奋，但树叶毕竟不同于画布、纸张，做起来肯定不会这么简单。首先，要确定什么样的树叶适合画画；其次，要掌握对树叶进行怎样的处理才能让画面不褪色、掉色。

于是，小刘业余时间查阅了很多书籍，终于查到了什么树叶上可以画画。但要让树叶美观且好保留，必须进行"干整"处理。工序是：先将树叶用酒精擦拭干净，然后将树叶放入水中，用文火煮10分钟去除叶肉，最后等晾至半干的时候，将树叶在蜡烛上均匀地烘烤直到完全干透。当呈现出薄如蝉翼的纹理脉络时，才能在树叶上画画并长期保存。兴奋之余，小刘开始按照书上所说的进行实验，但是许多树叶都不适合。于是，小刘开始每天四处奔波，采摘各类树叶，带回去处理后一一尝试，看哪些叶子能经得起那些工序。然而这些树叶不是一煮就烂就是百煮不烂，有的终于可以达到"如一片蝉翼"的状态，但画面没有多久就腐烂了，有的树叶刚落笔就裂开了，有的虽然不容易断裂，却又不容易着色。

这样不知不觉半年过去了，小刘也毕业分配了。但她还想着在树叶上画画的事，只要有时间就去野外找合适的树叶。功夫不负有心人，几个月过去后，她终于发现在附近的农场有一种野生的剑麻叶可以"担当重任"，那天，她兴奋得彻夜未眠。

业余时间，她开始大量制作"画"。慕名而来的顾客一走进她的"叶画"店，立即就被吸引住了。巴掌大的一片树叶上，人物、山水、鸟兽，一应俱全，栩栩如生，美不胜收。她亲自拿着"叶画"去听不同人的意见。小朋友们告诉她，很喜欢这些"叶画"，如果能画上卡通画就更好了；不少生意人告诉她，"叶画"需要好好包装;行家则认为，"叶画"的诞生是极具创造性的，并向她提出了一系列改进的意见。

3个月后，小刘为"叶画"成功地申请了专利，并向朋友借了5万元作为事业的启动资金。她终于可以专心从事自己所梦想的美术事业了。辞职后她在繁华的街上租了一个小门面。开张那天，人们看到这些令人耳目一新的"叶画"，纷纷称奇。小刘则根据树叶的形状、所画的内容、做工精细程度，将"叶画"的价格定位在50~5 000元之间。虽然价格不菲，但也不乏购买者。特别是在一片类似扇形的剑麻叶上，她画了长江上的一叶扁舟，并题李白诗一句"孤帆远影碧空尽"，刚摆上柜台，就被一个台湾商人以5 000元的价格买走。

随着人们对传统文化兴趣的不断加深，小刘又不失时机地推出了"金陵十二钗""桃园三兄弟"、中国古代"四大美女"等以古代文化为题材的"叶画"。这些画的推出为小刘带来了意想不到的利润，在开"叶画"店半年的时间里，她获得的纯利润就达到了20万元。

就在这时，一位从事外贸生意的商人慕名找到了小刘，看见"叶画"这种文化含量高的艺术品很感兴趣，提出可以帮她拓宽销售渠道，让"叶画"出口到国外。但对方又提出，无论在国外获利多少，都须让他们提四成佣金。虽然这个条件很苛刻，但为了让自己的作品走出国门，让外国人知道中国这种独特别致的艺术形式，小刘答应了。果然，"叶画"投放到国际市场之后，激起了强烈的反响，很多外国人对它造型的新奇、画面的精巧惊叹不已，纷纷购买。

随着销路的扩大，更激起了小刘干一番事业的雄心。为了让年轻的"叶画"艺术传播到更远的地方，她又投资开办了一所"叶画"学校，招收的都是热爱美术的年轻人。在她的指导下，画室里的作品层出不穷，格调品位高雅，做工精致，赢得了顾客的喜爱。现在，小刘又在其他地方开办了几家"叶画"分店，帮助许多学习美术的学生解决了就业问题。

就这样，在一片小小的树叶上，不仅实现了小刘的艺术理想，而且还让她走上了致富的道路。

一片树叶，经过奇妙的艺术加工，就能成为一件奇特的艺术品，真可谓无本生利、点叶成金。

随着人们生活水平的提高，人们对文化艺术品的消费要求也越来越高，特别是文化含量高的艺术品，会受到市场的追捧。这是创业者可以选择的项目。在这种市场需求下，凭着一技之长，若能够懂得扬长避短、适时应变，能把兴趣转变为事业，也是独特的致富方式。因为特长本身就是无可比拟的资本。没有资金，却可以靠自己的特长来创业。

稀饭开成连锁店

有人说，我是白手起家创业，办个工厂肯定是小工厂，开个商店也肯定是小商店，而现在中国已有那么多的百万富翁、千万富翁甚至亿万富翁，有那么多的国有企业、集体企业，以及已形成规模的民营企业，他们财雄势大，我能竞争得过他们吗？

其实，大有大的好处，小有小的优势，只要掌握竞争的技巧，同样能够以小之长攻大之短，能够大有作为。

稀饭谁都会做，可是，一对没有多少文化的下岗夫妻，在短短的5年时间里，竟然靠稀饭就拥有了百万财富。这真是让人难以想象的致富奇迹。

在我国西南的一个城市，李某与丈夫双双下岗后，本来靠起早贪黑地摆烟摊有了一些积蓄，但是一心准备在春节期间大赚一笔的她，被客户欺骗，不仅几年的辛苦所得化为乌有，而且还背上了20多万元的债务。

面对如此打击，伤心欲绝的李某整日以泪洗面，每天低三下四地应付那些讨债的债主们也让她筋疲力尽。

一天早上，他们路过一个早点摊，看见老板娘做的一大锅稀饭眨眼工夫就卖完了。因为这个城市早晨的小吃都是包子稀饭，而熬稀饭比起蒸包子可是本小利大啊！李某混沌的脑海突然一亮：我们为什么不可以从卖稀饭开始呢？虽然与卖香烟比起来，利润极其微薄，但就算赚几分钱、一角钱，只要量上去了，不愁挣不到钱。对，就卖稀饭！李某决定了。

那年春天，李某夫妻俩决定先在机场附近卖稀饭。因为那里客流多，而且价格也容易上去。接下来，他们跑腿找门面。等他们办完各种手续，借来的钱也用光了。之后，他们又硬着头皮向亲戚朋友借了1.5万元钱，稀饭店总算开张了。

谁料到这看似简单的稀饭也并不好卖，尽管两人起早贪黑地干，但开张3个月，就亏本了3 000多元。不但赚不到钱，反而又要增添新债。他们急得寝食难安，不明白这是为什么。

后来，李某想明白了，要在机场这种高档的地方卖稀饭，只靠与其他地方别人一样的品种恐怕不行。不变只有死路一条，因此必须改变一些特点，"素稀饭"不能满足需要，只有推陈出新，改良稀饭品种，推出营养又可口的"荤稀饭"才行！但是，又不能做那些太腻的。本来人们就大鱼大肉吃腻了，喝点稀饭是为了爽爽口。而且机场有来自不同地方的人，不能只是把本市的稀饭做法简单照搬，还要符合不同地方人们的风味习惯。于是，李某开始在稀饭品种上动脑筋。她通过看电视、查资料，了解了全国稀饭的品种，于是推出了自己富有特色的"鱼稀饭"系列、"腊肉稀饭"系列、"斑鸠稀饭"系列等。

新品稀饭正式营业那天，一大早，夫妇俩熬了五锅不同类型的稀饭，免费给顾客品尝。客人们吃完后个个赞不绝口，都觉得稀奇，因为他们从来没见过稀饭也可以做出这么多花样来。这样一传十、十传百，没过多久，小店的客人就比原来多了好几倍，并且点名要品尝那些特色稀饭。令李某意想不到的是，这种有特色的稀饭推出后，不但早餐人流量增大，而且中午和晚上还有人前来。于是，李某灵机一动，又在当地电视台做了一系列广告，大胆提出"改变稀饭传统喝法，把稀饭当成正餐，把稀饭当成营养餐"的新餐饮理念。这一招还真灵，许多老人和妇女纷纷赶来"李某稀饭大王"店想尝尝鲜。李某不失时机地把大餐的饮食特点结合进来，根据稀饭的特点配置各种各样的菜品。此后，前来品尝稀饭的客人络绎不绝，每天的客流量达到上百人次，营业额有时高达两三千元。这样，稀饭变成正餐，卖稀饭再也不是微利行业了。

几年后，他们不但还清了原来的欠债，而且还有了一定的积蓄。

当农家风味的餐饮在全国各大城市刚开始流行的时候，他们就租下了一户面积约两亩的农家大院。不但投资十多万元，将农家大院装饰得富有乡土气息，而且还招聘了一批淳朴的农家小姑娘和小伙子。进到农家大院，就好像回到了家乡一样，令人感到亲切，减轻了城里人的心理压力。

这种富有特色的小店，开张不久生意就很火爆。一到周末，大院前面的空地上便密密麻麻地停满了车辆。人们来这里，不仅为了品尝独特的稀饭，更主要的是能够领略到地道的农家风情。看着眼前这生意兴隆的喜人场面，李某的心里美滋滋的。但她也明白：要想留住顾客，必须将稀饭推陈出新，不能只停留在原来的水平上。在人们注重提高生活水平的基础上，还要针对那些休闲的人们推出养生保健类的品种。

于是，他们请了许多老中医出主意、想办法。经过一段时间的揣摩实践，夫妇俩终于成功研制出开胃健脾稀饭、清热解毒稀饭、美容养颜稀饭等具有药用价值的稀饭，把原来七八个品种的稀饭发展到20多个。他们还给这些稀饭起了十分富有诗意的名字，如 "金玉满堂粥" "龙须银耳粥" "春花碧绿粥" "荷叶莲米粥" "南瓜太极粥" 等，光听名字就让人胃口大开。

为了保住稀饭这块牌子，李某迅速到有关部门注册了"李某稀饭大王"的商标。

由于味道正、价钱合理，"李某稀饭大王"的日营业额有时高达1.7万元。大家不得不佩服起李某灵光的头脑来。

要想在同一行业中出类拔萃，就必须根据时代的变化、消费者需求的变化、竞争对手的情况而变化。别人有的要做好、做全，别人没有的要做新。精心筹划，巧妙运作，这样才能吸引消费者的眼球，将小本生意做成大生意。

只卖一样东西也赚钱

皮埃尔·居里曾说过："要将自己当做一个陀螺，只围绕一个中心旋转。"在创业的过程中，要集中精力，看准了就做，不要左顾右盼。如果用心不专，每个行业都想涉及，最后很可能看起来好像本事很多，其实都水平一般，哪一行既不精也不透，自然在市场上也缺乏竞争力。反之，即便只做一个行业，哪怕只做一个产品，用心去做，也会有很大的市场空间。

在北京市丰台区的一个建材城内，有家专门销售螺丝钉的小店，只卖螺丝钉，其他什么也不卖。在别人看来，小小螺丝钉实在是不起眼，也没有什么赚头，可这家螺丝钉店的老板却乐此不疲。几年经营下来，这个家庭不但供养出了两个大学生，而且还买了一套商品房。而这一切，就是从小小的螺丝钉赚来的。

5年前，为生计所迫的陈老板从华北南部来到这里，当时，他因为手头没有什么钱，自然也无法经营利润大的建材商品。但在距离他的家乡不远的地方有个以生产标准件而闻名的县城，于是他托熟人先赊了点货，放在柜台上。当时，他的左邻右舍，店铺里卖的东西杂七杂八，大多混业经营，看见什么商品热就销什么，有的建材商店里卖百货，有的五金商店里卖百货，不伦不类。而这位陈老板一直对螺丝钉情有独钟，无论别人的店铺出什么新花招，无论市场怎么波动，他都不为所动。

刚开始，建材城也有几家卖螺丝钉的，但他们大多搭配其他商品卖。因为利润低，一个螺丝钉只赚一分钱，所以那些商户也都不做了，而陈老板却一直坚持了下来。小小螺丝钉店之所以能积聚起如此可观的财富，得益于店老板的专注、执著和精细的营销技巧。

虽然是坐地行商，但陈老板很善于动脑筋。在房地产开发热的时候，他专门聘了一个市场信息员，每天到市场上去收集信息，哪里又在盖高楼、搞装修，需要什么规格的螺丝钉，他肚子里早就有一本账。根据工程进度，不用他们的采购员出马，陈老板就会及时地把样品摆在用户面前，在考察了质量和价格后，有些用户感觉合适，就会与他签订合同。

有人说：揽大客户需要请客送礼。但是对于陈老板这样一个刚从农村来的没有多少资金的人来说，一顿上千元的饭他舍不得也请不起，只是凭自己的勤快和辛苦，服务的周到。对方的工程进行到什么程度了，他会及时关心。而且供应品种很全，他的螺丝钉店有上千个品种，几乎包揽了所有行业的螺丝钉需求。哪怕对方要买一个很难找的非标准件，他也会千方百计帮对方找到。

陈老板的经营总是紧跟市场。这几年计算机逐渐成为时尚消费品，计算机桌螺丝钉的需求也紧随其后，陈老板及时组织货源，与数家生产计算机桌的木器厂定了长期供货合同，并送货上门，提前抢占了市场。

大客户要揽，小客户他也不怠慢。虽然小客户零散，要的数量少、品种杂。但是只要给他打电话订货，他都会满足客户的要求。所以，凡是买陈老板螺丝钉的，都是满怀希望而来，满脸喜气而归。

5年来，这家螺丝钉店虽然招牌经过风雨的侵蚀，字迹已经模糊不清，但店铺门前车水马龙，人来人往。他不仅聘请了两个人帮助买货，而且还买了面包车专门送货。

有人给陈老板算了一笔账，5年来他经销的螺丝钉堆起来有三层楼房高，像一座小山。从前那些看不起螺丝钉利润的商户也都佩服陈老板的专注。的确，没有这种坚忍不拔的蚂蚁精神就不可能有今日的辉煌。

只卖一样东西也赚钱，关键是要有专注的钉子精神。哪怕只从几厘、几分的利润做起，只要一步一个脚印，日积月累，小芝麻也会变成大西瓜，财富会像滚雪球一样积聚起来。

开 "宝宝澡堂" 也生财

在商场上，有些人看到别人大把大把地赚钱，常常会感到困惑：是否因为自己没有经营热门、新潮时尚的商品？其实，现在的社会，是一个机会很多的社会，一个看似无足称奇的行业也能财源广进，谁的脑筋动得快，谁成功的可能性就高。

婷婷初中毕业到南方打工做保姆，在一次洗澡中她看见带小孩的年轻妈妈们对孩子的调皮都很烦恼，便生出一个念头：如果有专为儿童洗澡的浴池该多好！

开澡堂需要配置环保锅炉，婷婷没有这么多钱。于是，刚开始，没有多少工资的婷婷在别人的洗澡堂租了一个房间，专门为儿童洗澡。开业初期，为了吸引更多的顾客，她还买回很多小玩意儿，每来一个顾客，不管他们洗不洗澡，送他一个小礼品先逗孩子开心，这招给她带来了不少人气。于是，她调整了洗澡的价格，每次给小孩儿洗澡收费30元。同时，婷婷规定，到她店里来消费的前100名，可以免费再给孩子洗一次。

周围的人都跑来看给儿童洗澡有什么不同。为此，婷婷想出一个奇招，就是"观浴"。

她在靠街面的方向装上了玻璃墙，让顾客观看儿童洗澡。这样一来，一是可以让父母安心，二是给自己做了广告。

当年轻的妈妈把孩子抱来的时候，两位"洗澡妈妈"根据儿童的年龄、身体状况熬制好药水，一切准备就绪，儿童被抱进澡堂，享受最专业、最舒适的洗澡。

原来，由于南方气候潮湿，小孩子身上经常长小红疙瘩，婷婷对付这个令许多妈妈们头痛的问题可谓得心应手。婷婷的爷爷是位老中医，一心想把自己的医术传给孙女。可是婷婷向往大都市的生活，居然跟着同伴来到了广州。她清楚地记得自己做保姆的那家小孩儿就是经常长这种红疙瘩，看病花钱不说，每次打针，大人都很心痛。于是，她试着用爷爷用过的中药水给孩子泡泡澡，顺便给孩子做点按摩。

坚持了一个月，孩子的皮肤果然好多了。现在，婷婷就想利用中药给小孩儿"洗澡"，帮助妈妈们解除烦恼。

令婷婷高兴的是：她为每个小孩儿泡了几次中药水洗澡后，很多儿童的小红疙瘩渐渐变少了。

店老板看见婷婷挣钱，也想专门开"儿童洗澡店"。有人劝告婷婷：你租赁别人的澡堂，不怕他们把你的手艺学到？

婷婷很自信，她知道，给儿童洗澡看来好像是一种"土"办法，但实际上这是一门很深的学问，须根据儿童的不同症状，在洗澡水中用何首乌、蒲公英、银花藤等数十种普通中药，以不同比例、火候、水分煎制出来。没有一定的中医知识和实践，是调配不出这样的洗澡水的。

租赁了1年门店后，婷婷攒够了自己开澡堂的钱，于是，她置办了一家澡堂，正式挂出了"儿童洗澡店"的招牌。

有一天，婷婷从一本书上看到，孩子健康成长一要营养、二要保健，保健就是做按摩。特别是对于5岁以前的婴幼儿来说，抚摸儿童全身肌肤，可以兴奋他们的大脑中枢，促进小儿神经系统的发育和智能的成熟，使婴儿情绪稳定、精神愉快，得以健康成长。而且国外有很多发达国家已有了专门为婴儿按摩的按摩室。

婷婷想，要是来个洗澡加按摩，生意肯定会更红火。婷婷把这些专业知识制作成宣传展板，让顾客清楚她的行业水准。

为此，婷婷在婴儿们洗完澡后加入按摩的程序。洗完澡后，另外两名专业的按摩师用大毛巾给孩子擦干，再轻轻给孩子按摩全身经络穴位，为孩子疏通经络，平衡阴阳。

孩子总是兴奋得又跳又叫，外面的父母也把脸紧紧地贴在玻璃墙上，看得高高兴兴。

洗完澡后的儿童乖多了，有的竟然不知不觉地睡着了。

"儿童洗澡店"经营了1年后，受到了众多消费者的青睐。原来的洗澡店显得比较狭窄了，婷婷决定扩大规模，一口气把以前相邻的3个门面全部租下，并更名为"宝宝洗澡按摩店"。

至今，婷婷的"宝宝洗澡按摩店"分店已经开了3家。现在，婷婷已经从一个身无分文的打工妹，成长为一位拥有固定资产120多万元的老板。

现在很多人总是说生意难做，问题并不在于难，而在于挣钱的方法是否巧妙。

对于一个生意人来说，硬闯当然不行，应该知道如何避免做无益的投入。只要经营方式灵活，就能赚钱。

第6章

一个好点子，一条创富路

创业，没有本钱并不是什么问题。其实创业有丰富多彩的形式，只要你开动脑筋，肯付出努力，根据当地实际发展状况，及时发现市场需求，在自己力所能及的范围内一定能找到创业的好点子，走出另类生财之路。

点子妙，一分钱不花购公司

许多人一想到企业兼并、收购，就会认为那是财大气粗的大公司才能做到的，没有资金或者资金不够，根本无法收购。然而有人就是凭自己新奇的"点子"，一分钱不花收购了名牌大公司。

1902年，美国杜邦公司的第四任总裁突然逝世。早在总裁去世前，杜邦公司就已矛盾重重。此时，所有的问题一起显露出来，家族内一片混乱。各个股东纷纷要求趁机卖掉公司，将自己所持的股份变成现钱。

就在家族内人心惶惶的时刻，杜邦家族的第五代阿尔弗莱德站出来，发表了不同的意见，他坚决反对卖掉股份。但他一个人坚持势单力薄。本来阿尔弗莱德就是个年轻小伙子，在家族内没有什么地位和威望，因此几乎没人听他的意见。看到自己无法扭转混乱的局面，情急之中，阿尔弗莱德想到了一个奇妙的好主意——增调援兵，于是他急忙向远在异乡的堂兄求救。

就在他和堂兄联系后，家族内的股东大会也急不可待地召开了。当股东大会到最后表决时刻时，阿尔弗莱德决定和众股东摊牌。他站起来坚定地表态："诸位，你们不必卖掉股份。在如今经济不景气的情况下，即便拥有现金，也会很快贬值。为了重振杜邦的辉煌，我决定我一个人买下公司。"

众股东听完全部哄堂大笑，他们纷纷指责阿尔弗莱德："你买？用什么？华尔街吗？""银行也未必拿得出那么多钱啊！"

在当时经济不景气的情况下，银行连储蓄都兑现不了，股东们的担心是有理由的。

但阿尔弗莱德告诉股东们："我可以和诸位立下借据，和银行利息一样，年底分红。"

股东们吵嚷得更厉害了："你的股份还没有我们的多，如何保证？"

阿尔弗莱德告诉他们："以公司所有资产抵押。"

"但是，谁经营管理呢？如何保证分红？"

"我们！"这时从异国赶来的阿尔弗莱德的另两位堂兄应声站出，他们是皮埃尔和科里。股东们都沉默了。当年，就是因为这两个年轻人的能力出众，众股东担心自己受压制才把他们排挤出去的，没想到他们今天居然又回来了。大家都在思考着。

阿尔弗莱德趁机鼓动众股东说："卖给自己人总比看着我们辛辛苦苦打下的家业顷刻间四分五裂要好啊！"

想到以前公司的辉煌，许多股东有些留恋。是啊！如果公司倒闭了，以后自己的子孙只能给人打工了。

阿尔弗莱德和堂兄们又说道："请你们相信我们的能力。现在，公司的资产最低估价是1 200万元，我们买下后愿意再加800万元。"

真是天上掉馅饼的好事。想到不用再投资便可以拥有新公司的股份，而且以后还可以在公司分红，股东们纷纷同意阿尔弗莱德的决议。因为对他们的能力，股东们基本也是认可的。

只用了不到半小时，阿尔弗莱德和他的堂兄一分不花就买下了价值1 200万的杜邦公司，而且，经过重新核对账目，公司资产将近2 000万，即使马上变卖，也净得800万元。三兄弟不但保住了杜邦品牌，而且还成立了新的杜邦公司，财富的大门被他们快速打开了。

"点子"就是最好的创意，是获得事业成功的可靠保障。通过对点子的巧妙运用，所得到的每一元钱都是不用流水线作业就可产生的额外收入，每一分钱都是不用通过销售扣税的净利润，而且没有生产、运输、库存、退货的时间成本；你很可能只用1小时甚至只要1分钟就能解决棘手的难题，这难道不是最快的赚钱手段吗？

点子新，亏本生意不亏本

我们知道，商人都是十分精明的，赔本的生意更是不可能做。但是，就有人在做着这种别人看来是赔本的生意，而且做到了不但不赔本，还可以得到更大的回报。这是怎么回事？让我们来看一下他是怎么做的。

2007年1月20日，张近东荣获2006年度"CCTV年度经济人物"，获奖的理由是"一天开店52家"。张近东的身价也随即蹿升至170亿元，成为内地资本市场创造的首个百亿财富英雄。

张近东的成功与他经营的创新性分不开。从开南京第一家空调店到后来的反季节向厂家打款，始终都和其他商家的经营模式相反。当然许多人也不理解，认为他是在扔钱，做赔本的生意。

在张近东选择开空调店时，许多商家就认为他必赔无疑。

1990年12月26日，南京宁海路上一家仅有200平方米门面、10多位员工的小店面开业了，这就是张近东的苏宁家电公司。最不合时宜的是：他卖空调，竟然在寒冷的冬季里开业，真让人不可思议。在那个年代，最抢手的家电是彩电、冰箱、洗衣机、录像机，空调是人们遥不可及的奢侈品。开这样的商店商品卖给谁？而且在人们看来，即使开空调店也要在夏季，冬季不是明摆着赔钱吗？

事实证明，张近东不但没有赔钱，而且还靠空调发了家。

对于当时的选择，张近东有自己的看法。他认为："春兰扩大产能扩大招商，证明空调市场即将引爆；虽然当时多数家庭不买空调，但是医院、高校、企事业单位和部分高收入家庭对空调已有现实需求。直觉告诉我，未来市场肯定巨大。我不愿跟风，想冒险。"再说，正因为自己是卖空调的，所以在冬季租店铺时店主人考虑到这个项目确实不是旺季，租金也不会要那么高。那时除了张近东，还没有人能想象，这家专营空调的小公司会发展成今日庞大的苏宁电器集团。

后来，在空调刚开始进入南京市场时，张近东又做出了一个让别人看来赔钱的事——免费上门安装。当时，张近东在业界首次建立起营销商"配送、安装、维修"一体化服务体系，并组建了300人的专业安装队伍，及时上门为顾客免费安装空调。这一点，当时的国营商家绝对做不到。对他们来说，从来都是用户上门买货，如果是紧俏货，还需要托人找关系，商场高高在上，怎么会免费到用户家中为他们安装呢？这不是增加自己的成本、做赔本生意吗？在他们看来，安装应该由用户去找安装工。

就是这个上门免费安装方便了顾客，赢得了用户，为苏宁掘得第一桶金起到了关键作用。这就是张近东的"大智若愚"。

还有一个可以表现张近东"傻"的地方是甘愿给厂家先打款，垫付生产资金，这在其他商户肯定也做不到。

当时，对于空调厂家来说，多年来有个问题一直困扰着他们。因为空调生产有季节性，虽然工厂可以在淡季时进行一些生产，库存一部分产品以供旺季之用，但工厂的资金能力、仓储能力毕竟有限，大量库存很难做到。

如果要求商家淡季拿货，商家坚决不同意："一来要占用大量资金；二来空调一年一个价，如果第二年降价，早进货不就吃大亏了？而且一旦卖不掉麻烦就更大。"

这就导致厂家不敢在淡季正常生产，但是旺季一到，众多的商家都来抢货，总会有一部分商家拿不到货。

张近东意识到，只有破解上述厂商博弈这一难题，弱小的苏宁才会赢得竞争优势。于是，1991年，惯于创新的张近东作出了一个大胆的决定：向工厂淡季订货，反季节打款。这意味着工厂在淡季也能生产赚钱，而且淡季原材料、零部件的采购成本较低，还提高了工厂生产的计划性和稳定性。这种率先向生产商渗透商业资本的"逆向运作"，当时不被许多人理解。谁都知道厂家要销售产品需要"讨好"经销商。对于个别经销商来说，即使货卖出去了，厂家不来个七八趟也要不回全部现款，哪里有先给生产厂家付款的道理？所以，当时人们认为张近东又做了一件"傻"事。但张近东说到做到，义无反顾。

1992年，南京的高温季节比较短，空调市场陷入低谷。10月份，春兰空调召开1993年订货会，但国有经销商全部采取淡季观望策略，厂家很失望。此时，张近东则按照自己的"淡季订购，反季节打款"策略，毅然签订了4 800万元的合同，并且从1992年12月～1993年5月，苏宁每月向春兰预付400万元的货款。此举使春兰厂家大为感动。

1993年年底至第二年年初的淡季里，苏宁一鼓作气，又向华宝、春兰、松下、三菱、三洋等名牌厂家滚动投入超过1亿元的资金。

截止1994年年底，华宝、春兰、广东三洋3家企业分别从苏宁获得了2亿元、1亿元和5 000万元的资金支持，而这些资金都来自银行贷款，为此苏宁要承担的利息超过500万元。然而，正是这一次次慷慨而又充满合作共赢真情的订单，一次次化解了厂家生产资金的燃眉之急。厂家感动之余，更是在价格上倾情回报。

苏宁得到的回报也十分诱人：与一般经销商相比，从华宝拿到的价格要低3%，从美的、江南等厂家拿到的价格甚至低过10%。至此，人们才看到张近东的亏本生意原来并不亏本，不但不亏，反而还有厚利可图。

因为对于苏宁而言，淡季订购，厂家在价格上会有较大幅度的优惠。更为重要的是，淡季时就把旺季所需的货源敲定落实，占尽了先机。具体讲，即在销售淡季，苏宁就将下一个空调年度的订货资金提前预付给工厂，针对苏宁的支持，厂家则在货源与价格上给予充分的回报，在旺季时保证优先将货供给苏宁。就这样，苏宁凭借价格、货源两大优势，掌握了销售竞争中两大制胜武器。

张近东这种"商家淡季支持厂家，厂家旺季回报商家"的业内创新模式，被他自己概括为"掌握渠道就是掌握了财富"。张近东谙熟营销学中巩固渠道的经典案例，苏宁正是凭借"经销商渗入生产领域"的奇招，打造了与厂家共荣共生的经典营销模式，优化了自己的渠道运作，再一次走在了前面。

亏本生意为什么能够不亏本，是因为运作者有自己一套独特的经营理念和经营方式，当然也包括其做人的艺术。有了这些，才会有创新的思路、与众不同的见解，才会收到小投入、大回报的效益。

变废为宝，致富好财道

他人认为不值钱的东西，或者弃之没用的"废物"，如果你能发现其潜在的价值，加以合理的利用，就能为你创造巨大的财富。变废为宝不需要投入很多资金，也不需要高技术，往往只需要你有变废为宝的眼光和创意。

有很多人总是抱怨没有发财机会，其实不是生活没给你机会，而是你没有善于发现机会的眼光，没有创新的经营方式。谁能想到废弃的泥土也能卖钱，而且竟能造就一个千万富翁？一个只有初中文化的进城打工的农民，竟然泥里淘金挣千万。

老杨已是40多岁的人了，但是家乡的土地越来越少，靠那点收入根本无法供应要上大学的儿子，于是他便到市里想找一份出苦力的工作，如烧锅炉、看门之类的。一天他在市内闲逛，看到一位老人把一盆花扔进了垃圾桶里。"这么好看的花为什么要扔掉呢？"老杨心里纳闷，便想捡起来插到自己的小房间里。虽然自己也喜欢花，但在农村整天为生活奔忙，哪有城里人的闲情逸致。正当他要捡起来时，养花的老人摆摆手说："我并不想扔，可是没办法，养久了，花盆中的泥土越来越少，只能扔啊！"

老杨更不明白了，接着问："那您为什么不放点泥土进去呢？"

"城里哪儿还能轻易找到泥土！这里又不是农村，出门就是土。我为找点土跑到郊区身子骨能吃得住吗？"老人回答。

原来是这么回事，老杨明白了，这还不容易解决吗？他接着说："您这花扔了多可惜，我住的地方有泥土，明天我给您送点来。"老人听了很欣喜，急忙道谢。

第二天早上，老杨精心挑选了一些松软又没有杂质的泥土前去，那位老人果然在原处等。见他真带去了泥土，连声道谢，不但给老杨带来了自己养的一盆花，并且付给了他15块钱。

老杨怎么也不要钱，可是老人说：我给你的比市面上的还低呢！花卉市场1斤土要20元。1斤泥土比1袋面粉还要贵！老杨可是第一次听说。他想到自己1天也挣不了20元，如果1天能卖1斤泥土也可以啊！他仿佛看到了美好的未来。

于是，他每天一大早就装上一大袋泥土到大街上或居民小区叫卖。房地产公司正发愁为运这些泥土要多付运费，对老杨的行为当然求之不得。但是几天以后，他失望了：根本没有一个买主。此外，许多人见他穿着简朴，不等他把话说完，便嚷着要他走开点，以为是收破烂的。他奔波了整整1天，只卖了4块钱。

那一晚，老杨久久无法入睡，他终于明白，不管卖什么，让人家接受自己才是最关键的。虽然在农村不讲究穿戴，但是在城市要讲形象。于是，他特意换上了干净的衣服。这次，老杨改变了推销方式，他看到谁家的阳台上摆着花，便向这户人家推销泥土。这招果然见效，既省时间又有目标，比前几天辛辛苦苦到处转强多了。老杨很为自己的创意兴奋。

但是，光靠自己一个人卖，累死累活也赚不了多少钱。为了多挣钱，老杨想着怎样扩大销售渠道。1个月后，他用自己省吃俭用的钱买了一个旧手机，还印了一盒名片，他想：喜欢养花的人多半也会志趣相投、互相来往，只要认识一小部分养花的人，就可以通过他们去认识另外的一大部分人。于是，老杨对买泥土的人只象征性地收点钱，然后送一张名片，并告诉人家如果下次要买泥土或有朋友要买泥土，就打他手机，他可以送货上门。这一招还真管用，不到半个月，他每天至少要接十几个要买泥土的电话，1天下来，就有几十元钱进账。

然而，这样的日子过了两个多月，他接到的业务慢慢地少了。老杨不明白是什么原因。自己的泥土比花卉市场的价格低，应该好销啊！为此，他在卖泥土时特意询问了一个老客户。老客户说："我们用了你的泥土后发现里面没有什么养分，时间一长，花就又枯了。"老杨这才明白泥土里还有学问呢。

了解了原因后，他立刻去书店买了一些相关的书籍学习，这才知道，原来花盆里的土是要加一定比例的肥料的。老杨后悔自己文化水平太低了，养花原来比种庄稼还要费心。看了好几天，他慢慢摸索出用肥的门道了。之后，他特地到花卉市场去了一趟，看到那里的泥土都像礼品一样带着包装，于是他也买了一些包装纸将泥土包好，并且印上新名词："高肥花盆土"。这次，新产品一出来，养花的人便围了上来，老杨的价格比以前提高了几倍。到了月底，除去肥料、生活费等一切开支，他算了一下，净挣了3 000多块钱。自己在家里忙活1年，1亩地也收不了这么多啊！

老杨没想到自己突然就找到了致富的门道，他有些不相信自己，一个农民这么容易就能在城市里淘金？

为了进一步扩大业务和稳住顾客，他干脆辞了工，租了一间民房作为自己卖泥土的基地，并在泥土的配方上下足了工夫。他先后推出甲类、甲类A级花盆土等多种品种，分别标明富含钾、磷、氮等元素，适用于种植月季、菊花等不同的花卉。老杨接到的订单又多了起来，有时候1天就能挣500多元。

3个月后，他一个人实在忙不过来，就通过熟人聘请了一位农科院退休的技师做顾问，为前来买泥土的人解决养花中遇到的实际问题。这种靠技术营销的方式很受顾客欢迎，也为老杨带来了意想不到的利润。

国庆节到来时，老杨看到市中心的广场上摆了很多花，突然产生了一个新主意：既卖泥土又卖花，让别人看到他养的花叶肥花艳，不就等于给泥土做了最好的广告吗？于是，他租了郊区的土地，打出了响亮的牌子——花木公司，又聘请了4名员工，1名负责装泥土，2名负责养花，1名负责跑销路，他要把自己的鲜花和泥土推销到所有有需求的用户手中。

老杨的鲜花销售方式灵活，可买可租，对于一些大单位来说，主要以租为主。对于买花又买土的客户，实行价格优惠。这种配套的销售方式吸引了很多客户，连外地的养花专业户都前来订货。一次，一家大客户一次性在老杨那里买了3万多元的泥土，他除掉成本开支足足挣了1万元。

看到市场需求很大，老杨专门与一些拆迁公司签订了合同，负责回收泥土，对拆迁的泥土让农技师进行技术加工。这样，对老杨来说，既保证了卖泥土的原料，又回收了拆迁公司的废物，投入很少。2年后，老杨就挣了80多万元。5年后，他开始进军北京。目前，他的推销网络已遍布北京、天津等大城市，总资产也超过了1 000万元。

老杨做梦也没想过，靠废物利用，竟让自己做大了事业，成了千万富翁。

每天从泥土旁经过的人成千上万，为什么只有一个人从中发现了商机？废物之所以可以利用，是因为利用者有一种创新的观念和创新的方式。

变废为宝的关键是要善于发现、善于创新、多了解市场和信息，因为狭隘的思想会禁锢你的创意。一旦发现了废物的潜在价值，并合理加以利用，就能稳操胜券地赚钱。如果有变废为宝的智慧，就不愁没有可以利用的资源，就能走出资金的束缚，从小投入中获得巨大的利润，甚至还会做成一种与众不同的事业。

"白话"一刻值千金

哲学家伯特兰·罗素说过："人类还从来没有像今天这样有如此多的忧虑，也从来没有过为如此多的原因而忧虑。"忧虑也是一种时代病。

在社会迅速发展的今天，人们的物质生活越来越好，但是，不可否认的是心理问题却越来越多。有统计显示，在西太平洋37个国家和地区中，每年有20%的求医者患有焦虑症、抑郁症等心理疾病，而在绝大多数政府对医疗保健的财政预算支出中，心理健康保健平均只占1%。市场的空白催生了一个新兴的行业——心理健康顾问。

华灯初上，夜幕降临，一位在美国打工的小伙子正在一家餐厅外面等待着一位朋友。由于他在工作中出现了失误，好不容易找到的工作又要失去，他感到十分沮丧且消沉。没想到漂洋过海来到这里，要生存竟这么难。小伙子的脸上阴云密布，实在无法开心。

这时，他的美国朋友快步从街那边走过来，"喂，什么事让你不痛快？"朋友直截了当地问。小伙子告诉了他自己的烦恼后，朋友说："跟我来吧，我要看看你的反应。"

小伙子跟着朋友，低头走着。直到来到一座富丽堂皇的大厦前，他才惊讶地停住脚步。朋友居然在这里办公，这可是全市最有名的大厦。来到朋友的公司，朋友从一个硬纸盒里拿出一卷录音带放进录音机里。"在这卷录音带上，"他说，"一共有3个人所说的话。我要你注意听他们的话。"

小伙子哪有这种闲心？但又不好驳朋友的面子，便支应着。第一个是男人的声音，诉说他在生意上遭到了损失；第二个是女人的声音，说她因为照顾寡母错过了很多次结婚的机会；第三个是一位母亲，因为她十几岁的儿子成绩一直不理想而忧心忡忡。

在3个声音中，小伙子听到他们翻来覆去地说"如果……只要……"

"你一定大感惊奇。"朋友说，"来到这里的人不止一次地重复这4个字，直到我要他们停下来。"

那怎么办？小伙子问。朋友回答："我对他们说：'只要你不再说如果、只要，我们或许就能把问题解决掉！'"

"你怎么解决？"小伙子吃惊地看着朋友。

"很简单，只要他们办好手续，同意我为他们服务，就OK了。""那你怎么收费？就靠这些费用你能支付这些昂贵的房租吗？"小伙子十分好奇地问，因为他知道朋友原来是连单元楼都租不起的。

朋友告诉小伙子，收费视情况而定，基本上是每小时200美元。

"啊？我的天哪！"小伙子不由张大了嘴巴，吃惊地看着朋友，因为他1天即使工作10个小时也挣不到200美元。

"你这是什么行业？"小伙子又问。

"心理咨询师，也叫心理健康顾问。"朋友回答。朋友看他不理解的样子接着说："现在就拿你自己的例子来说吧！你就有一些心理问题，别紧张，我不会收你任何费用。"朋友开了个玩笑，侃侃而谈："许多人在生活中都有这样一种感受，生活的节奏越来越快，自己得到的也越来越多，但是精神上却感到无法满足甚至心理无法平衡。特别是那些经历过生活变故、离婚或失去亲人的人。每当这个时候，人们都会体验到悲伤、痛苦，甚至是无助的绝望。如果这些抑郁和悲伤是正常的、短暂的，对于人们的心理倒没有太大的影响，但是，如果这种抑郁持续得很久，就会严重地影响工作、生活和学习。这就是心理抑郁症，也属于亚健康状态。数据可以推断出，中国有数亿人处于亚健康状态，而社会保障对此却给不了任何解决方案，私人健康顾问馆正好顺应了市场的需求。"

小伙子感觉心理咨询是一种新兴的热门职业，既不需要依附医疗部门，又有助于提高人们对心理健康的认识，市场前景实在太广阔了，于是他立即决定回国发展。1个月后，在北京打工者聚居的地方，小伙子开了家自己的公司："心理健康咨询所"。当然，他不是在豪华的大楼，而是租了两间民房。刚开始，许多下班后的农民工来这里看稀罕，后来就有人来咨询。因为他们远离家乡，文化程度相对较低，对许多事情想不开，很需要得到别人指导。可是，恰恰没有人在情感上、心理上帮助他们。此外，这种心理隐患又不像其他疾病那样明显。所以，小伙子的咨询所正好解决了他们的问题。因为小伙子一直喜欢心理学，而且上学时还经常帮别人排忧解难，所以他相当有经验。当然，他的收费也不等，每小时5~10元。

后来，许多在打工中遇到心理问题的大学生也光顾这里。在咨询中，他发现那些大学生普遍的问题是在自己毫无心理防备或者心理不成熟的时候，那些本以为会属于自己的、并没有特别珍惜的事物，突然之间却不存在了，如心爱的人离他而去，此时，情绪便一下子低到了极点。

半年后，由于业务增多，人手不够，小伙子又招了2个人。1年后，小伙子的公司扩大了规模，不过不是搬进商务楼，而是新租了5间平房，因为那是他公司的特色。"既然客户都是打工者，办公室就不能让他们望而止步，应该让他们有平等的感觉。"小伙子说。

许多来到这里的人都把小伙子当成朋友，真诚而坦率地道出自己对生活的困惑。

在做咨询的过程中，小伙子发现这种心理问题不仅是背井离乡的打工者存在，即使是本市中生活稳定的人们也有不同程度的心理问题，只是许多人碍于面子讳疾忌医。于是，他又开拓了一种新形式——上门咨询。

因为对于普通家庭而言，聘请心理健康医生的费用较为高昂，难以承受。而心理健康咨询以人为中心，以家为单位。客户可以随时咨询自己的心理健康顾问，咨询师可以一对一地为客户提供事前的心理健康咨询、防范心理健康风险等，从而提供个性化的解决方案。

小伙子咨询师的队伍也在壮大，有针对知识分子的大学教授，也有善于解决家庭问题的居委会大妈。总之，来这里的客户感觉他们之间没有等级之分，可以畅所欲言。人们感觉通过咨询心情舒畅了，都很感谢小伙子。

就这样，一个打工无望的年轻人在这个新兴的行业中挖到了自己的第一桶金，在寸土寸金的大都市拥有了自己明亮宽敞的家。

新的时代催生新的需求，新的需求催生新的行业。如果你能针对人们新的需求，用自己的知识为他人指点迷津，怎能不受欢迎呢？既不用盖厂房，又不用买机器，便满足了人们的需求，这难道不是一种简单的赚钱方式吗？

手绘画出财富万千

在这个个性张扬的年代，缺的永远不是时尚与另类，而是发现它的眼睛。有时一个新鲜创意，足以改变你的人生。

叶小姐在一家广告公司做平面设计工作。一天，她去市场买背包，转遍了市场也没找到合适的，最后她看中一个图案很清新的帆布包，但是她翻转过来，又不满意了，背面居然是一片空白。

已经转累了的叶小姐很不情愿地买下了这个帆布包，她心里始终有挥不去的遗憾，总想为那个包的背面贴上点什么时尚元素，那样多有个性、多完美。

几天后，叶小姐心血来潮，把自己偶然得到的灵感画在了包空白的背面。朋友见到后直夸奖叶小姐，不愧为学美术的，出手不凡。

朋友的夸奖让叶小姐灵机一动，这个帆布包才花了10元钱，如果加上这个图案，说不准25元都会有人买。想到这里，第二天她就去了箱包批发市场，专门买那些一面是空白的包，想大展身手赚一把。

为了解决色彩的褪色问题，叶小姐请教了自己的老师，老师告诉她：现在日本和美国流行"手绘服饰"，就是用一种从植物中提取的特殊纺织颜料在衣服上作画，这种环保颜料具有防水功能，衣服脏了无论机洗还是手洗都不会洗掉图案，而且对人体也没有任何伤害。

和过去的机器烫花工艺不同的是，这种手绘服饰不再拘泥于固定的图案样式，顾客可以充分发挥想象，所以销路看好。

听到这里，叶小姐很是兴奋，颇有英雄所见略同的感觉，她想如果能在背包上绘画装饰，销路肯定也会好。

在这个人人追求变化追求个性的年代，要是有了这种新潮的"手绘背包"，不也是一道靓丽的风景吗？

叶小姐好像忽然间找到了创业的目标，她辞去了工作，决心来做这种新潮背包。她买来近20种颜料，花了一夜的时间，把买来的背包全部画上了色彩各异的图案。第二天，她就背着自己的大作跑到批发市场去做"民意测试"。

令人惊喜的是，她的这些背包吸引了许多人惊异好奇的眼光。不仅有购物者，而且还有进货商。他们纷纷问道："你的背包在哪儿买的？"当他们得知背包上的图案是叶小姐自己绘制的以后，赞叹道："太有个性了！真棒！"

就在当天，叶小姐接下了第一宗业务，一个箱包批发商要求把他色彩比较单调的一些背包画上图案。为了画好这些背包，叶小姐精心画出了许多图案，让批发商挑选。

然后开始着色，一种颜色上了好几遍，确保均匀、透彻。最后一道工序是用电吹风烘干。她使出浑身解数，花了1天时间，终于画出了令自己满意的处女作。第三天，批发商准时来拿包。当他看到自己洁白的背包上霎时变得姹紫嫣红、风格各异时，不由乐了。初战告捷，叶小姐也坚定了从事手绘背包的信心。

叶小姐开始招兵买马，多数是20来岁的年轻人，并派人四处收集一些实用的图案，购置了专用颜料和画笔，制作了宣传资料，各项准备工作基本就绪，她的"彩绘背包工作室"开业了。

为了防止别人竞争，叶小姐的经营策略是：为顾客设计的图案，式样保密，独一无二！顾客若不满意可另行设计。这招果然奏效，工作室开业后，几乎每天都挤满了时尚男女。

在叶小姐的工作室中，人们看到十几名画师都在忙碌着。因为制作手绘产品，工艺并不是难事，难的还是独一无二的创意，需要大量的灵感。为此，他们每天都在网上搜图，和朋友聊天也时时注意捕捉时尚信息，有时为了想个好点子甚至熬通宵。工作室的墙上挂满了绘制好的背包，上面的图案五花八门，桌子上放着几厚本图案样稿和色彩繁多的颜料，以供顾客挑选参考。"我对手绘的定位就是做精品，不走量，不然和批量生产就没什么分别了。"叶小姐说。她的工作室出品的背包，图案精细的一件要耗费画师两天的时间。加上设计的图案通常是量身定制，只供一人使用，因此每款的成本都很高，价格也比一般同类产品贵不止一倍。这种经营"个性"的生意很快给她带来了丰厚利润。她在市场批发一个"光板背包"是5~10元，做上手绘图案后，售价可达50~100元。

2003年，叶小姐绘出了上万个背包。她对市场观察得很细致，并在设计图案上下足了工夫，现在，在手绘的基础上又和画家合作，把中国传统的名画也画上了背包。这些背包既高雅又高档，价格倍增，热销全国各地。

什么样的创业能够在短时间内创造大财富呢？当然是能引领潮流或是抓住特殊机遇的创业。智慧是永恒的财富，它能引导我们通向成功，避免失败。

第7章

资源整合，驶上财富高速路

创业者能否成功地开发出机会，进而推动创业活动向前发展，通常取决于他们掌握和能整合到的资源，以及对资源的利用能力。优秀的创业者能够创造性地整合和运用资源，尤其是那种能够创造竞争优势，并带来持续竞争优势的战略资源。

整合他人资本，打造财富生态圈

财富生态圈是一个城市中最为方便、快捷、高效地汇聚财富之地。它能为城市提供最大限度的生产力，汇集最有实力的企业，同时拥有自我调节的能力，能形成强强联合、规模效应和财富的聚拢。

在传统的创业观念中，似乎只有自己拥有更多的资本，才能赚到更多的财富。现代企业家创富要具备多方面的能力，善于整合他人的资本，通过整合打造一个财富生态圈，是非常重要的创业能力之一。

广东省广州市的卢俊雄25岁就成为当代中国最年轻的亿万富翁，他在1年的时间内，同时展开四大项目：百货中心、今金购物城、东方车行和美食城。四个项目几乎同时进行，一气呵成。在一般人看来，在1年的时间内完成四大动作，没有雄厚的资金或银行做后盾，简直不可思议。然而，卢俊雄却做成功了。他致富有一套独特的方法，其中，通过整合他人的资本与其他资源，打造财富生态圈就是他多种致富方法中的一种。

1992年12月，卢俊雄的华龙公司在繁华的广州中山七路建造了一座装饰新颖、一流的现代化大商场。这座"城市百货中心"的占地面积有1 400平方米。

一竣工，卢俊雄就把刚完工的商场全部以招租的方式租出去。当时广州的许多地段不错的商场很长时间都招不满，而他的商场却在短短的23天招满全部商户。许多销售商不明白是什么原因。

原来卢俊雄有自己一套独到的租赁方法，那就是以每年都可以退还租金的方式吸引租户。一般商场的招租是几年后一次返还租金，商户的钱要在商场压很久，而且如果一旦经营不利关店，因为没到期，商户的租金也拿不走。针对商户的担心，卢俊雄采取的方式是一个摊位一次收10年租金，每年退还其中的10%，并包括利息；同时，每个摊位收取比市场价低2/3的管理费。因此，不到1个月，220个摊位全部租完，华龙公司一下子收到1 000多万元的资金，把建造大楼的资金全部收了回来。而卢俊雄只花了2 000元的招租广告费，就建起了一个现代化的大商场。

赚了一大笔钱的卢俊雄看到了利用社会资金的快速赚钱模式，于是他又想在其他地方建造一个商场，以便形成与"城市百货中心"的遥相呼应。他一眼就看准了人口稠密的西华路上的旧商场，于是花3 280万元，以分期付款的方式，买下了这个700平方米的建筑物。之后，他投巨资很快建成了"今金购物城"。

这次招租，善于利用整合方式的卢俊雄又巧妙地把租金与土地联系了起来。他采取的办法是租期20年，先要摊主提供所需的摊位面积，之后按每平方米5万~7万元的租金出租。公司不但每年向租者退还5%的租金，而且每租一平方米可以得到公司赠送的1平方米位于新塘的土地。对于商户来说，不但能得到及时的返租，而且还能得到赠送的土地，当然具有很大的诱惑力。这是卢俊雄大手笔整合的结果。因为他得知新塘马上开发，地价肯定猛涨，便与新塘联手运作，打出了租商场送土地的好主意，这次，卢俊雄一下子又得到了4 400万元的租金。

为了打造自己的财富生态圈，卢俊雄又看准了汽车服务业。随着人们生活水平的提高，汽车、摩托车服务业肯定会掀起一个高潮。为此，他又筹划了一个"东方车行"的大项目，决定用招租的方式。这次，他改变了操作方式：一次收5年租金，一个摊位7平方米，分5年退完，利息用管理费代替。一些有眼力的承租者纷纷在东方车行门前排起了长队，结果，华龙公司又得到了750万元的租金！但是，每年返租商户的钱卢俊雄并不想自己掏腰包，这次，他又要整合一个新的项目，从新项目的收费中来解决返还租金问题。而这个新项目是他打造的又一个财富圈，将与其他三个财富圈一起，构建一个良性循环的财富生态圈。

对于百姓来说，衣食住行都是头等大事。百货、车行附带赠送土地解决了商户的衣、住、行问题，而现在，他要帮他们解决一个食的问题。广东曾以吃的品种繁多而闻名天下，美食界的人都知道"食在广东"。随着广东对外开放的力度加大，全国各地的人也会涌来淘金。因此，建一座美食城就是卢俊雄要打造的第四个财富圈。

1992年，广州市政府下令整顿临时食摊，要求所有大小排档一律在两年之内进屋经营，一些摊主因此议论纷纷，大有无处安身之感。

此时，眼光敏锐的卢俊雄当机立断，兴建美食城。他说干就干，1993年春节前一座风格独特的美食城在中山八路开业，那些大小排档的摊主们又排起了承租的长队。这次，卢俊雄采取的是按月收取租金的方式。因为开排档的摊主资金有限，而且他们有限的资金还要用于进料等周转。结果，这种很受商户欢迎的租赁方式为卢俊雄带来了600万元。而卢俊雄将这600万元作为"东方车行"前3年退回的租金绰绰有余，为承租"东方车行"的商户们解决了后顾之忧。

就这样，卢俊雄通过整合商业项目、整合商户的租金、整合土地等方式，通过运用不同的整合手段对这些不同项目进行整合，构成了一个成熟的、高度密集的财富生态圈。一个个财富圈在不断地发展和演化中，让身处其中的商户们与卢俊雄共存共荣。各个财富圈也通过相互制约、转化、补偿、交换及适应，最终实现了整个商户与商城的和谐发展，逐步建立起圈与圈之间动态的和谐、平衡。

整合就是把分散的资源和各不相同的方法进行有序的调度、组合、配置，从而收到最佳效果。在经济全球化的过程中，从无序到有序的整合，是对中国企业更为适合的一种创新。这对中国企业家来说，不仅是一个挑战，更是一个机遇。

混合融资模式，驶上财富高速路

对于初次创业的人来说，因为计划不周、对许多问题考虑不到等，几乎是有多少资金都不够花，更不用说没有资金。这种情况下，融资是一个值得考虑的方式，整合他人的资金也可以帮助自己创业成功。当然，首先需要你的项目确实能打动投资者。

1998年7月20日，上海国脉通信股份有限公司在世界上首家推出被称为"信息王"的双向个人移动信息机。这种信息机可以以无线方式与互联网相连，并能够收发电子邮件。

对这种信息机的投入使用，有人预言可能会诞生一个全球市场总值高达数千亿美元的全新产业——个人移动信息产业。

开发这种产品的是中国人王维嘉，这是他在硅谷成立的公司美通公司研发出来的。这种科技含量高的新产品的上市是王维嘉融资的结果，他先后4次从美国的7家风险投资公司直接或间接融资达到3 000万美元。这个数额，不但在赴美的华人圈里是最大的一笔，即使是在硅谷众多的受风险资本支持的风险企业中，也位居前列。

那么，王维嘉是怎么想到融资这种方式的呢？这个思路源于一本书带给他的启示。

1984年夏天，《人民日报》连载了一本书，叫《硅谷热》，是美国斯坦福大学一位教授写的介绍硅谷人创业的书，几乎连载了大约1个月。在改革开放刚刚开始的中国，这本书以其独特的观点和大量的事例吸引了许多中国高级知识分子，特别是从事计算机等高新技术领域研究的。当时，这本书也深深地印在年仅20岁的王维嘉的脑海里，他感觉自己像是经历了一次头脑风暴。那时，他还在大学攻读无线电专业硕士学位。后来，王维嘉来到斯坦福大学电机工程系读博士，获得博士学位后，他先后就职于美国太平洋贝尔公司、蜂窝数据公司、英特威尔公司。

多年的从业经验使王维嘉对通信行业有了深刻的认识，也使他看到了现代技术的3个主要发展趋势：一是便捷、轻快的手提电脑将取代桌面电脑；二是无线通信产品（手机、寻呼机等）的大量普及将带来通信成本的不断下降；三是互联网的大爆炸。在看到这些发展趋势的同时，他也思考着适合时代发展的一种创业方式。1993年，王维嘉决定发展个人移动信息服务，把以上3项当代最重要的技术整合在一起，在掌上通过手机上网方式接入互联网网络终端，人们只要轻轻一点，就随时随地可以看到全世界的任何信息。既增加了手机的功能，又方便了人们的办公和联系。

许多人对这个项目前景看好，王维嘉自己也坚信不疑。可是，要独立创业，没有资本怎么运行？这时，他又想起了那本对自己产生过深刻影响的《硅谷热》。硅谷的成功，首先在于其运行机制，即强大的资本和富有野心的创业者的紧密结合。有资本的人并非都是有项目的人，像自己这样有创业项目而无资金的人不是正好可以和他们结合起来吗？既然来到了自己为之向往的地方，那么，为什么不去尝试一下这种融资的方式呢？想到这里，王维嘉勇气倍增，创业的决心更加坚定。

1993年年底，王维嘉参加了一次风险投资演讲会，临到会议结束时，王维嘉疾步走上演讲台向在座的风险资本家谈了自己的创业思路。有个风险资本家听后对他说：以后约个时间再谈。王维嘉没想到机会竟然这么快就降临了，他兴奋极了。回去后开始详细准备自己的创业计划。但是，也许是因为那位风险投资家太忙了，几次打电话过去他都不在，但王维嘉没有放弃。终于，有一天，他听到了对方的声音，并约他详细谈谈。最后，经过6个月的谈判，王维嘉终于在1994年7月从MK Global和Tong Yang Ventures两家风险投资公司得到了第一笔总额为200万美元的风险投资。得益于这些资金的支持，他在硅谷创建了美国通用无线通信有限公司（Gwcom，以下简称美通公司），并任总经理。王维嘉由此成为赴美华人中获得风险投资青睐的第一人。

对于这次融资，王维嘉深有体会地说："尽管在美国有600多家风险投资公司，而其中的一半都在硅谷，但对于创业者来说，熟悉和了解风险资本家及其运作模式却是融资成功的一个关键前提。除此之外，创业者在与风险资本家接触的过程中，还必须有专业化的表现和足够的个性上的坚韧性。"

第一次融资的成功，不但使王维嘉顺利地开始了他的创业冒险活动，也使他充分了解了整个风险投资运作的机理，从而为他后来的三次融资铺平了道路。从风险投资中得到支持和鼓励的王维嘉此后又大胆运作，先后3次获得风险投资。1995年，王维嘉从International Venture Partners和Alpine Ventures等风险投资公司成功融资700万美元；1997年从IDG和W.I.Harper等风险投资公司成功融资900万美元；1999年3月，他又从Intel公司成功融资1 200万美元。

4次成功的融资经历，使王维嘉差不多成了一个专业的风险投资专家，并在融资问题上积累了极为宝贵的经验。他说："要想融资成功，首先要坚持一个原则，就是永远要多谈几家。""其次是要选择正确的投资人，所谓正确的投资人的判断标准有两条：一是要在你的企业所属的产业当中有投资经验；二是要有充足的资金。在钱进入到自己的银行账户之前永远不要抱有任何幻想，因为只要钱还未兑现，就始终有变化的可能。"

靠整合这种混合融资模式，王维嘉的公司不断发展壮大起来。对于"信息王"的推出，有人说：王维嘉发现了一个"金矿"，这是个价值1万亿美元的产业。现在的王维嘉主要时间花在国内，开拓他自己公司的业务。

在一个全球经济日益一体化的时代里，由于各种生产要素都需要全球配置，不但市场的开拓需要站在全球的高度予以统筹和考虑，而且资金的筹措也应该扩大到全球范围，既融国内的，也融国外的；既有直接融资，也有间接融资。对融资的整合将帮助你快速驶上财富高速路。

创百年品牌，成千秋事业

随着全球化的日益深入，对于那些发展强劲的企业来说，要到国际市场这个深海中行大船，就需要具备吸纳或吞吐全球资源的能力。在这个过程中，整合是企业必须面对的一种战略选择。通过收购、兼并、合并、合资、战略联盟等方式，把价值链中原来属于其他企业的资源和能力为我所用，才有利于自己走向全球，有利于自己做强、做大。

鲁冠球是本土成长起来的中国企业家的代表。他依赖近半个世纪的波折之路，修炼出极有价值的商业哲学体系。这位当年的修理匠，继续巩固其在汽车零部件领域的世界一流企业地位，同时还进入农业、矿产、新能源、金融等10大产业。2007年，他的企业营业收入超过400亿元。

鲁冠球素有商界常青树的美誉。作为中国最受尊敬的第一代企业领袖之一，鲁冠球带领万向集团从一个小工厂发展成国内最大的民营企业之一，并且走出国门，从国际营销到国际生产，再到国际资源整合，用他那农民企业家的精明和胸怀，从中国跨向世界。目前通过并购掌控19家海外公司。一个只有初中文化的农民企业家向世人展示了他走向国际化的传奇故事。这一点，就连许多拥有海外留学经历的高层管理者都望尘莫及。

从鲁冠球的创业轨迹中不难发现，他虽然没有受过正规教育，也没有成系统的管理经验，但是他从多年实践的锻炼中具备了对商机精确把握的能力，并且一步一个脚印，扎实稳妥。当年和他一同起家的民营企业早已销声匿迹，而鲁冠球的万向却在艰难困苦的磨炼中长成了郁郁葱葱的参天大树。

首先，在国际营销方面，从1990年开始，鲁冠球提出"大集团战略、小核算体系、资本式运作、国际化市场"的战略方针。

1994年，鲁冠球实现了踏出国门的愿望，独资成立了万向美国公司。主要负责开拓集团的国际市场，建立集团产品的品牌形象。龙永图曾称赞他是"在洋人的地方，用洋人的资源，做洋人的老板"。多年来，万向十分注重对于公司广大股东的回报。鲁冠球说："公司的目标是实现股东价值的最大化，这不仅限于大股东的收益最大化，同时也要保护中小股东的利益，实现双方的共赢。"目前，万向美国公司成为在美国中西部发展最快、规模最大的中资企业。

1997年，鲁冠球在万向节的营销上打了一个漂亮仗，小小的万向节正式敲开了世界汽车业巨头美国通用汽车公司的大门。为世界一流的汽车生产商提供配件，是鲁冠球多年的愿望。随着产品质量的提高，随着世界市场大门的打开，今天，他的愿望终于实现了。之后他又相继为福特、克莱斯勒、大众等国际著名汽车厂商直接或间接提供配套产品。

从欧美发达国家到发展中国家，鲁冠球不断地开拓着世界市场。到1999年年底，万向美国公司已在美、英、德、加、巴西、委内瑞拉设立10家公司，建立了涵盖50多个国家和地区的国际营销网络，成为美国中西部地区最大的中资公司。他用"钱潮牌"万向节产品打开了日本、意大利、法国、澳大利亚、中国香港等18个国家和地区的市场，每年创汇在229万美元以上。

其次，在资本运作方面，鲁冠球也显示了非凡的智慧。他并非只靠产品销售打开市场，而是用两条腿走路，通过发行股票融资来获得快速发展。

2002年，公司出资数亿元组建了浙江省第一家财务公司；2004年，万向花费1.2亿元投资首家以民营资本为主体的保险公司；同年，万向参股浙江省商业银行，以持股10.34%并列为第一大股东；随后，又重组了浙江省工商信托；加上之前的万向租赁、万向期货和通联资本，万向拥有了多个金融企业。就这样，在资本市场鲁冠球已经建立起他的资本帝国，并逐步推行他的全球战略。

鲁冠球认识到，企业国际化竞争归根结底是企业资本的国际化竞争，资本国际化是企业国际化的最终标志，也是公司发展的一种高级形式。为此，万向的眼光从国内投到了国际金融市场。

万向开创了国内民营企业收购海外上市公司的先河后，与世界许多著名的金融机构建立了长期合作关系，花旗等美国银行授予万向的信誉额度达到近亿美元。2003年，万向在美国创建"万向制造基金"，当地一批政界、商界的知名人士成为股东。之后，万向的海外收购以"万向制造基金"的名义进行，以此加快海外收购步伐，进一步加快万向的国际化进程。

到2004年年初，民企万向已在美、英、德、加、澳等8个国家拥有了80家公司，其中独资或控股18家公司。"万向制造"通过覆盖全球100多个国家和地区的国际营销网络，2003年实现营业收入152亿元。

与自己创业、自己生产相比，整合他人现成的资源和能力是投入成本最低的，而收益却是最高的。在整合外部资源时，行之有效的方法是缔结战略联盟。战略联盟是不同的经济实体，既有同一产业链上的实体，也有处于不同行业的企业。整合了许多企业的优秀的资源，不但公司的实力会大增，而且技术也会日趋成熟，企业可以快速地成长，实现较大的跨越。这一点，不仅是已经发展起来的大企业需要寻找的发展模式，对于创业起步阶段的人来说，也需要考虑提高整合他人资源的能力，通过整合达到低投入、高收益的目的。

整合资源，提高企业竞争力

许多企业的资源在未经组合时，往往是杂乱无章的，不能产生资源合力。把原来看似零散、分割、毫不相干的资源，根据有序的原则进行调度、组合、配置，使资源发挥出最大的效能，就能产生最佳效果。这既是企业战略调整的手段，也是企业经营管理的日常工作。许多现代商业高手就是运用这种整合的方式取得了良好的效果。

2001年7月14日，陈天桥买下了《传奇》的运营权，从很大程度上说，这是陈天桥冒险下的赌注。因为，单是同《传奇》海外版权持有商为期两年的签约就需要每年30万美元的天价。而且除了版权运营费，每月还要上缴收入的27%作为提成。本来腰包还算鼓的陈天桥签完约基本上就成了穷光蛋。

一个穷光蛋怎么运行网络游戏？因为运行网络游戏需要很多的服务器，而此时的陈天桥已经没有钱来添置服务器。但是，正如今天许多人都知道的一样，陈天桥的网络游戏不但做起来了，而且还把他推向了财富宝座。那么，陈天桥当初是怎么运作的呢？

开始，陈天桥拿着与韩国方面签订的合约，找到浪潮、戴尔等，告诉他们："我要运作韩国人的游戏，申请试用机器两个月。"服务器厂商一看这的确是国际正规合同，而且陈天桥的"盛大"以前也是信誉不错的客户。这次，他又要有大的动作了，将来恐怕还是潜在大客户，小看不得，于是就同意了。

然后陈天桥又拿着浪潮、戴尔等供应服务器的单子，以同样的方式与中国电信谈：我们需要很大的带宽运营游戏。你们看，浪潮、戴尔都给我提供了服务器。对于中国电信来说，连浪潮、戴尔这样的国际大牌企业都看得上陈天桥，他们当然要给予支持，不能放过这个潜在的合作伙伴，于是给了陈天桥测试期免费的带宽试用。

就这样，陈天桥用非常高明和充满技巧的手段，把浪潮、戴尔、中国电信等这些看起来没有什么联系的企业的资源整合到自己门下，为自己所用，使盛大度过了生死存亡的关头。通过这样的资源配置，盛大在测试期内就实现了赢利。

从上面这个案例中可以看出陈天桥争夺资源、配置资源的技巧与方法。陈天桥运用整合的智慧，将一个个零散分布的点穿针引线，构筑成了一个完成具体商业目的的利益链条，使整合起来的系统正常发挥功能并运作流畅，当然也达到了与众多合作伙伴们"你好我好大家好"的局面。

由此可见，整合是现代商战的重要方法和重要手段。整合可以把分散的优势变成综合优势，把局部优势变成整体优势。在快鱼吃慢鱼的时代，最有发展前途的企业是最善于整合不同资源的企业。不善于整合资源，就只能凭借一己之力，慢慢发展；善于整合资源，就可以扬长避短，巧干快上，形成一个经济关系网，并使自己成为这个网络的中心和主导。

产业整合中蕴藏了巨大的商业机会，通过进行产业整合不但可以减少浪费，降低成本，而且可以最大限度地提高企业的资本竞争力。因此，只有那些不断审视自己、不断审视周围环境的企业家才能抓住整合的机会，创造更加美好的未来。

第8章

树金字招牌，凭魅力聚财

个人魅力在创业和组建团队时有着不可估量的作用，它不光能带来客户的信任，还能在面对重重困难时带领自己的团队披荆斩棘。创始者有见识、有胆量能够抓住契机，开创在本行业内极具影响力的企业，也就积累下了相当丰富的经验和威望。

打造好信誉这个金字招牌

信誉就是创富的通行证。有了良好的信誉，公司才好聘用你，银行才可以借钱给你，商人才敢跟你做生意，伙伴才能与你合作。所以，无论打工还是自己当老板创业，都要打造好信誉这个金字招牌。

有一名在德国的留学生毕业时成绩非常优异，便留在德国四处求职。拜访过很多家大公司，全都被拒绝，他很伤心、恼火，收起高才生的架子，选了一家小公司去求职。结果呢，这家公司虽然小，却仍然和大公司一样很有礼貌地拒绝了他。

为什么呢？因为他坐公交车曾逃票5次。他很惊讶，也很气愤:原来就是因为这么点儿鸡毛蒜皮的事，小题大做！德国人可不这么认为。在德国，抽查逃票一般被查出的概率是3‰。这位高材生居然被抓住5次，在严肃严谨的德国人看来，大概那是永远不可饶恕的。

试想，一个人在三毛两角的蝇头小利上都靠不住，还能指望在别的事情上靠得住吗？一旦遇到比逃票更大的诱惑，怎么敢信任他不出卖公司的利益呢？

一个成熟的社会，一个有力量的社会，不但要考察每一个人的知识、能力等硬实力，而且还要考察一个人的信誉、人格等软实力。如果不讲信誉，就很难在这个文明社会立足。虽然商人的目的是赚钱，但也要考虑好赚钱的门道，有口皆碑的信誉就是自己的金字招牌。

在金融帝国，美国华尔街的摩根家族享誉世界。他们之所以能成就一番大业，与有口皆碑的信誉分不开。

1835年，在美国，有一家名叫"伊特纳火灾"的小保险公司正在发布招聘股东的声明。当时，摩根先生并没有现钱。正好这家公司不用马上拿出现金，只需在股东名册上签上名就可成为股东。抱着开创一番事业的信心，摩根先生毫不犹豫地签了名，成为他们的股东。

但是，时间不长，一家在该公司投保的客户发生了火灾。按照规定，如果完全付清赔偿金，保险公司就会破产。本来规模不大的公司面临着巨额赔偿，股东们一个个惊惶失措，纷纷要求退股。

这时，摩根先生显示出了与众不同的决断力。经营事业，金钱固然重要，但是他认为信誉比金钱更重要。他斟酌再三，决定不能失信，要将赔偿金如数付给投保的客户。可是，没有资金的他怎样去支付客户的赔偿金呢？于是，摩根先生不顾辛苦，想办法四处筹款，最后，甚至不顾亲人的哀求，连唯一的住房也卖掉了，这才得以收购了所有要求退股的股份，按期将赔偿数额给了那家受损的客户。

本来并没有抱多大希望的那家公司被摩根先生的举动深深打动。正是得益于摩根先生及时的帮助，那家公司渡过了难关，重新振兴。

但此时，已经资金枯竭的伊特纳火灾保险公司濒临破产。为了生存，摩根先生无奈之中打出广告：凡是再到伊特纳火灾保险公司投保的客户，保险金一律加倍收取。

出乎意料的是，客户很快蜂拥而至，第一名就是那家曾遭受火灾的公司。原来在很多人的心目中，伊特纳公司是最讲信誉的保险公司，这一点使它比许多有名的大保险公司更深得人心。伊特纳火灾保险公司从此声名鹊起。

当年的摩根先生，就是后来美国摩根银行的创始人摩根的祖父。

成就摩根家族的并不仅仅是一场火灾，而是比金钱更有价值的信誉。当人们问及摩根家族取得事业辉煌的秘诀时，摩根说：还有什么比让别人信任你更宝贵的呢？

信誉的品牌是靠人品打造的，那是人们对一个人人品的佩服与欣赏。无论时代怎样变化，人类对真善美的追求永远是生活的主旋律。为人处世中，有多少人信任你，你就拥有多少次成功的机会。

精心 经营人脉圈

创富的过程就是与人打交道的过程，人脉就是财脉。如果只凭自己创富的激情和愿望，得不到人们的理解和支持，就无法顺利地赢取财富。特别是对于那些要从异国他乡获取资源而创富的人来说，更应懂得精心呵护人脉圈的重要性。

卢伟光出生在浙江温州一个经商世家，1994年，卢伟光自己砸了铁饭碗，向父亲借了30万元启动资金，下海做起了地板生意。

短短3年，卢伟光完成了原始资本积累，决定从经销商进军地板制造业。不料，正当他踌躇满志地准备大干一场时，1998年国家一纸公文——禁止砍伐森林！他做地板的原料来源被一刀斩断。这对卢伟光来说等于是釜底抽薪。因为如果卢伟光从台湾中间商手里进货，不仅数量有限，而且价格很贵。后来，他冒出一个大胆想法：去巴西买森林，解决原料来源。

但是，去原始森林是非常危险的，家人坚决反对。卢伟光顾不上这些，毅然只身前往。几天后，当他第一次靠近印第安人的部落时才明白，要在巴西买森林并不是那么简单的事。因为原始森林是印第安人的地盘，他们有自己的法律，有军队保护。如果没有经过军队或者印第安人酋长批准的话，一般外人进去即使被杀也得不到法律保护。而卢伟光——一个来自异国他乡的人居然要买他们地盘上的森林，理所当然地遭到了印第安部落酋长的断然拒绝。

这怎么办？不远万里来到这里，不能徒劳无获。卢伟光决定先和当地人建立感情，通过这种方式来打动印第安部落酋长的心。于是，他作出了一个决定——通过印第安人基金会资助印第安人。他首先在其他地方买了一片土地送给他们，以便让他们有更广阔的栖息地，而且还买了大量的药品和医疗设备，帮助他们解决病痛的折磨；然后他买了车改善他们的交通条件。就这样，卢伟光和印第安人交上了朋友，当地人不再对他采取敌视的态度。

和当地人搞好关系后，卢伟光又把结交的目标锁定在木材商身上。如果木材商不支持，即便森林买到手也无法完成砍伐、运输、加工的工作。于是，卢伟光又在巴托格罗索州库亚巴市办起了"木材学校"，请中国的林业专家编写了一本针对当地情况的木材加工技术教科书，免费给巴西所有木材供应商授课。这些简便易学的教材大大提高了木材商对于材质鉴别和使用的能力，他们很感谢卢伟光的无私奉献。

为了保证森林的良性循环，卢伟光又投入巨资，研究开发当地人不使用的树种，研究成果与巴西人共享。他还把森林分为25块，每年砍伐一块，同时保证当年仍有幼树生长，25年后仍可长成一片参天大树，如此周而复始，可以循环更新。

为了取得巴西政府的理解，卢伟光花费50万美元租来美国的卫星，对已经看好的1 000平方千米森林进行遥感测量。对此，他这样解释："如果我对每棵树动什么手脚，通过卫星，巴西政府可以看得一清二楚。"他还给每一棵树建立了档案，承诺不砍伐水土容易流失土地上的树木；不砍影响动物生息、鸟类传播树种的树木。

卢伟光所做的一切，都是为了告诉巴西人，他来到这里，不是为了掠夺资源，是真心地帮助他们实现生态环境的良性循环。

几年来，卢伟光尽自己的力量，从不同方面全力关心和帮助着当地的人们。看到卢伟光做的这一切确实是为当地人着想，印第安部落酋长也被感动了。2002年，当卢伟光向他提出自己想买森林时，这位至尊无上的酋长竟然什么都没有说就答应了。就这样，一句葡萄牙语都不会说的卢伟光，经过与巴西人的共同生活，终于获得了他们最珍贵的友情。

卢伟光终于如愿以偿，在2004年4月和11月，分两次分别收购了150平方千米和850平方千米原始森林。在收购巴西亚马逊河畔850平方千米原始森林时，卢伟光得知这片森林中居住着一个原始印第安人部落。他决定把50平方千米原始森林无条件赠送给这个部落，以保持这个部落的生活状况和文化习俗，使他们免于迁徙。此间，他还在巴西投资开办木材加工厂，给许多巴西人提供了就业机会。

在巴西买下1 000平方千米的原始森林也使卢伟光"一夜成名"。2004年11月9日，卢伟光还作为中国民营企业家代表随胡锦涛主席出访了巴西。传奇般的经历也使他跃居2005年中国富豪福布斯排行榜之列。

卢伟光通过对那些能够影响自己的人脉圈的精心呵护，终于用自己诚恳的态度和友好的行动支持，赢得了巴西政府、印第安人和当地商人的理解和支持，顺利地实现了从巴西买森林的愿望，为事业的发展准备了充足的货源。

生意的成功就是人脉的成功，在人脉圈有了良好的信誉，财富自然会跟着来。对于企业来说，没有人脉就无法发展，也会增加企业的公关和管理成本。但是，人脉并非靠金钱就能买到，所以，一个聪明的商人不会只钻到钱眼里。要创富，请学会尽早培养并精心呵护你的人脉圈。

财聚人散，财散人聚

事业是人干出来的，能凝聚人心的管理者才能把企业做强、做大。怎样赢得追随者，只靠企业家的人格和权威并不能完全奏效，靠企业的发展愿景和理想似乎有些空洞。企业追求利益，员工追求实惠，这是一个十分实际的问题。

1998年年底，时任伊利集团副总，负责经营的牛根生被免职，第二年1月，他注册100万元创立了内蒙古蒙牛乳业（集团）股份有限公司。而在这个原始创业团队中就有来自伊利原液态奶总经理杨文俊、总工程师邱连军、冷冻事业部总经理孙玉斌、广告策划部总经理孙先红。他们组成了当时蒙牛的领导层。为什么这些铁杆部队要不离不弃地跟定牛根生？当时，伊利是国企，财大气粗。何况，这些人也做到了经理级别，论地位、论收入都是普通职工所不及，有稳定的资源和得心应手的管理团队，而与牛根生创业须从头重来，吉凶难卜啊！

但是这些人认为：牛根生这个人值得跟。因为牛根生不太看重钱财，舍得和人分财富。当然，这并非说牛根生不重视利益，相反恰恰证明了他与众不同的胸怀。

早在伊利担任副总的时候，牛根生就曾将自己的100多万元年薪分给手下员工。牛根生回顾当时的情形时说："当时我分钱的目的不是为了救穷和救急，是给我的部下干活预付的报酬。如果我觉得某个人干活非常有能力只是差一点动力，我就认为投资到这个人身上值，对团队会有好处。"

虽然是为了提高员工的动力，但是许多企业家恐怕连10万都舍不得给员工，更不用说自己的100万年薪。正因为牛根生有这种胸怀和眼光，员工才会坚定地跟着他，因为不仅能共苦，而且能同甘，不用担心"卸磨杀驴"。

不只是牛根生做总裁之后才舍得散财，早在20年前，牛根生就已经有了类似的做法，这似乎是他的性格使然。当时，杨文俊需要买房结婚，而他那时的工资只有60几块钱，4 000元的房钱只凑够了2 000元，所以只好放弃。当牛根生知道情况后对他说："不要担心，2 000块钱我给你出。"而他那时家里的存款也仅仅就是2 000块钱。舍己为人，为朋友两肋插刀，牛根生做到了。所以，当牛根生扯起蒙牛大旗时，杨文俊毫不犹豫地跟随他。

在蒙牛壮大后，牛根生也一直遵循着"财聚人散，财散人聚"这条原则，没有自己独占蒙牛的聚宝盆。他提议给集团部分没有股权的中高层管理者分配权益，而董事会及此前拥有股权的高管将不仅不再分配，牛根生还鼓励他们进行捐献。

在牛根生看来，财产是必须要流动的，该散的钱一定得散，这样才能聚得了人。因为事业就是人干出来的。只有大家的付出和得到成正比，才有干劲，才能把事业干好。所以，牛根生在蒙牛赴港上市后就将价值10亿元的股份捐献出来，成立了"老牛基金"。"老牛基金"所积累之基金主要用于奖励对蒙牛公司发展有贡献的人员。

不仅对公司员工，对于经销商，牛根生同样也舍得散财，只要经销商销售产品达到一定数量，不仅年底可以分红，而且还可以像员工那样分得蒙牛的股份。经销商怎能不干劲倍增呢？

正是因为牛根生"财聚人散，财散人聚"这种独特的管理理念，蒙牛才会在短时间内快速崛起，把事业做大。

财聚人散，财散人聚，其核心与"人旺地旺，地旺财旺"是一样的。你将财散给他们，那些跟随你的人才能够过上幸福的生活，他们知道你是可以跟随的，因而就更加愿意跟随你，你自然能够"人聚"。有人聚集在一起，还有什么事业做不成呢？

所有权力给他人

许多民营企业都是老板自己及其家族辛辛苦苦创下来的，老板的地位和权威不可动摇。要让他们放权，特别是把自己的权力给予自己没有一点血缘关系的人，确实为难。但是，家族管理一来有封闭性，二来他们颐指气使形成习惯，一旦决策失误，就会导致企业"不治"，悔之晚矣。要让企业发展壮大，老总必须摒弃"人治"，学会放权，敢于放权。

从2000年4月开始，华帝的知名度大幅提高。华帝是由7个非亲非故的年轻人牵头创业的，7个股东毫无血缘关系。他们拥有的股份完全相同，除一位股东以熟知燃气具行业和营销策划作为技术入股外，其余六人分别出资20万元，各占10%的股份，企业所在地小榄镇以土地入股，占30%。

为避免出现争权或分家现象，当时7位创业者制定了明确的自我约束规章制度，用规范化的制度作为引导。比如：7个老板同甘共苦，不论在企业中职位高低，股份、置资、年终分红一律均等，不存在特权者。所以，相处多年既没有闹分家，也没出现权力之争，这是许多民营企业很难做到的。

1996年，华帝的销售网络已经覆盖了全国大部分地区，市场反映良好。但是，市场销售上升速度却明显减缓，远远低于以前近50%的年增长率。

华帝的7位老板认识到，民营企业发展到一定规模时，就会遇到"生长平台期"，而停滞不前的最终结果就是轰然崩塌。可是，按照他们目前的管理水平，7位老板都不具备领导企业走出困境的能力。如果不想办法解决，企业就濒临危境。于是，华帝首先在内部来了一次人员大换血，从全国各地引进大批销售、技术和管理人才。在经营管理上，打破原来的模式，一切由他们说了算，按照他们的意见办。当然，这样做是为了摸索出一条适合公司生存的管理方式。经过这次大胆的放权，到1997年，企业总销售额上升到4亿元，内部改革初见成效。

这次改革的成功，使股东们达成了共识，要实现世界一流品牌的梦想，企业就要顺应市场需求，改革管理模式，分离所有权与经营权，引进职业经理人。于是，7位股东将各自分管的工作逐渐交给副手。

之后，他们又对管理机构进行了一次大调整，不但对营销体系进行重组，紧接着又对管理系统进行了一整套程序化运作规范改革，在调整的基础上进行了一次更加彻底的放权，最后，华帝的7个创业者全部退出管理层，进入董事决策层，实现了所有权与经营权彻底的分离。这样，股东也可以从日常烦琐的事务中脱出身来，站在更高层次上来制定华帝的发展战略。

华帝的创业史公布于众后，人们被这7位老板的胆识与策略所震撼，许多民营企业纷纷效仿。

企业的发展壮大，不可能只凭老板或者家族方面的努力，而应是管理人员、技术人员及工人整个共同体合力的结果。随着企业规模的扩大，管理专业化程度提高，迈向现代化管理是目前我国民营企业的大势所趋。所以，建立科学的、合理的机制，引进外部人才，放手让他们管理，才是民营企业发展的方向。

团队提前，个人退后

很多公司的领导者都认为：企业要成功发展，只需要一个能干的领导，带着一个听话的"团队"，就可以战无不胜了。在他们看来，团队应该绝对无条件服从上级命令。这样的结果使得团队的力量也就无从说起，团队精神自然也荡然无存。而且这种强调个人英雄主义、否认团队协作的做法其反面就是，当企业发生错误或失败时又过分夸大领导者个人的失误。这种做法相当不可取。

现代企业是一个协作的组织，应该充分重视团队的作用，培养优秀的团队，团队提前，个人退后。

在电视栏目《动物世界》里，有一个难忘的画面：在非洲的土地上，住着一群世代繁衍在这里的马鹿，由于生态环境的恶化及食物的匮乏，老弱病残者越来越多。

而离它们不远的地方，食物充足、水草茂盛。世代以来，鹿群们对那里也充满了无限的幻想，总想着迁徙到那个向往的地方，过上幸福的生活。但无奈的是，这中间隔了一条深不见底且有数米之宽的峡谷，所以，马鹿们虽然一次又一次地尝试跨越峡谷，但最终还是望而却步。

忽然有一天，马鹿遇上了一群恶狼，这群恶狼一直把它们追到了峡谷边上。此时鹿群已无路可逃，前面是深不见底的峡谷，后面是张牙舞爪的恶狼。

就在这千钧一发之际，原来胆怯的马鹿们勇气顿生，老弱病残的马鹿转身直面恶狼，拼死相搏，而年轻健壮的马鹿竟然冒着生命危险勇敢地只身向前跳去。更令人感到震惊的是，一对对马鹿相互配合，年轻的马鹿紧随着老鹿起跳，就在老鹿即将掉下悬崖的一刹那，年轻的马鹿又在它的背上二次起跳，终于跃过了这生死峡谷。

这就是团队的力量。本来并不优秀的马鹿们在面临团体的生死考验时那种默契配合、衰而求变、大无畏的精神和气概令它们起死回生。不用谁去做它们的思想工作，也无须有人下达命令，而是自觉地执行，因为它们要让自己这个团体延续发展。相反，如果只强调个体的作用，没有老弱病残的保护，没有老马鹿甘愿牺牲的奉献精神，一个再优秀的马鹿在面对狼群的袭击时能够跳过悬崖吗？能够重生吗？

今天中国的企业在面对经济危机的冲击时不也需要马鹿这种团队精神吗？无数的个人精神凝聚成一种团队精神，企业才能兴旺发达，基业常青。

虽然时势造英雄，中国改革开放以来，多数成功的企业离不开领导者的贡献。但是在目前情况下，只凭一个人的作用能竞争过其他企业吗？而且，近几年，许多企业由于过于强调个人的作用而出现了管理断档，使企业发展出了一些问题，遇到了一些困难，其中，团队建设不足是重要原因之一。

人力资源专家章义伍先生的一篇文章《把信带给杨元庆——谈联想与麦当劳的文化差距》分析得很有道理。章先生说："联想与麦当劳在人力资源上的差别主要体现在领导团队建设、干部选拔、培训机制、人员激励四个方面。""联想的总裁几乎无人不晓，但中国麦当劳的总裁是谁，恐怕就很少有人知道了。""联想很强调企业家和能人的贡献，而麦当劳强调的是管理团队。"正因为联想也意识到了这个问题，才提出"打造虎狼之师"的口号，以重现联想创业时的团队战斗力。

只有前辈们把自己的成功之处传给后人，传给团队，才能保证这种优秀精神的延续和发展。那么，如何才能打造一个成功的团队呢？

在《击掌为盟》一书中曾经讲述过这样一个故事：

艾伦是业绩突出的产品销售人员，但他不愿意与其他成员团结协作，结果被解雇了。

艾伦失业后到儿子所在的勇士冰球队当教练。虽然这个队人人精力过人，但各自为政，谁都认为自己了不起，谁都想按照自己的意志行事，更谈不上协作配合，所以总是输球。为了做好团队配合，艾伦找到了前女子篮球队的教练，在她的帮助下，队员们意识到了应该把个人的技能转变为团队的技能。艾伦和他的勇士队开始了神奇的团队合作，终于夺得了冠军。

至此，艾伦悟出了成功团队必备的四个要素：确立清晰的目标及共同的理念、发挥并提高技术能力、协同配合、坚持正面评价并反复地奖励与认可。

"一个人的智慧永远比不上一群人的智慧。"21世纪的竞争态势已经很明显，一个伟大的团队远远胜于英雄个人的作用。所以，一个企业不仅需要高层的少数英雄人物，更需要有强有力的中层团队，还需要普通员工的团队精神。使团队即使在失去个别队员时，依然能够战胜逆境，实现自我超越。整个企业都具有了团队精神，才能使企业得以发展壮大。

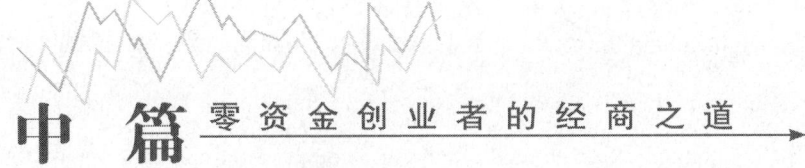

中 篇 零资金创业者的经商之道

第9章

胜人一筹，创新决定创富

一个公司不善于创新，不善于突破，只能跟在别人的屁股后面跑。创立公司后，必须要及时吸收新观念、新方法，让公司充满创新意识。这样才能超人一步，胜人一筹。因此，思路创新，是公司发展壮大必须选择的捷径。

吸纳别人的智慧

公司要想昌盛地发展下去，其关键在于创新人才。公司发展壮大时，把别人创新意识吸收成自己的，是必不可少的途径。公司管理者如何进行智力创新呢？或者说用哪些招数进行智力创新呢？那就是要把别人的创新智慧变成自己的财富。

"事业在人"，这句话是千真万确的。任何经营只有在有了称职的创新人才之后才能发展下去。无论具有怎样优秀历史和传统的公司，如果没有正确继承其传统的人，也将会逐渐衰败。经营的组织、手段固然重要，但掌握并使之发生效力的仍旧是人，不管创造了多么完善的组织，引进了多么新的技术，如果没有使之发生效力的人。也就无从取得成果，也就不能完成其公司使命。可以说，公司能否既对社会作出贡献，又使本身昌盛地发展下去，其关键在于创新人才。

第一，就经营事业而言，最重要的首先是寻求创新人才，培育创新人才。

在公司规模很小的时候，比尔·盖茨就常常对职工们说："如果有人问'你们是做什么的？'就请你们回答'微软是培育创新人才的。我们公司生产电器产品，但生产出产品之前，首先培育出人才。'"生产优质产品是公司的使命，为此必须培育出与之相适应的创新人才，有了创新人才自然就能生产出优质产品。比尔·盖茨在当时富于年轻人的志气，用上面那些话表达了这个意思。其实他怎么说都无关紧要，让这种思想一直贯穿在他的经营之中才是其成功的重要助力。

那么，怎样培育创新人才呢？恐怕这要具体问题具体分析，但最为重要的乃是要具有基本的观点。就是说，一定要明确"公司为什么存在？怎样从事经营？"这一问题，换言之，公司应该具有正确的创新经营观念和使命观。

　　如果公司的基本思想和方针是明确的，那么，经营者和管理监督者就能够据此施行强有力的领导，而且每个人也都能根据这一基本思想和方针工作。如果不明确的话，经营者或管理监督者对部下的领导就会缺乏一贯性，很可能被每时每刻的情势变化或个人感情所左右，不易于培育创新人才。因此，如果经营者想得到人才，其先决条件就是应该具有坚定的使命观和经营观念。

　　第二，要经常将经营观念和使命观灌输、渗透给职工。假如经营观念只是写在纸上的文章，那是一文不值的，它要成为每个人的血肉，才能发挥作用。因此，必须借助一切机会反反复复地把公司的经营观念和使命观灌输给职工。

　　第三，这并不意味着经营者单纯地讲解观念，而是在实际的日常工作中去说那些该说的话，纠正那些应该纠正的事情。从个人的人情角度来说，不应过多地提醒别人、申斥别人，倘若有可能应尽量避免这类事。可是，公司是以对社会做贡献为使命的公有物，在公司里的工作也就是公事。公司不是私有物，公司的工作也不是私事。所以，从公事的立场出发，对不能置之不理的，不能允许的事情，应该说的必须说，应该申斥的必须申斥。这不是根据个人的感情来做的，而是站在使命观的高度上的提醒和申斥。由于这种严格的管理，被申斥的人开始觉悟并成长了。不用说，假如不申斥的话，对部下来说是满意的，对经营者、对上级来说也是安逸的。然而，我们一定要铭记，这种苟且偷安的方法是决不会培育出创新人才的。

　　与此同时，还有重要的一点，就是要敢于大胆地分派工作，并让担任了工作的人能够在自己的责任和权限范围之内自主地进行工作。所谓培育创新人才，归根结底就是要培育出懂经营的人，培育出能够用经营意识去从事任何一项细小工作的人。为了培育出这样的创新人才，不能什么事都左一道命令，右一道命令，那样只会培育出一些唯命是从的人来。由于敢于大胆地分派工作，所以，担任了工作的人就会下工夫开动脑筋想办法，充分发挥出自己所具备的能力，而且也就相应地成长起来了。微软的事业部，从某种意义上来说，就是将这些做法形成了制度化。按照这种制度去培育人才是有很多优点的。事业部并不只是一种经营体，其中的每项工作都具有这种思想，并将这一思想灌输到一切工作之中去。

当然，虽然应该在广泛的范围之内分派工作，但必须牢牢地把握住基本方针。否则，分派工作后，各行其是，整体就会变成一盘散沙。说到底，就是要基于一定的方针给予权限。因此，公司的基本思想和经营观念在这里仍然是极其重要的。可以说，只有个人根据经营观念去从事自主性的工作，才能培养出人才。

所谓培育创新人才，并不是说只培育出能干工作、技术精湛的人来就可以了，这一点也需要特别加以注意。本领和技能的确很重要，公司不能没有这方面的创新人才，这是很自然的事情。然而理想的是，这些人作为一个人也好，作为一个社会人也好，同样都应该是个优秀的创新人才。尽管能够出色地完成工作，但作为社会人如果有缺陷的话，仍然不是令人满意的当今时代需要的产业者。

跳出模仿的怪圈

吸纳别人的智慧并不是一切都照搬。公司老板的创新一定要有自己的风格。马术的最高境界是"鞍上无人，鞍下无马"，这正是鞍上有人，鞍下有马的极致。

一个公司没有个性特点，即使暂时做大事，也终会不复存在。很多公司都想使自己有一点特色，即个性化，但又苦于无路、无计可寻，所以开始模仿那些成功公司。一两天过去了，一两个月过去了，一两年过去了，结果不仅跳不出模仿的圈子，反而束缚了自己的创造力。这是最要命的！

公司老板的创新一定要有自己的风格，否则谈不上有自己的创新魅力。创新不能成为"模仿者"，而应是公司老板在激烈的市场竞争中，根据自己的风格对产品进行各种改进、变换和扩充，使产品更有应变力和竞争力。现代人追求的是个性，社会发展也要"有自己特色"。的确，没了个性，没了特色，变得与众人一样，岂不无聊？

同样，公司老板和部下的关系也要有一种特殊的风格，即不同于作威作福，也不同于绝对服从，甚至逆来顺受。举例来说，要想达到马术的最高境界"鞍上无人，鞍下无马"，是人与马不断冲撞，控制与反控制，动用利益与恐吓交错的手法，使人的统治术与马的反抗达到一种默契与和谐状态。只有达到较高境界，才可以说，此时，风格已经形成。

同样，公司老板与部下之间难免会有磕磕绊绊。无法容忍部属反抗的公司老板，愚蠢至极；而不知反抗公司老板的部下，则全无智力可言。这是因为：

1. 反抗可以改善公司老板与属下的关系

公司老板指挥手下众多员工，难免有时不公正或无故挑剔，影响了上下级之间正常关系的发展。而部下的反抗则为公司老板打了一针清醒剂，提醒其悬崖勒马。

2. 这种反抗像新鲜血液，它能使僵化的机体重新活跃

如果公司只有公司老板一人说了算，部下只会被动地服从，那么这样的机制早已失去活力。

因此，公司老板与部下之间应该达成有反抗又有妥协、有和谐又有冲突这样一种独具风格的关系，它能使上下之间的关系永远充满活力。

创新要勇于冒险

创立公司大都冒险，因为做生意就是一场冒险游戏！"先探门路再走"，这是赞赏那些做事谨慎的人所说的话。而在公司管理中，公司老板不可常常畏首畏尾，不敢大胆尝试新的方法，这对公司老板魅力会大打折扣。公司老板应有冒险家的胆识，在冒险中创造成绩，增加自身的魅力，使公司获得更大的效益。

有些人认为，当下定决心做或不做一件事情之前，要先仔细调查。然而，往往愈仔细就愈当心，以致最后结论是——不要冒险。有人以为，像这种事先探路，仔细考虑的态度，会大大地影响决心。如此一来，就永远别想有所成就了。即使是在事前经过详细调查，但仍无法完全做到防范危险的可能，因此，在做一件事情时，倒不如具有向冒险挑战的精神与决心，反而更能克服困难。

的确，"当心"就不足以成事。冒险需要有勇气与资本（这里所谓的资本，即指公司老板的援助，或部属的协助），不能单凭感觉或运气，去冒险。但也不能着实地经过计算之后再行事，否则，就不能称之为冒险。若能从不确定的情报中，靠着某一种灵感去冒险，才能有成功的机会，但有时也会招致很大的失败。

身为公司员工，当面临这种冒险时，一般会成为公司老板及部属严厉批评的目标。然而，眼看着大好机会，因畏惧冒险，白白地给其他公司占了便宜，更是得不偿失。

常言道："多一事不如少一事"，由此可见，多数人都有"不做不错"的观念倾向。因而，如何鼓励他们多做，则与公司之作风，或公司老板之性格，有很密切的关系。

当部属发生错误时，多数公司老板就在其考绩上扣分，每错一次即扣一分，而且往往只扣不加，然后再以此错误之多寡，来评定部属之能力。像这种只会扣分的公司老板，很显然，必会阻碍部属向上的欲望，养成不做不错，一味保守防卫等要不得的态度。

身为一个公司老板，一定要有这种胸襟：当部属偶有小错时，尽管睁一只眼、闭一只眼，而当他完成辉煌的成果时，务必多加赞赏与鼓励。切莫过于苛责部属，将扣分原则改成加分原则吧。

挖出创意的金点子

要鼓励员工培养创意性思考的习惯，老板应随时注意倾听他们所表达的新观念。

凡是成功发展壮大的公司都是点子公司，都是创新公司。实际上，如果员工都能成为创意的"根子"，这个公司就有希望了，就有可能做大。开发创意性思考的一个值得关注的问题便是：大部分人通常怯于发表自己的新观念，对这些人，除非先鼓励他们培养自信心，否则很难让他们的创造能力完全发挥出来。要让员工对自己有信心，最好的方法便是对他们表示信心。有些人在这一方面很需要特别帮助，美国纳里斯训练中的沟通和人际关系课程，可以帮助这些人在这方面的发展。

老板可以协助员工克服发挥创意的障碍，其中之一便是"顺应环境"的习惯。他们不想有与众不同的思想，正如他们不想在衣着、言谈、举止方面与别人不同。我们要让这些人多多接触一些新思想。事实上，许多发明往往是一些有勇气破除旧习或反抗传统的人（团体）所作出来的。

要鼓励员工培养创意性思考，老板应随时注意倾听他们所表达的新观念。无论这些观念如何荒唐可笑，也不可妄下结论："这行不通！"要审慎地与当事人做进一步讨论，看看是否能发现该观点的好处来。在你评估意见的时候，要先称赞员工提出意见的积极态度。若有需要批评的地方，也应采用肯定的态度。例如：最好是说："你有没有先算一下费用？"而不要说："那太花钱了。"如此一来，他们自然会发现到费用的问题，说不定还能想出更好的方案。要记住，一个"与众不同"的人所提出的看法，虽然有时会不符实际，但千万别因此而对其表示轻视，这样会永远扼杀了此人的创意。

发展创意性思考的另一障碍，是许多人一旦决定做事的方法，便不愿轻易改变。这些人对不同的意见往往固执地封起双眼和耳朵。戴尔·卡基里曾说过："时时敞开你的心灵准备接受改变。要欢迎它，取悦它，要一再检验你自己原有的意见和看法。"这是所有老板应该遵循的原则，也应该鼓励员工这么做，如此才能开发出所有人的创造性来。千万不要说："我们一向是这么做。"这会扼杀了许多新的好主意。

比较复杂的障碍是：由于许多人对问题的认知程度常有不同，甚至同一个人在不同的时间，对同一情况也有不同的看法。心理学家对这一类认知问题有相当深入的分析：人们会有意忽视那些干扰他们或混淆他们原有想法的事物。除非他们把这些外来的影响驱除掉，并认清自己一向所持的认知态度，他们才有可能改变以后的认知态度。

假如老板能营造起接受新观念的气氛，鼓励员工读书或参加研讨会，让他们参与其他富有创意性的活动——就可鼓励员工发挥创造潜能。这些努力有朝一日必有收获，员工的创意性贡献必可使公司成长。更重要的，这些贡献新观念的人也会一同成长，并更具活力，更有成就感。

创意的好处当然很多。根据美国参加"卡基里公司老板训练班"的学员报告，不计其数的意见每年为许多公司节省了成千上万的金钱和时间。尤其是各种创新的意见，使他们得以经由各种方法和系统，而完成自己的工作目标。

创新是公司老板创造能力的重要表现形式，新的创造能刺激公司员工的工作干劲。既然创新战略有这么重要地位，它的特点有哪些呢？首先要适应环境、资源、组织，其次要实用、适用，公司老板了解并掌握了以上这些特点，对自己开展工作增加魅力将起到如虎添翼的作用。

公司要做大，必须要面临各种艰难险关，不战胜这些艰难险关，公司很难变得强大起来。也就是说，一个不能靠自己的本事涉险过关的公司，是不可能去打败别人的。

第10章

产品"拳头化"，品牌响天下

公司在社会上的声誉，靠的是自己手中有一块响亮的牌子；没有响亮的牌子，证明公司还处于默默无闻的阶段，因此踏踏实实打造一块过硬的品牌，对于公司发展壮大是至关重要的。一块牌子就是声誉，就是企业的无形资产，就是利润。

产品要新颖独特

产品开发要取得成功，要能在市场上取得竞争胜利，就必须做到"人无我有，人有我新，人新我好"。弃与取是市场供求矛盾变化和竞争双方矛盾变化在经营对策上的反映。在产品开发上，要切忌跟着别人的脚步走，或消极地跟着市场转，亦步亦趋。

公司要开发真正适合市场的好产品，有一个原则可以遵循，那就是：人无我有，人有我新，人新我好；人弃我予，人取我弃。

1. 人无我有，人有我新，人新我好

所谓"人无我有"，就是别人没有的产品或品种，我有，我能开发、生产。所谓"人有我新"，就是别人有的产品或品种，我不仅有，而且与人之相比具有新规格、新花色、新式样、新功能等，即具有新颖性、创新性和新特点。所谓"人新我好"，就是别人的产品也新，但我的产品不仅新，而且质量好，经久耐用，功能齐全，服务周到。

公司竞争突出地表现为争夺消费者、争夺市场的竞争。谁胜谁负，谁处于主导、有利地位，取决于竞争双方产品的情况，取决于产品对消费者的满足程度。因此，公司的竞争集中地体现在产品上，其胜负取决于竞争双方各自的产品能否在品种、规格、花色、式样、质量、服务等方面满足消费者的需要。

产品的有与无、新与旧、好与坏以及有与新、新与好，都是相对的，相比较而言的，并且是可以相互转化的，是竞争双方矛盾统一的表现。竞

争矛盾双方，一方有另一方无，有的一方就占优势，就能取得竞争胜利；一方有另一方新，新的一方就占优势，就能掌握竞争的主动权；一方新另一方好，好的一方就占优势，就能占据竞争的有利地位。因此，公司进行产品开发和市场竞争，一定要做到以我有对你无，以我新对你有，以我好对你新，总之，一定要使自己的产品形成特色和优势，以己之长克人之短，这样才能取得成功。

2. 人弃我予，人取我弃

产品开发，要面向市场，要积极参与市场竞争。关起门来开发，不考虑市场，不顾及竞争，注定是要失败的。产品开发，必须要有正确的竞争观念和灵活机动的竞争策略，必须要懂得弃与取的辩证关系，把握弃与取的时机。

弃与取是市场供求矛盾变化和竞争双方矛盾变化在经营对策上的反映。当市场上出现对某一种产品的需要时，有眼光的公司，应看准时机，抢在别人的前面，尽快开发、生产出这种产品，及时投入、占领市场，但当许多公司都竞相开发、生产这种产品并投入市场时，在获利减少到一定程度的情况下，又应及时地放弃这种产品生产，转而开发、生产别的产品，或者当有许多公司开发、生产这种产品时，就不进行这种产品的开发和生产。这就叫"人取我弃"。当市场上出现对某一种产品的需求，并且别的公司无力开发，或无意开发，或对效益估计悲观不愿开发时，如果本公司有力开发且有效益，应机积极开发，发挥自己优势。另外，当许多公司都放弃某种产品开发、生产后，市场重振，又有利可图时，公司可东山再起，再次进行该种产品的开发、生产。这就叫"人弃我取"。

弃与取是对立的统一。弃是为了取，暂时的弃是为了将来的取，少弃是为了多取。只取不弃，不仅取不到还会弃，暂时取到了将来也会弃。但只弃不取，是无任何意义的。弃与取，都是有条件的、相对的和可转化的。辩证地看待弃与取，弃不一定就是不好，取就一定是好。在一定情况下，弃可以避免损失，换来今后的盈利；但在另外情况下，弃就等于放弃有利时机，放弃效益。对于取，道理也是一样的。总之，公司进行产品开发，要根据市场实际及自身条件和优劣势，采取灵活的战略战术，宜取则取，宜弃则弃，适时取，适时弃，以我予对人弃，以我弃对人予。这既是我国古人管仲的经营之道，也是当今公司的取胜之道。在产品开发上，要切忌跟着别人脚步走，消极地跟着市场转，亦步亦趋，大家都干我也干，大家不干我也不干，这样做注定要失败。

好产品要有好质量

以质量站稳脚跟，靠服务开拓市场。从质量管理的角度来看，要提高公司的产品质量，必须从全面抓好工作质量入手。产品质量不过关，就会打垮公司。这是一个公司发展壮大非常重要的一点。

公司的产品质量与服务质量是相互联系、相互制约，又相互促进的。

首先，产品质量是服务质量的基础和前提。"巧妇难做无米之炊"，没有过硬的产品，再好的服务也是不会取信于人的。有些公司，在经营指导思想上存在问题，他们不从根本上解决产品质量不过硬的问题，而是片面地把力量放在做广告，搞宣传，搞服务，巧设各种销售名目上，似乎只要有了花样翻新的服务，就不愁"丑姑娘外嫁"。这种经营方式，虽然在短时间内也可能获得一点效益，但它从根本上违背了公司的经营指导思想，违背了市场经营"以质量第一、顾客至上"的规律，最终必然会遭到失败。公司要在激烈竞争中获得生存和发展，只有眼睛向内，在产品质量上下工夫，扎扎实实抓质量问题，才是长久之计。例如：近两年，在市场疲软、产品积压问题严重之时，江苏省如东针织服装厂把主要精力放在抓内部产品质量上。他们认真研究工厂的每一道质量工序，以"质量是生命"的口号动员职工，扎扎实实抓以下几个方面的工作：一是为选好料，他们宁肯多花4000~5000元一吨的原料成本，保证100％使用纯澳毛；二是为织好每件毛衣，他们坚持在袖口腋下等机器不易发挥最佳作用的地方用手工加工，确保制作精细平整；三是为保质量，他们重新对全厂职工严格培训，不合格的工人不许上岗，每道工序都配有一名技术人员，随时发现问题，随时解决问题；四是为把好关，他们对每一件出厂的羊毛衫，都实行高档羊绒衫的幻光检验手段，不让一件次品从手中漏过。功夫不负有心人，如东针织服装厂生产的"璀翠"牌羊毛衫的高质量很快闻名遐迩，不但在江苏省79家羊毛衫产品评比中荣获第一名，而且获国际羊毛局颁发的纯羊毛标志，出口日本、美国、俄罗斯和港澳地区。可见，质量问题的关键在产品。没有过硬的产品质量，再好的服务质量，也不能为公司赢得稳固的市场和稳定的效益。

其次，优质的服务是产品畅销的条件。公司有了过硬的产品质量，还必须具备优质的服务。特别是在市场竞争愈来愈激烈、产品品种愈来愈多的情况下，公司产品要实现销售渠道畅通，没有优质的服务是不行的。在一定意义上讲，好的服务能起到弥补质量不足的效果。有一个空调生产公司，他们生产的产品并不是最好的名牌货，但他们售后服务工作做得很好，在销售地区都设有维修部，维修部电话向全社会公布，随叫随到，上门免费服务。顾客们说："买了外货，出了毛病伤脑筋。买了该厂的货，出了毛病有着落。"所以，该产品在市场上很畅销，顾客对他们的产品也基本满意。可见，服务质量的好坏也直接影响着公司产品的销售，直接影响着公司的经济效益。

产品质量与服务质量的矛盾统一性，要求我们在公司经营活动中，一定要把抓产品质量与抓服务质量统一起来。产品过硬，服务才能有靠山；服务过硬，产品畅销才能有保证。这种相辅相成的辩证关系，是老板必须牢牢把握的。例如：以"红袖牌"油漆享有盛誉的河北保定市油漆厂，已经连续10年出口产品免检，在国内畅销十几个省市和地区，多次获部优、省优称号。他们成功的秘诀就在于："以质量站稳脚跟，靠服务开拓市场"。

在这里还可以把工作质量和产品质量联系起来看，所谓"质量"，包括狭义和广义两个方面。狭义的质量概念单纯指产品质量；广义的质量概念，除了产品质量外，还包括"工作质量"。产品质量和工作质量虽是两个不同的质量概念，却又密切联系，相互制约，不可分割。

产品质量取决于公司各方面的工作质量。工作质量是产品质量的前提和条件，因为任何用于交换的产品，都不是天然就有的，而是生产和制造出来的，都有一个生产和经营过程。在这个过程中，公司各个方面工作都会直接或间接地影响到产品的质量。例如：一种产品的优劣，首先取决于生产和制造它使用的原料的优劣。再好的生产条件，如果采购来的原料质量低劣，也难以生产出高质量的产品来。其次，取决于生产条件。有了优质原料，没有先进的技术，严格的科学管理程序，也是难以制造出优质产品的。从其他方面看，影响就更多了。可以说：公司的各项经营管理工作，无不对产品质量的优劣有影响。从质量管理的角度来看，要提高公司的产品质量，必须从全面抓好工作质量入手。所谓"工作质量"，就是指公司的各项工作对达到和提高本公司产品质量标准，减少不合格产品数量的保证程度。这些工作包括公司的经营管理工作、技术工作、采购工作、后勤工作和组织人事工作、财务工作等。在这些工作中，资金的筹集与分配，原材料准备的数量、质量和及时程度，产品的设计和试制，仪器仪表的保存和测试，员工的数量和业务水平，政治思想教育、管理制度、管理手段等，都直接、间接地影响着产品质量。在质量指标中，常常用不合格品率、达标率和可靠性指标等来反映工作质量，同时也反映产品质量。

工作质量对产品质量的决定性和制约性，在公司经营管理中处处表现出来。例如：前几年，温州制鞋厂就曾因工作质量低影响到产品质量，使他们在竞争中吃了败仗。最近两年，经过全厂努力，制定了一套质量管理保证体系。一是，建立健全了质量管理机构，配齐了质量老板；二是，狠抓了原材料采购中的质量问题，严把材料关。规定原材料入库时，必须严格检验，一丝不苟，不合格者不准入库，谁入库谁负责任。原材料使用时必须再检验，不合格的不准使用；三是，严把生产关。在生产产品过程中，前道工序生产的半成品，后道工序有"质量监督权"，必须检验，不合格的一律退回，否则后道工序应负责任；四是，厂里不定期对产品进行质量抽查，每月3次，不合格产品不准出厂；五是，在全厂制订落实质量奖罚制度，重奖生产优质品者，严惩生产劣质品者。由于该厂工作质量抓得好，抓得扎实，使产品质量大大提高，赢得消费者的信赖，信誉达四方。1年前，北京轻工业进出口公司与该厂签订了生产"大鹏牌"注塑童鞋的合同，产品经市外贸部门验收一次合格。

不但工作质量制约着产品质量，而且产品质量反过来也影响着工作质量。产品质量对工作质量的影响，主要来自于产品质量所带来的效果——公司的经济效益，过硬的优质产品，由于赢得了客户的信赖，开拓了销售市场，所以生产效益就会大大提高。而生产效益的提高，职工收入的增加，必然调动起人们生产和建设的积极性，这样，公司各方面工作就会做得更好。相反，产品质量低劣，没有市场，产品卖不出去，积压成堆，生产资金奇缺，再生产不能很好地进行，公司效益低下，职工收入得不到保证，不仅会影响职工的生产积极性，而且公司其他方面的工作也难以开展，更谈不上提高工作质量。

总之，作为老板，要全面地搞好公司的质量管理，就必须辩证地看待产品与工作质量的关系，把两者很好地统一起来。最高管理层必须把改善产品质量和服务，作为公司的目标，并不停顿地推行以上要点。

产品 "拳头" 化

　　盲目地进行产品开发，开发出来不符合市场需要或错过市场有利时机，不仅不能获得良好的效益，还会造成损失和浪费。公司的产品开发须有重点，抓重点，即要抓 "拳头" 或 "支柱" 产品的开发。凡是想要公司发展壮大的老板必须有策划 "拳头" 产品的本领。

　　干事情、做工作，需要抓主要矛盾，抓重点。没有重点，或抓不住重点，眉毛胡子一齐抓，丢掉西瓜拣芝麻，就不能取得突破，使工作获得重大改观和较大成就。俗话说，纲举才能目张，就是这个意思。产品开发的品种方向不能变动不定，切忌今天是此，明天是彼，品种数量不一定要多，而在于精，只要能开发出一个能形成 "拳头" 或 "支柱" 的产品，就能使公司起死回生，取得持续稳定的和较大的经济效益。许多成功公司的经验，都说明了这一点。这里所说的 "拳头" 或 "支柱" 产品，是指在市场上享有较高声誉，长久为用户所欢迎，成为名、优、特，能够打得响、叫得响，对公司效益增长、公司生存发展起举足轻重作用的产品。

　　公司进行产品开发，如果不抓 "拳头" 或 "支柱"，分散使用力量，无目的地或无重点地进行，不仅一种产品也开发不好，而且还会造成损失和浪费，甚至开发不出来新产品，出现 "赔了夫人又折兵" 的情况。"拳头" 或 "支柱" 不是自然形成的，也不是 "上帝" 恩赐的，而是靠公司不懈的努力，坚定的追求，付出心血和汗水，靠过硬的质量、信誉换来的，是全体职工共同努力的结果，是公司各种要素整体优化的结果，也是公司优势充分发挥、利用的结果。抓"拳头"或"支柱"，就意味着要发挥优势，形成优势。没有优势，或有优势不能充分发挥，就抓不住或形不成"拳头"和"支柱"。

当然，抓"拳头"或"支柱"，并不是要否认产品的配套开发、系列开发和综合开发。没有重点就没有一般，没有一般也就没有重点，重点与一般相比较而存在，并且是相互联系、相互作用的，就像唯物辩证法既是重点论，又是重点与一般的结合论。因此，公司在抓"拳头""支柱"的同时，还要抓一般产品的开发，特别是配套产品的和系列产品的开发。要以"拳头""支柱"为主，以其他产品开发为辅；以"拳头""支柱"带配套、系列产品开发，以配套、系列产品开发促"拳头"，保"支柱"，使两者相互促进，相辅相成，相得益彰。这样，才能使公司资源得到充分的利用，获得最佳经济效益。只有"拳头""支柱"，而无其他辅助产品，容易形成"单打一"，形不成整体、综合资产益。因为用户对产品需要往往是多种多样的，不仅是需要一种"拳头"产品，而且还需要配套、系列产品。在有些情况下，如果公司不能在满足用户对"拳头"产品需要的同时，也满足他们对配套、系列产品的需要，往往会影响他们对"拳头"产品的需要和购买。因此，公司进行应在抓"拳头"的前提下，又抓其他产品开发。

上述"拳头""支柱"产品开发与系列产品、配套产品开发的关系，也就是通常我们所说的"龙头"与"龙身"的关系："龙头"就是公司产品品种中主要或重要的"拳头"或"支柱"产品，即质量可靠、具有特色、享有盛誉、能稳定取得较高效益的产品。"龙身"就是与"拳头"或"支柱"产品有关的配套产品和系列产品。公司有"龙头"产品，才能发挥好公司优势，有可靠稳定的广阔市场，取得较好效益，才有立定之本。但"龙头"需辅之以"龙身"。进行"龙身"产品开发，有利于满足消费者的多种需求，使公司对市场有广泛的适应性，充分发挥公司潜力和优势，有利于形成整体互补效应，产生出综合效益。如果没有"龙头"产品，公司就没有较大的影响力和知名度，"龙身"产品也不可能有广泛的市场；如果没有"龙身"产品，就不能充分满足消费者的多种需求，"龙头"的作用也难以发挥。因此，公司进行产品开发，既要抓"龙头"，又要抓"龙身"，以"龙头"带"龙身"，以"龙身"配"龙头"、促"龙头"。

公司进行产品开发，一是要考虑市场需要，二是要根据自身条件提供的最大可能，两者缺一不可，须做到相互统一。

俄国著名公司管理专家崎廖奥涅夫斯基说："拳头产品就是你起家的全部资产。"什么是"拳头"产品？"拳头"产品是根据公司的潜能和市场的需要开发出来的重要产品。

首先，进行产品开发，必须先要进行广泛市场调查，掌握市场信息，了解市场需要，研究市场变化及其规律，对市场需求趋势进行科学的分析和预测，根据市场需求状况确定开发目标（包括品种、规格、花色、样式等），并按照市场需求变化趋势和时机确定开发周期、投入市场时间及产品数量等。总之，产品开发必须符合市场的客观实际和客观需要，这样才能取得成功和带来良好的经济效益。否则，盲人骑瞎马，脱离市场客观实际，盲目地进行开发，开发出来的产品不符合市场需要或错过市场有利时机，这不仅不能获得良好的效益，还会造成损失和浪费。例如，山西的一家农药厂，前些年一直主要生产消灭棉铃虫的农药，倒也获得了较好的效益。可是，随着近年来中原地区棉花耕种面积的急剧减少，该厂家对自己的产品未加及时调整，结果给工厂带来了致命的打击，工厂很快就倒闭了。

其次，进行产品开发，还必须考虑自身的可能，根据自身的条件，做到扬长避短。这就是说，要使开发获得成功和取得好的效益，只考虑市场需求一面是不够的。市场很需要的产品，如果公司不具备技术、设备、人员、资源、管理等条件，也是望洋兴叹，开发不出来的，硬要去开发，只能是事倍功半，得不偿失，或错过市场时机。

最后，进行产品开发，要注意发挥自身的技术、设备、人员等优势，避开劣势，如果离开自己的优势，即使市场很需要，也不会收到好的效果。

所以，公司进行产品开发，一定要在自己熟悉、具有优势、具备有利条件的领域里进行。当然，一个公司的优势和劣势是相对的，可变的。如果一个公司在进行某一种产品开发时，只具备某一或某些方面的优势，而其他方面不具备优势，则可以通过创造条件加以弥补，将劣势变成优势，如通过联合、引进等措施来解决资金、技术、人才等方面的不足。

总之，产品开发总的原则是从实际出发，以能否取得好的效益为标准。

品牌威震天下

每一个名牌产品的诞生，无一不是公司多年苦心经营的丰硕成果，无一不是公司刻意创新的结晶。

公司发展壮大没有品牌是绝对不行的，公司占市场要靠品牌，名牌产品具有独特的市场优势，消费者购买此产品往往是慕名而买。名牌产品在市场上能起到良好的名牌"效应"。名牌产品的声誉是公司的无形资产，这种无形资产所创造的经济效益往往使有形资产相形见绌。因此，公司应不断提高产品质量，创名牌，保名牌，使消费者产生对产品的信赖，这是公司的经营重心之所在。

任何名牌都不是天生的，不是产品一上市就享有好的声誉。每一个名牌产品的诞生，都是其公司竭尽全力推广营销的成功范例。

纵观名牌产品的成长过程，名牌产品之所以声名大振、独霸市场，无不是对产品精益求精、刻意进取而博得广大消费者和用户的偏爱和青睐的必然结果。这种结果虽然使任何竞争者都垂涎欲滴，但都望尘莫及、深表折服。因为名牌的形成是以公司为创名牌付出辛勤汗水，努力开发，好中求好，甚至以几代人的努力为代价、为前提的。虽然有些产品一鸣惊人，大出意料，似乎偶然，然而，却是刻意创新的必然"正果"。同时，我们也应看到，名牌不像常青树，可以四季常青，随着整个社会的不断进步，以质量求生存的竞争浪潮的出现，名牌成为杂牌的可能和概率已大大提高。名牌的名已经不仅仅取决于维持产品已有的质量水平，而且更重要的是取决于公司能否锐意进取，不断创新，使质量更上一层楼。很多名牌产品的相继落伍，沦为杂牌，甚至倒牌就是证据。

哈尔滨市某卷烟厂生产的"白雪牌"香烟就曾在上个世纪80年代初，因其松紧适度，香味醇厚，燃烧完全，色泽纯正而得到广大消费者的信任，成为一些家庭接待客人的必备佳品。但是，"白雪烟"成名之后，公司忙于批量生产，迷信于"名牌效应"，结果，产品质量下降，消费者再也不吸"白雪"，"白雪"已成为低档货的代名词，产品积压逾万箱。名牌烟终于沦为杂牌烟，甚至在地摊上舍本处理也无人问津。名牌向杂牌的沦落，给公司带来了严重的杂牌效应。公司虽然利用各种手段努力改进质量，甚至搞了"品尝"推销，利用新闻媒介大力宣传，企图挽回公司产品的声誉，但都无济于事，"白雪牌"终于倒了。公司不得不改换门庭，相继推出其他几种优质产品，但由于"白雪"的倒牌带来了严重的负效应，损坏了公司声誉，致使优质产品也成为杂牌，公司"门前冷落车马稀"，至今门可罗雀。与此相反，张家口卷烟厂原本是个名不见经传的小厂，只生产"官厅""大境门"等丙级烟，效益平平，自从上个世纪80年代中期后，公司励精图治，锐意进取，进口了美国先进卷烟设备，并一反过去只生产烤烟型香烟的历史，开始生产混合型香烟，先后推出"北戴河""迎宾"等新型品种，又研制了"发彩"等优质香烟，从而使一个小厂终于跃居"国家二级公司"，公司的产品供不应求，成了"二名牌"，深受顾客喜爱。

通过以上例证的正反比较，我们可以看出，公司要求得发展，必须从产品质量上下工夫，不断用产品质量的提高满足消费者的需求，这样产品才能由杂牌成为名牌。相反，如果只抱着"名牌"而沾沾自喜，忘记了进取创新是公司的生命，那结果只能是由"名牌"变为"杂牌"。事实说明，创名牌难，保名牌更难。

杂牌是名牌的衬托，没有杂牌，就无所谓名牌。名牌如不革新发展也会沦为杂牌，杂牌不断进取也可以成为名牌，关键在于如何去开发新产品，使产品的质量不断提高，创造出产品的特色，博得消费者的信赖。

品牌构成的三要素是技术、质量、服务。小公司从创业之日起就在创造自己的品牌，等实力壮大到一定程度时，应采取自创品牌的策略，也即产品品牌化的决策。

对要发展壮大的公司而言，如何打造品牌是一大难题。

品牌是一种名称、标记、符号或设计，或是它们的组合运用，其目的是以辨认某个(或某群)销售者的产品或服务，并使之同竞争对手的产品或服务区别开来。从外观上看，品牌构成的三要素是技术、质量、服务；而从内在来看，品牌必须由公司精神、机制、作风来支撑，其核心是公司理念。

许多著名公司对品牌的设计和管理是极为重视的，他们往往不惜重金聘请语言、艺术专家对产品品牌进行精心设计包装，以求品牌能在顾客心中留下抹之不去的深刻印象。小公司虽然无法与大公司相提并论，但也需要根据自己的实际制订相应的品牌管理策略。可供选择的品牌策略主要有以下三种。

1. 无品牌策略

对绝大部分产品而言，公司固然需要品牌策略。但有些中间产品和简易产品，公司可以采取无品牌策略。

不需要品牌的产品主要有：

（1）大多数未经加工的原料产品，例如，棉花、石油、大豆、矿石等产品，大多是作为原料使用的，并不需要品牌。

（2）临时性或一次出售的商品，往往因时期短而不需要有品牌。

（3）消费者已习惯不用品牌的商品，特别是一些不太发达的地区，消费者对大米、蔬菜、食油等产品的性能看得非常重要而不太在意彼此差异，且选择面不广。生产公司不创立品牌，可以减少产品成本，降低价格，从而使产品更易被这些消费者接受。

（4）公司规模小，无力支付因创立品牌而花费的大笔营销费用，因而在短期内以给销售商制造产品为主，不考虑建立品牌。

（5）生产简单、包装简易、不太昂贵的商品，如纸巾、信封等小商品的生产公司，它们提供标准质量或质量要求较低的产品；消费者对品牌的差异并不在意，很难形成对某一品牌的忠诚度与偏好。

（6）产品不因为生产商的不同而形成明显差异的情况，如，钢材、煤炭等，虽然因产地与生产商的不同可能造成产品质地的高低差异，但产品的功用、性能用途不会有明显差别。

当然，无品牌也就无法取得品牌效益。但无品牌也可以节省大量的品牌创立费用投入，从而可以使产品以价格低廉取胜，同时也能获得满意的利润。实施无品牌策略必须切记的一点是，无品牌并不意味着无质量、无信誉、产品质量要能让消费者接受，公司在市场上要讲究信誉，否则只能是一锤子买卖，公司无法发展。

2. 借用品牌策略

借用品牌，或称商标许可，一般是指生产者经特许或被要求使用销售商或者同类产品制造商的品牌。

借用销售商的品牌对公司来说，有许多好处：①销售商控制着大量众多而分散的零售网点，自成体系，掌握流通渠道；而制造商特别是小厂商很难以自己的品牌打入零售市场；②销售商直接面对消费者，因而十分重视品牌的声誉，容易赢得广大消费者的信任；③销售商的广告及仓储成本低，营销费用少，因而品牌摊付费用低，价格便宜，这会受到对价格敏感的消费者的欢迎，同时又能保证利润；④大型销售商可以控制零售商品的陈列与销售，将自己品牌的商品陈列在最好的位置上，能够影响消费者的购买行为，较好地促进自己品牌产品的销售，同时有效地削弱了制造商的品牌的竞争优势。

对小公司来说，借用品牌也不失为一种好的策略，这主要是由于：小公司产品没有自己的品牌，并且不足以承担建立品牌要付出的成本——包装费、标签费和法律保护费等费用。为了本公司的产品能较快地打开市场，公司可以"借鸡生蛋"，借用具有较高声誉的中间商或者生产同类产品的其他制造商的品牌。

那么，公司是借用制造商品牌还是销售商品牌，或是两者兼而有之呢？这倒没有定论，关键是看何种方式更有利于公司的产品占领市场。在实际运行中，这几种方式均得到普遍运用。例如，吉尔制衣公司使用的是皮澳，卡洛的特许品牌；北京衬衣厂就使用过莱恩斯品牌；罗丹连锁店将许多制造商的产品标上自己的商店品牌进行销售；品驼公司生产的产品中则既有自己的品牌，又有中间商的品牌。这些企业对自己的品牌决策的效果均感到满意。

3. 自创品牌策略

小公司从创业之日起其实就在创造自己的品牌，公司自创品牌有很多好处：可以使销售者比较容易处理订单并能够及时发现问题；品牌名称或商标可以受到法律保护，减少被竞争者仿制的风险；可以为公司吸引更多的忠实的顾客，便于顾客辨认和选购商品，有助于顾客建立品牌偏好；有助于本公司细分市场；卓越品牌还有助于建立良好的公司形象。

公司有了自创品牌后，对生产多种产品的公司来说，又面临着进一步的抉择：是所有的产品采用单一品牌策略，还是对不同产品分别制订品牌策略呢？

使用单一品牌策略，有许多成功范例。日本索尼公司总裁盛田昭夫深谙此道，他将所有新的电子产品皆冠之以"索尼牌"，产品一上市即得到消费者认可，因为"索尼"品牌已在消费者心中建立起质量可靠、功能先进的良好形象，形成了极强的品牌忠诚度，这使索尼公司在中期发展阶段迅速扩充实力，不断占领、开发市场，一举成为世界五大公司之一。日本本田汽车公司在产品成功之后，又利用"本田"的品牌推出了摩托车、割草机、铲雪车等多种产品，使公司规模得到迅速扩大。因而采用单一品牌策略的好处是显而易见的，它可以利用现有品牌的知名度、品牌形象与忠诚度，不需要为新产品建立品牌花费大量广告、宣传等促销费用，消费者很容易知道新产品，并且将其与原有品牌形象联系起来，从而为公司省下大量的营销费用，缩短上市时间。

但是，单一品牌策略，也有不足之处：

（1）要求公司的各种产品档次基本统一，有较为相近的品质。

（2）新产品可能会淡化原有品牌效益，消费者可能会怀疑该品牌品质下降或是否还能维持其特色水准，从而影响了购买行为。

（3）如果新产品与原有品牌产品之间过于相似，又会产生替代现象，实际销售量此消彼长，并无明显增加。

（4）如果新产品失败，可能会影响业已建立起来的良好的品牌形象，并连累到原有产品的营销。

公司对不同的产品还可以采用不同的品牌策略，不但可以克服单一品牌策略的不足，而且也可以达到其他目的。

（5）针对不同购买动机，或者产品在式样、款式、口味上的差异确定相应贴切而富于感染力的品牌，有利于在消费者心目中形成个性化的特色，从而激发更多消费者接受和购买。如花王公司的洗发香波有5种品牌，宝洁公司的洗衣粉有9个品牌，每个品牌都有自己的忠诚者与偏爱者，共同构成了对各自公司产品的巨大购买群。

（6）可以用新品牌作为防卫性品牌，来保护主要品牌不受到攻击。给新产品确定新品牌，一方面可以显示与原有产品的区别，另一方面一旦新产品失败，也可避免对原有品牌产生连累反应。这就克服了单一品牌策略的弱点。如韩国精工表公司的高档表"精工萨尔曼"在市场上地位十分稳固。为了对其进行保护，同时又要开发新市场，该公司将低档产品分别命名为"萨尔"和"曼拖拉"。高档与低档产品各自在不同市场上创业，互不干扰。

（7）当一个公司在竞争中取得胜利，并购了竞争对手的品牌后，为了拥有该品牌的一批偏好者，往往需要继续保留这一品牌，而无须将本公司的品牌强加之上，这样既得到了品牌又得到了品牌的固有效益，从而真正占领对手的市场。在两个或多个公司合并、合作的情况下，也可采取相似的策略，即保持原有各品牌的特性以及它们所能影响的市场。

（8）企业生产与现有品牌完全不同类型的新产品，把这一品牌用于新产品不太适宜了。比如，某公司的"清洁"牌吸油烟机已有很高知名度，现在新开发生产冰箱和空调机。若把"清洁"作为冰箱和空调机的品牌名称，其销路可想而知了。

第11章

瞄准市场，努力经营

　　一个没有多少市场的公司，或早或晚会被"蚕食"得一干二净。公司实力的大小，市场份额有多少是一个重要方面。因此，占领市场是公司发展壮大的行动纲领。

树立正确的市场观念

钻空子的心理是想偷着发财，赚大钱，实际上这都是小技巧。在经济制度市场化的今天，市场引导一切，市场决定一切。而市场观念的核心是一切为用户服务。只有在市场上摸爬滚打才能真正地赚到大钱。市场引导一切，市场决定一切，当我们踏实下心来，决心要做好公司时，一定要用市场观来武装自己。

市场观是指生产要面向市场和用户的观念。按照市场需要组织生产，热忱为用户服务，这是市场经济的客观要求。公司中每个成员的市场观念应有以下几方面的具体要求。

1. 重视市场研究

社会需求总是通过市场反映出来的，市场是社会需求的晴雨表。市场需求是公司经营活动中最活跃的、起主导作用的因素。在没有了解市场需求之前，公司盲目地生产和开发某一产品，往往只会带来销售上的失败。因此，公司在确定生产何种产品或提供何种劳务之前，必须了解市场需求，并结合本公司的生产技术特点去努力适应这种需求。

2. 开拓潜在市场

市场需求的产品往往以潜在形式存储着。例如，消费者在工作、劳动、学习、生活中潜存着安全、节约、效率、求知、装饰、健康、舒适、纪念等各种物质的和精神的需要。因此，公司要研究这些需要，创造这些需要，满足这些需要。

3.　搞好用户服务

市场观念的核心是一切为用户服务。在任何时候，用户的需求才决定着公司的命运。因此，无论公司的任务是否饱满，产品是否畅销，都要牢固树立用户观念，端正服务态度，诚心诚意地为用户服务。

做好市场调查与产品定位

世上没有万无一失的成功之路，动态的市场总带有很大的随机性，各要素往往变幻莫测，难以捉摸。通过市场调查，可以弄清本公司面临的市场环境的过去和当前的状况，从而可使公司决策层分析判断未来的发展变化，以作出有利于公司生存发展的决策。用户是"上帝"，只有充分了解自己所服务的对象，才能真正做到为他们服务，使他们满意。

科学的决策需要进行科学的市场调查。市场调查就是用科学的方法，有目的、有系统地调查，收集有关本公司产品、服务、用户、销售方面的各种情报、资料和数据，为公司决策提供依据。

市场调查是为公司经营决策服务的。所以，市场调查的目的和内容应根据经营决策的要求来确定。一般来说，公司对市场调查的目的和内容主要有这样几个方面。

1.　对用户的调查

用户是"上帝"，只有充分了解自己所服务的对象，才能真正做到为他们服务，使他们满意。

对用户的调查主要包括：购买动机调查、购买力调查和潜在需要调查。

2. 购买力调查

购买力调查是调查用户购买商品的能力。因为购买能力是决定市场需求量的主要因素，所以这项调查对公司具有重要作用。购买力调查包括社会购买力调查、集团购买力调查、居民购买力调查和潜在购买力调查等。公司可根据自己的需要，选择相应的调查项目。

3. 关于产品的调查

在这方面主要是调查本公司产品或服务在用户中的反映和意见，以便为改进产品和开发新产品提供依据。调查中除了了解用户对本公司产品或服务的品种、规格、性能、质量、售后服务、包装和商标等正面意见外，还要特别注意用户对产品的改进要求和希望，这是提高产品质量、更好地满足用户需要的起点。此外，对于价格也要注重调查，目前的价格水平是否合适，还有多大的变动幅度，通过调查来决定最终采用何种价格策略以提高竞争力而同时又有利润可赚。

4. 关于销售方面的调查

销售方面的调查主要包括本公司产品的销售地区、用户分布、销售渠道、销售策略、推销手段、包装装潢、广告效果等方面的内容。

5. 对社会经济环境的调查

例如，政治方面，国家政策有无变化；经济方面，国家的经济政策、税收和信贷等有无变化；社会方面，社会风气、风俗、习惯、就业和观念变化等情况；文化方面，教育、文化修养、艺术和体育等的状况；环境方面，地理、气候和交通等情况；法律方面，国家的重要法律、法令、经济法的完善和新的变化，等等。这些方面，直接或间接地影响着公司的经营管理活动，不可忽视。

上述几方面的调查，是较全面的市场调查内容，但也应根据公司规模的大小进行区别对待。由于其覆盖面广、调查费用高，小公司不可能面面俱到地经常调查。大公司拿出销售额的3%～6%进行市场调查，就是几百万元，甚至是更大的数目，而对小公司来说销售额3%～6%的费用起不了多大的作用。因此，小公司应根据本公司的经营状况，有选择地确定调查的内容。

由于生活水平的提高，人们的需求表现为多样性。随着科技水平的发展，产品生命周期不断缩短，竞争对手不断出现。因此，小公司在市场调查中，应着重于产品、用户、竞争对手这几个方面。小公司具有船小好掉头的优势，一旦发现有利的机会或不利的迹象，就可以迅速应变，但其前提是有灵敏的"嗅觉"。

通过市场调查，在分析市场竞争形势与消费者的需求后，我们常常可以发现有竞争的空白位置或消费者没有得到满足的需求，这就是市场给予我们的机会，它们是公司潜在的市场，需要生产者去开拓创造。生产者要想开拓创新，先要进行产品"定位"。

产品"定位"是市场经济发展到一定程度的产物。所谓产品"定位"，就是生产者赋予产品独具的魅力和特色，使产品凭借这些特点，能在市场竞争中与异彩纷呈的同类产品区别开来，占据自己特定的位置，从而赢得消费者的注意和喜爱，产生购买欲，这是我们理想的"定位"效果。

每种"定位"效果好的产品，并不是拍脑袋拍出来的。产品人应先"定位"，使市场调查走在营销的前面，从而把握市场的主动权，最终占领市场。

我们调查之后的目的就是为了把商品更好地推销出去，那么就不能不注重营销，营销的本质就是凝聚一个焦点，确定到底要把所有的重心放在哪里。比如洗衣机，缸式的强调省电，而滚筒的强调节水，这是两种完全不同的走向。事实上，缸式也有既省电又节水的，但是别人不买，因为焦点在于大家都认为缸式的洗衣机就是浪费水。所以重要的是消费者认不认可。

在不久之前，笔者曾经遇到一位做牙膏的客户，他告诉我他的牙膏可以治胃病，不是开玩笑。我说我知道一种牙膏可以治香港脚，他认为是胡说八道。"对呀，关键就在这里，你都知道刷牙可以治香港脚是胡说八道，你凭什么认为消费者会相信你讲的——刷牙可以治胃病？"你说刷牙可以治胃病，这种定位明显是错误的。在做市场的时候，千万不要主观地认为自己说的客户就会相信，重要的是你要去了解消费者或终端客户到底相信什么样的神话。

强化公司的营销能力首先要求厂长公司老板们重视营销，应该认识到营销是战略问题，搞好销售不只是一次精彩的促销活动，也不只是投入一笔巨大的广告费用，不只是靠一两个优秀的推销员，也不只是靠一两笔较大的订货合同，经营者关注的应是如何确保在公司内建立起长期稳定的销售局面，应确立销售创造价值的经营理念。

综上所述，可见公司所面临的选择将是多么艰难，也正因为艰难才更显得出它价值的所在。通过不断地进行市场调查，确定自己的创新方向，不断地开发新产品，然后运用多种营销手段将其推向市场。

扩大市场占有率

扩大"地盘"，是公司发展壮大的标志。在一个保守的环境中，精明的商人会发掘出自己的宝库。一旦开发了人们的思想风气，源源不绝的需求就会从此而生。

商业发达的社会，社会需要大概已定，很难再有新的发展。这就好像被别人挖过的金矿，如果你还要去挖恐怕只能白费力气。如果你这时多花些工夫去寻找新矿，收益恐怕不会是一星半点。

瑞士手表驰名世界市场，在世界市场上每出售三块手表，其中就有一块是瑞士手表。瑞士手表走到哪里，哪里的手表市场就会遭到巨大冲击。

当许多人都以为非洲贫困，购买力低下而不愿涉足的时候，瑞士手表推销员却独具慧眼，决心在那里开辟手表领地。这种手表不但价格低廉，而且其推销方式和电视广告镜头也出奇地引人入胜，那就是"拷打试验"。有报道说："瑞士手表的推销方式完全是按照马戏团吸引观众的方式进行的。"这在相对保守的手表业中是前所未有的。

瑞士手表的推销员造访零售店时，经常把表猛地摔在墙上，或浸入水中，以证明其防震及防水性能，公司因其所谓的"拷打试验"而在国际上享有盛名。在该公司的商业广告片中，实况广播瑞士手表被拴在飞奔的马尾上，或在135英尺的高处投入水中，或被绑缚在冲浪板上或是水陆两栖飞机的后面，经受种种折磨，人们可以看到它仍然走动不停。这种独特的广告宣传和促销方式，无论走到哪里都大获成功。1992年，瑞士手表在非洲是一个很不知名的品牌，公司发动宣传攻势后，仅在1992年12月份，瑞士手表公司就在非洲市场售出了1万块表。

别人很少涉足的事业和市场，并不见得就不能赚钱。举个最简单的例子，20多年前，人寿保险是一种人人闻之而避的事业。当时的人寿保险条例非常严格，许多顾客伤亡也得不到赔偿，只因经营者多是中小经营，只能精打细算，大额的金钱赔偿根本不可能。

再比如说国内的房地产业。十几年前根本很少有人问津，谁知却在一夕之间成为投资发财的热门。一人赚钱，许多人都群起效尤，结果，房价越涨越高。

假如你有先见之明和过人的胆量，在几十年前就着手投资，那么到现在你就是一个赚了大钱的人了。所以，在多数人都加以否定的事物上多动脑筋，想人所未想，不难创造出一番连你自己也惊喜异常的事业。

先发制人，捷足先登是赚钱的大秘诀。先下手为强，对于赚钱来说绝对真实。也许在你想周详考虑的时候，别人已赶在你前面开始着手实施了。所以，一有他人还未想到的新构想就应该立即着手实行。

扩大营销，最直接的目的就是开拓市场，从别人手中抢入市场，从别人手中争市场。只要抓准时机，抢占主动，夺机迅速，就能很快出新品，创出超人业绩，从而赢得市场。

公司发展壮大的手段之一是：扩大营销。其中，最直接的目的就是开拓市场，从别人手中抢入市场，从别人手中争市场。公司如何开拓市场呢？其奥妙何在呢？不妨先看以下开拓市场的技巧。

1. 成功营销：能力+战术

强化公司的营销能力首先要求公司老板们重视营销，应该认识到营销是战略问题，搞好销售不只是一次精彩的促销活动，也不只是投入一笔巨大的广告费用，不只是靠一两个优秀的推销员，也不只是靠一两笔较大的订货合同。经营者关注的应是如何确保在公司内建立起长期稳定的销售局面，应确立销售创造价值的经营理念。著名的戴尔计算机公司提出"公司的价值来源于销售"，他们认为在公司内只有销售工作才能带来收入，其他工作只是增加费用开支。一个公司生产出来的产品不能销售出去，那就像英国著名的管理专家麦克·约纳斯所说："一个公司如果它的产品和劳务不能销售出去，那么即使它的管理工作是世界上最出色的也是白费力气。"

公司强化营销能力，就要建立情报系统。如"长虹"公司的中层干部定期站柜台与客户接触，力求得到顾客的要求与市场的信息，其总经理一年有1／3以上的时间在全国各地了解市场情况，且有上千人的销售队伍与顾客接触，该公司的业绩与这些情报系统是分不开的。

2. 看准目标，定位营销

由于顾客人数较多，散布广泛，而他们的购买要求又截然不同，而且总会有一些竞争者对这个市场上的特定顾客在业务上占有优势地位，因此任何厂家试图为某一市场的全体顾客服务是不可能的。厂家只有分辨出它能有效为之服务的最具有吸引力的细分市场，扬长避短，而不是四面出击，才能取得较好的收益。这就是公司在市场细分化的基础上采取目标市场定位营销。

　　我国的牙膏市场可谓品种众多，商店里摆放的牙膏琳琅满目，众多品牌充斥市场，但宝洁公司依然想在中国的牙膏市场分一杯羹，其采用的就是对市场进行细分的基础上应用目标市场定位方法。宝洁公司发现中国的牙膏产品虽然众多，竞争激烈，但各种牙膏品牌都处于低档的牙膏消费品，宝洁公司瞅准空档，推出高档的"高露洁"牙膏，马上在中国打开了销路。我国的补血药剂产品首推武汉的"红桃K"，其在市场上的销售广告几乎无处不在，就连穷乡僻壤的乡下土墙上都有"红桃 K"广告，而另一生产同类产品的公司的"美媛春"欲与之竞争，其也是采取对特定市场的定位营销。"美媛春"推销的对象主要是贫血、妊娠、产后的妇女，他们集中力量在这片细分的市场上努力耕耘，补血剂的这部分市场终被"美媛春"抢占。试想如果"美媛春"全线进攻，会有什么效果呢？这可从另一个例子看出，"娃哈哈"是与乐百氏同列儿童食品的龙头老大，"娃哈哈"果奶在电视上的广告词"甜甜的，酸酸的，有营养，味道好"，儿童几乎都会唱，销售极佳。然而可能"娃哈哈"并不满足儿童市场，后来居然出现了"娃哈哈"果奶老爷爷也爱喝的广告，其目的就是为了扩大目标市场，进入老年人市场。可惜适得其反，这样一来小朋友们觉得"娃哈哈"不再是他们的专利，转而失去兴趣，销售反而下滑，幸亏"娃哈哈"及时刹车，才不至于乱了阵脚。事实上，"娃哈哈"公司最初也就是在分析国内饮料市场的基础上，发现了38种饮料都是男女老少皆宜的种类，而定位于儿童市场一举获得成功的。

第12章

强化管理，效率先行

　　公司发展壮大，必须强化管理，不能人浮于事，消极怠工，而要用科学化的管理手段，把公司的工作秩序化，否则公司只是像个小作坊。一个管理混乱的公司，绝不可能有良好的机制运转，也绝不可能做好。因此，管理要到位，是公司发展壮大必须选择的。。

排好每件工作的顺序表

每一个人做事的时间和精力都是有限的，不制订一个顺序表，便会对大量事务手足无措。要想处理好这个问题，需要根据目标，把所要做的事情排列顺序。对实现目标帮助大的，就把它放在前面，依次为之，把所有的事情排一个顺序，并把它记在一张纸上。这样，一张工作顺序表就写成了。

一位优秀的领导者曾谈起他遇到的两个人。

第一个是性急的人，不管在什么时候遇见他，他都是风风火火的样子。如果要同他谈话，他只能拿出两三分钟的时间，时间稍长一点，他就会一再地看表，暗示他的时间很紧张。他公司的业务虽然很大，但是开销更大。究其原因，主要是他在工作安排上乱七八糟，毫无秩序。他做起事来毫无章法，也常为杂乱的东西所阻碍。结果，他的事务从来都是一团糟，他的办公桌简直就是一个垃圾堆。他经常很忙碌，从来没有时间整理自己的东西，即便有时间，他也不知道怎样去整理和安放。

第二个人与上述那个人恰恰相反。从来看不到他忙碌的样子，他做事非常镇静，总是很平静温和。别人不论有什么难事和他商谈，他总是彬彬有礼。在他的公司里，所有员工都寂静无声地埋头工作，各样东西摆放得有条不紊。他富有特色的有条理、讲求秩序的作风，影响并带动了整个公司的员工，大家做起事来都是按部就班，极有秩序，整个公司看起来井然有序。

优秀的领导者工作有秩序，处理事务有条理，在办公室里不浪费时间，自己心神安定，办事效率也极高。从这个角度来看，时间就会变得很充裕，他的事业也必能依照既定的计划去进行。

先做重要而紧迫的事

有些领导者关心的只是一天做了多少件紧迫的事，做得越多成就感越强，不去问事情的紧迫性与重要程度，满以为这是高效率地工作，但往往是抓了一堆芝麻，西瓜一个也没拣着。好似充分利用了时间，实际是浪费了时间。不分轻重缓急，眉毛胡须一把抓，必然会贻误时机，错过成就事业的关键良机，影响事业局面的打开，很难取得突飞猛进地发展。

美国前总统艾森豪威尔安排处理事务时间的原则就是：只允许把最重要而又最紧迫的文件和报告送到他的办公室，向他汇报的只是最紧急而重要的事。所以他工作起来有条不紊，并以办事效率极高而著称于世。艾森豪威尔经常告诫手下的工作人员：重要的事不一定迫切，迫切的事不一定重要，只有既重要而又迫切的事才是主要矛盾之所在。

时间管理专家特利克特曾在《时间较有效地使用》一书中，建议我们在工作前先将各类事务按重要和迫切的程度排列好次序。

（1）本质上的重要性：非常重要（必须做好）、重要（应该做好）、不很重要（可能不必要，但可能有用）、不重要（可完全免除）。

（2）在时间上的迫切性：非常迫切（现在就必须做好）、迫切（应该不久就做好）、不很迫切（可以拖一段）、不迫切（可以长期不做，没有时间因素）。

显然，我们首先做"非常重要"和"非常迫切"的事。只有这两项完全重叠才是最主要的事，才是生活、工作中真正的"大石头"。

"非常重要"和"非常迫切"之事又可分为：必须亲自去做和可以授权他人去办，我们只做"非我办不可"的事。这样按事情的轻重缓急排列次序、安排日常工作，我们就可以节省出大量时间去做紧急而又重要的事，摆脱事务缠身而又非常超脱。

按"轻重缓急"次序办事的典型事例，莫过于美国伯利恒钢铁公司董事长查利斯·舒瓦普与效率专家艾维·李之间的一次谈话。

查利斯·舒瓦普对艾维·李说："你能否向我提供一个在有限的时间里办更多事情的办法？如果有，我乐意听从并付给你合理范围之内所应索取的报酬。"

艾维·李说可以在10分钟内就给舒瓦普一样东西，这东西可以使他公司业绩提高50%，然后他递给舒瓦普一张白纸，说："请在这张纸上写上明天要做的6件最重要的事。"

查利斯·舒瓦普用了5分钟写完。艾维·李接着说："好了，把这张纸放进口袋，明天早上第一件事是把纸条拿出来，做第一项最重要的。不要看其他的，只是第一项。着手办第一件事，直至完成为止。然后用同样的方法对待第2项、第3项直到你下班为止。如果只做完第一件事，那不要紧，你总是在做最重要的事情。"

艾维·李最后说："每一天都这样做，你刚才看见了，只用10分钟时间。当你对这种方法的价值深信不疑之后，请你公司的人也这样做。这个试验你愿意做多久就做多久，然后给我寄支票来，你认为值多少就给我多少。"

一个月之后，查利斯·舒瓦普给艾维·李寄去一张25万美元的支票和一封信，信上说，那是他一生中最有价值的谈话。

5年之后，这家当年不为人知的小钢铁厂一跃成为世界上最大的独立钢铁公司。人们普遍认为，这一切成功的取得，艾维·李提出的方法功不可没。

把椅子靠背锯掉，实行走动管理

西方国家的企业界十分推崇走动式管理。所谓走动式管理主要是提醒领导者不能脱离经营实际，要有"和员工打成一片"的精神。

日本某大公司偌大一座管理大楼，竟是一个"无座椅办公楼"，除电脑操作员及员工食堂外，各级管理人员包括各部门经理的办公室均不见座椅，唯一配备一圈安乐椅的办公室是国际、国内业务洽谈室。对于如此不近人情的做法，总经理的解释是：本公司除了允许与用户洽谈业务时可以坐下来，其余时间要求员工们多到下面走动，以促使当面迅速拍板解决问题。

美国某著名大公司的老板也曾下令，要求把分布于全球66个国家的一万余个分店经理座椅上的靠背全部锯掉，使他们不能久坐，以迫使他们走动管理，提高经营效率。

走动管理对中国公司来说不是什么新鲜的招数。提倡知识分子"与工人师傅打成一片"，科室人员到车间"沾一身油污"，这与西方的走动管理有着异曲同工之妙的。

西式快餐连锁模式的发明者之一麦当劳总裁克洛克，在走访了他的30多家连锁店后，站在办公室的大落地玻璃前进入了沉思。此时，麦当劳正陷入了经营业绩的低谷时期，他的办公桌堆满了调查报告。过了一会，克洛克紧锁的眉头舒展开了，他快步走到桌前奋笔疾书。大约过了3天，所有麦当劳店长的办公桌上都放置了一份文件，那是克洛克亲自下达的一个命令。这份命令很奇怪，它要求每一位店长用钢锯锯下他们办公椅的椅背。面对这份奇怪的命令有些店长觉得很不理解，不过，他们仍然执行了这个命令，过了一个星期，这个命令的用意慢慢地显现了。原来，克洛克的用意是让每一位店长都不要舒服地坐在办公室里，而是要在店里走动，发现问题解决问题。麦当劳的店长们把这种在走动中完成的管理称为走动式管理，并且将之发扬到各个快餐行业中。经过这样调整，麦当劳的经营业绩也开始慢慢回升。

走动式管理最直接的好处在于使领导者掌握公司经营的第一手资料，及时了解公司运作状况，便于领导者根据具体情况有的放矢地制定政策和管理制度，并可以随时解决一线操作中出现的问题，从而解决大公司效率低的难题。

在金字塔式的阶层制管理体制下，下级向上级汇报情况，往往是报喜不报忧，等到事态扩大到解决不了时才不得不向上级求救。这是公司经营中的隐患，走动式管理显然可以使这一弊端得到克服。

同时，走动式管理也是对员工有效的考核和激励办法。员工的工作业绩如何，去一线看一看自然一清二楚，而员工了解到上司会经常走动，自然也不敢谎报军情，反而会努力把事情做好，以随时接受领导者的走动式检查。

对员工士气的有效激励是公司管理的重要环节，走动式管理是发挥激励作用的有效手段。这样的领导者显然给员工树立起身体力行的形象，并且也表达了希望与大家沟通和交流的意愿。这种管理方式实际上形成了一种很好的信息沟通渠道，将报表上无法反映的情况反馈给领导者，使许多管理上的问题处理起来事半功倍。

第13章

强化优势，竞争中取胜

　　一个没有实力参与竞争的公司，必是轻量级的拳手，会被重量级拳手一下打翻在地。公司必须有强大的竞争力，才能在市场上取胜，因此竞争力的强与弱成为衡量一个公司是否成功的重要标准。这就要求公司上下都能抓住机会，扩大产值，增强实力。

把每一次机遇都当成跳板

对于那些精明的老板而言，把每一次机遇都当做成功的跳板是非常重要的，这是他们做大公司的常用手段。在商业活动中，如果你不能在时机来临之前就识别它，在它溜走之前果断采取行动，那么，幸运之神就会与你失之交臂。

寻找机遇，如同写作的人寻找素材和创作契机，如果没有识别能力，思维迟钝，机遇碰到自己身上也不会发觉。所以，识别机遇的能力非常重要。

商场上的幸运和倒霉往往与利用时机有关，有些人在时机失去之后才顿足徘徊，那么他便注定只是一个十足的倒霉蛋。而有一些人明白时机稍纵即逝，因而能及时把握，所以，他们一帆风顺，心想事成。

1865年，美国南北战争宣告结束。北方工业资产阶级战胜了南方种植园主，但林肯总统被刺身亡。全美国沉浸在欢乐与悲痛之中。这时，日后成为美国钢铁巨头的卡纳西却看到了另一面，他预料到战争结束之后经济复苏必然降临，经济建设对于钢铁的需求量便会与日俱增。于是义无反顾地辞去铁路部门报酬优厚的工作，合并由他主持的两大钢铁公司——都市钢铁公司和独眼巨人钢铁公司，创立了联合制铁公司。同时，他让弟弟汤姆创立匹兹堡火车头制造公司和经营苏必略铁矿。

上天赋予了卡纳西绝好的机会。美国击败了墨西哥，夺取了加利福尼亚州，决定在那里建造一条铁路，同时，美国规划修建横贯大陆的铁路。卡纳西认识到，几乎没有什么比投资铁路更加赚钱了。

此时，联邦政府与议会首先核准太平洋铁路，再以它所建造的铁路为中心线，核准另外三条横贯大陆的铁路线。第一条从苏必略湖横穿明尼苏达，经加拿大国界附近的蒙达拿西南部穿过洛基山脉，到达俄勒冈的北太平洋铁路。第二条以密西西比河的北契尔巴港为起点，横越过得克萨斯州，经墨西哥边界城市埃尔帕索到达洛杉矶，从这里进入旧金山南太平洋铁路。第三条由堪萨斯州溯阿色河，越过科罗拉多河到达圣地亚哥的圣大菲。

但一切远非如此简单，纵横交错的各种相连的铁路建设申请纷纷提出，竟达数十条之多，美洲大陆的铁路革命时代即将来临。"美洲大陆现在是铁路时代、钢铁时代，需要建造铁路、火车头和钢轨，钢铁是一本万利的。" 卡纳西这么思索。不久，卡纳西在联合制铁厂中矗立起一座22.5米高的熔矿炉，这是当时世界最大的熔矿炉，对它的建造，投资者感到提心吊胆，生怕将本赔进去而根本不能获利。但卡纳西的努力让这些担心成为了杞人忧天：他聘请化学专家驻厂，检验买进的矿石、灰石和焦炭的品质，使产品、零件及原材料的检测系统化。当时从原料的购进到产品的卖出，往往显得很混乱，直到结账时才知道盈亏状况，完全不存在什么科学的经营方式。卡纳西在经营方式上大力整顿，贯彻了各层次职责分明的高效率的概念，使生产力水平大为提高。同时，买下了英国道兹工程师"兄弟钢铁制造"专利，又买下了"焦炭洗涤还原法"的专利。他这一做法不乏先见之明，否则，卡纳西的钢铁事业就会在不久的大萧条中成为牺牲品。

1873年，经济大萧条的境况不期而至。银行倒闭、证券交易所关门，各地的铁路工程支付款突然被中断，施工现场戛然而止，铁矿山及煤山相继歇业，匹兹堡的炉火也熄灭了。

卡纳西断言："只有在经济萧条的年代，才能以便宜的价码买到钢铁厂的建材，工资也相应便宜。其他钢铁公司相继倒闭，向钢铁挑战的东部老板也已鸣金收兵。这正是千载难逢的好机会，绝不可以失之交臂。"在最困难的情况下，卡纳西却反常人之道，打算建造一座钢铁制造厂。他计划进行一个百万元规模的投资，建贝亚默式5吨转炉两座，旋转炉一座，再加上亚门斯式5吨熔炉两座……1875年1月开始工作，钢轨年产量将达到3万吨，每吨制造成本大约69万美元。而在当时钢轨的平均成本大约是110万美元，新设备投资额是100万美元，第一年的收益就相当于成本，比股票投资还赢利。

股东们同意发行公司债券。工程进度比预定的时间稍为落后。 1875年8月6日，卡纳西就收到了第一个订单，2 000支钢轨。熔炉点燃了。每吨钢轨的制成劳务费是8.26万美元，原料40.86万美元，石灰石和燃料费是6.31万美元，专利费1万美元，总成本不过才56.43万美元。这比原先的预计还要便宜。

1881年，卡纳西与焦炭大王费里克达成协议，双方投资组建卜佛里克焦炭公司，各持一半股份。同年，卡纳西以他自己3家制铁公司为主体，联合许多其他焦炭公司，成立了卡纳西公司联合体。卡纳西公司的钢铁产量居全美的1/7，并逐步向垄断公司迈进。1890年吞并了狄克仙钢铁公司之后，卡纳西一举将资金增到 2 500万美元，公司名称也变为卡纳西钢铁公司。不久之后，卡纳西又将公司更名为US钢铁公司集团。

卡纳西的成功与他善于抓住有利时机休戚相关。有人把机遇称为运气，不管称谓如何，有一点是绝对的，善于利用机遇比怨天尤人更为有益。

当机立断，先发制人

经济学家希尔顿认为，抓住机遇即"见缝插针，匡救一篑"。"见缝插针"的实质就是抓住时机，尽量利用一切可以利用的机会，采取行动。如果把"缝"看作是一种机遇的话，"见缝"则是要善于发现机遇，捕捉机遇，然后不失时机地"插针"，利用机遇，实施自己做大公司的宏伟蓝图。

在商业领域里"见缝插针"一直是许多精明人信奉的生意经。"匡救一篑"是要善于探求别人功亏之因，寻求"一篑"，深入开掘，锲而不舍，进而获效。九仞高的山就差一筐土而不能完成，不能不令人深感遗憾。在做生意中，由于人力或物力上的种种原因易造成"一篑"，而这"一篑"之亏，往往又会给智者带来"一篑"之计，即匡正和挽救他人的失误，而获得创造性机会的谋略。

机不可失，失不再来。商战中，经营者总感觉到，机遇总是那么来去匆匆，一闪即逝。商战机遇不能停留，不能重演，一旦失去，无法补偿，无法追回。

《韩非子》一书中，有一则"郑人卖豕"的故事，就是描写了郑国一个商人由于不懂抢时间做生意的道理，把一桩好买卖白白丢掉的经过。

一次，一位郑人前去离家较远的集镇上卖猪。当他走到时，已是红日西坠，暮色苍茫了。恰好有一个收购毛猪的商贩见到他赶着一群猪自街头走到客店门前，心想买猪的生意来了，如能马上成交这笔生意，明日就能赶回家中，还误不了早市去贩卖。猪贩子急忙找到卖猪人进行洽谈，哪料想卖猪人见有人来买猪，却十分生气地嚷起来："你这伙计好不懂事，我从很远的地方来这里，天又这么晚了，哪里有工夫和你说话呢？"说着，狠狠地瞪了猪贩子一眼。猪贩子再三央劝卖猪人："生意人的目的是为了成交买卖，哪里还能分天色早晚！"但郑人仍毫不理会这一套，气呼呼地把猪赶进了客店。结果，一桩到手的生意硬是让他给瞪去了。至于猪进了店需要花费多少店钱和饲料，他却压根儿也没想一想。这从反面论证了"商贵神速"的道理，同时也说明缓慢拖沓的严重危害。

做生意的目的，是为了尽快把商品推销出去，加速资金周转，多赚钱。拖延一天时间，就会多占压一天资金。商品长期压在手中，资金则会减少生息。郑人由于时间观念淡漠，不了解时间在经商中的重要作用，更不会用时间去实施竞争战术，他甚至抹杀了时间和经营的关系，把卖猪与时间早晚对立起来。就这样，找上门来的买卖被他一阵子吹胡子瞪眼搅黄了。

有丰富实践经验的生意人是绝不会这样愚蠢的，他们把争取时间作为在竞争中取胜的一大法宝。故事中那位猪贩子似乎很懂得快购快销可以尽早生利的道理。他早一点买进，就可以赶早市，等于争取了一天时间，也等于资金周转加快了一天。利润率是与资金周转成正比的，周转快则利润率就高。加快一天周转，就等于多赚了几天的资金利息。快购快销具有推动资金增值的神奇力量。

上面提到要快速抓住有利的销售时机，这种销售时机，对生意人来说就是一种机遇。机遇是乔装的财神，它会迎面而来，也会擦肩而过。要觉察它，却不那么容易，必须培养敏锐的洞察力，具备了这种能力，才能准确地抓住机会。

"他的运气比我好。"看到别人事业发达，人常常为自己的不景气而这样感叹。事实上，问题不在于机遇不垂青于他，而在于他缺乏一种灵敏攫取的意识，贻误了时机，以致抱恨终生。

在商场上，时机对于任何人，都是一视同仁的，而人对时机的利用则不尽相同。有人视而不见，无动于衷；有人见之不放，机遇独得；有人优柔寡断，坐失良机；有人伺机奋起，一鸣惊人。其关键还在于如何捕捉时机，能不能利用时机。

不过，时机的显露常常是朦胧而模糊的，唯有目光敏锐的人，才能透过现象看到本质，抓住拓展事业的绝好机会。反过来说，正是因为时机不易判断和把握，也才给精于此道的人带来大发利市的机会。如果人人都看得出，拿得准，那也不叫什么时机了，至少坐失良机的人也少了。认准了，就千万不要放过。

商战如兵战。经营者在风云变幻的商海竞争中，一旦时机到来，就必须当机立断，该断就断，甚至要连续攻击；该收场就收场，哪怕是匆匆忙忙。当断不断，该及时收而不收，不该断时而断，不该收场时而收了场，同样会遭到损失。商战的残酷，客观上要求经营者对世态商情作清醒判断，当机立断，不允许拖拖拉拉而坐失良机，更要求经营者是一位观察家，第一素质就是眼力。这不仅表现在调查市场风云变幻的直觉上，而且体现在运筹帷幄决胜千里的韬略中。要想商战获胜，就要善择良机，就要随时把握客观形势及其各种力量的对比变化，透过现象看本质；同时，还要善于在七分把握三分冒险的情况下，当机立断，抢先制人。经营者若能在商战中达到这种要求，就能获胜。

我们不能坐等机遇，守株待兔的方式是注定要失败的。机遇来了要"贪心"，这是要做大公司者必须首先牢记的天规。

对于一个公司的老板来说，机会太重要了，一旦机会到来，一定要贪心，因为机遇在你的一生中是可遇而不可求的。所谓"贪心"，就是当断则断，而且一旦下定决心，就坚决干下去，毫不犹豫，毫不拖沓。

一位在日本大阪拥有几座高层公寓，几家中式餐馆和酒店等多家产业的华商，就是一个典型范例。

二战结束后不久的某天，一位朋友介绍他去买一块地(即现今他拥有的那几幢高层公寓的那块地)，再三向他保证说：买了这块地必有大利可图。朋友还解释很多原因，总之，极力劝他当机立断掏钱去买。而这位华商的态度呢？

他非常信任他的这位朋友，但并没有轻率地听朋友的一面之词。他的第一个想法不是立刻去买地，而是决定先去看一看。

于是，他天天去实地观察，每次在那块地上，一站就是好几个钟头。别人看他老站在那儿东张西望，觉得既无聊又辛苦。而他却全然不觉得，因为他每时每刻都在不停地想问题：

（1）这块地可建什么类型、多少面积的建筑？

（2）每天的人流高峰从几点开始？

（3）来往的人群主要往哪个方向流动？

（4）来往人群主要是蓝领还是白领？

（5）投资这块地大约得花多少钱？

（6）投资这块地的费用几年可以收回？我现在的财力够不够用？需借多少钱？

（7）是单独投呢？还是与人联手……

这样，整整考虑了一个多月，他终于得出了自己的结论：值得投资，因为这块地有很大的发展前途，适合做一笔公寓楼的生意。他还决定向银行申请贷款，单独投资。

有人问他：何苦自己一个人费那么大的神，辛辛苦苦地站着观察思索一个多月？反正得出的结论跟朋友当初的建议又一样，真是白下工夫，做了一堆"无用功"。那位朋友也抱怨他不信任自己。对这些，他都淡淡地一笑了之，他自有他的道理。

香港昊氏实业公司掌门人昊建国也是一个典型的例子。

昊建国夫妇是60年代从中国内地到香港的移民，既无第二代创业者多少得到父荫和良好的现成社会关系基础，又无本地创业者已在商场血战多年积累的经验，完全是白手起家，披荆斩棘，历尝艰辛，最终创业有成。

昊建国刚到香港时，由于内地资历香港不予承认，所以被邀出卖体力，做小生意。最后他从一笔刀片订单中开始积累了一定的资金，终于办起了昊氏实业公司。

昊氏实业公司第一次腾飞是在1976年。当时正是电子计算器萌芽之时，许多大厂家看到这一新产品，但是拿不准，犹豫不敢上马，想再观察清楚再下决心。但昊建国的小公司却没有那么多顾虑犹豫，看准这是投入电子计算器市场的有利时机，全力以赴，抓紧生产液晶电子计算器。正因为他及早动手，竞争者少，在市场上放缰驰骋，获得成功。等到市场饱和，昊氏已积累了经验和资金，为公司下一步发展打下了新的基础。

机会又一次来临。中国大陆实行改革开放政策，昊建国得力于来自内地的生活经验，看准了内地市场的巨大潜力和进行合作的有利时机，看到了内地劳工成本低廉和深圳蛇口近在咫尺，以及对外优惠的有利条件，立即与内地开展合作。

昊建国当时便看到电视机是内地人民生活电器化的第一急需品，有庞大的需求市场，而率先生产黑白电视机，大量投入当时的内地市场，从而取得了极大成功。及至内地人民生活要求提高，他又及时转产彩色电视机。由于已建立起与内地市场的良好关系，公司营业额一直稳步上升，产品拥有广阔、稳定、可靠的内地市场。营业额中，85%来自内地。年产量已增至万台，供应电视机套件给内地装配的厂家亦由7家增至12家，是年纯利润达3 430万元，可见业绩不凡。同时，他的公司还不断在设计上推陈出新，以方形机身、平面直角、立体声等吸引客户，成为较早与内地建立良好合作关系、得到有力支持的香港电子业先驱。他的业绩证明其眼光之准、动手之快。

　　有的人评论昊建国，说他像个冒险家。但从昊氏的经历可以说明他有敢冒风险的创业者精神，但绝不是个冒险家。他的创业精神和鹰隼般的眼光是从生活磨炼中升华的结果，虽得力于先天，更成熟于后天。艰难的生活，海阔天空任其驰骋的环境，最能磨炼人，造就人，发挥人的才干。昊氏实业创新的经过在香港、在内地都是个很有说服力的创业典范。

　　要想得到机遇，必须首先正确地认识机遇。机遇并不是凭空产生的，它也是事物发展到了一定阶段所自然而然地发生的一种现象。所以我们不能坐等机遇，守株待兔的方式是注定要失败的。

把握时间，选择时机

　　把握时间，选择时机，是竞争取胜的一个重要因素和手段。如何把握时间、巧用时间是关系经营成败的一个重要问题。

竞争市场，变化万千。只要你看准之后，就要用手死掐住。"沧海变桑田，桑田变沧海"，"此一时，彼一时"。随着时间和空间的变化，竞争者的多少，竞争力的大小，竞争的范围，竞争的强度都在变化。作为一个公司，在竞争激烈的市场上，无疑要把握时间与空间的变化，靠巧用时间取胜，靠选择时机取胜。

"时间就是金钱，效率就是生命"。把握时间，选择时机，是竞争取胜的一个重要因素和手段。在激烈的竞争中，时机往往是成功与失败的交点，机不可失，时不再来。抓住时机，则能在竞争中取胜；而丧失时机，则往往失败。

广州蓝天仪器厂的蓝天牌洗衣机和广东动力农具厂的动力牌洗衣机，试制的开始时间大致相同，从最初送到家用电器研究所鉴定的样机看，两家产品各有所长，外形美观程度也相仿：在1981年洗衣机热时，蓝天仪器厂及时拿出了产品，并日趋完善，而广东动力农具厂则久久未能形成批量生产能力。于是，蓝天仪器厂时间超前一步，"蓝天"起飞了。广东动力农具厂时间落后一步，"动力"牌夭折了。由于蓝天牌洗衣机在市场上先入为主，先声夺人，影响甚大，很快就站稳了脚跟。而动力农具厂要挤进市场，非要胜"蓝天"不可，但当时该厂拿不出质量上、价格上胜人一筹的产品，进入慢了。几个月后，在竞争中就彻底失败。

把握时间，还要巧用时间。时间是公平的，它奉献给大家的数量相等，但不同的利用方法，却可带来大不相同的效果，我们要学会巧用时间。有一家小商店处于大商店林立的繁华街道，从竞争力而言是无法与大商店相比的。但他们巧用时间，将商店开门时间提前一个小时，关门时间错后3个小时，在大商店营业繁忙的中午关门休息，使得该店营业额不但不低，还稳中有升。他们虽然店小、人少、竞争力差，但靠巧用时间，获得了成功。

事实上，很多产品都有时间性，有旺季与淡季之分。公司要善于根据产品淡旺季的不同，采取不同的竞争策略。总之，如何把握时间、巧用时间是关系经营成败的一个重要问题。

有速度，才有优势

　　跑在前面的人，才会赢得竞争。在开端时善用机会，再没有比这种智慧更大的了。商战不仅是力量的角逐，智慧的角逐，更是速度的角逐。

　　人总是在不断地和时间赛跑，和同伴赛跑，跑在前面的人，才会赢得竞争，才能做大公司。在商业竞争中更是跑在前面的人才能赢得利润，以至于"时间就是金钱"，"浪费时间就是谋财害命"的话都被人说滥了。但是，知道说不等于明白做，说这样的话只需要上下嘴皮动一动，真正做到事事领先，却需要敏锐的判断力，坚强的毅力，以及最重要的——果敢的行动能力。

　　不知道大家记不记得美国电影《巴顿将军》中的这样一幕：巴顿将军率领大军疾行向前，可是当他们来到一座小桥时，却发现有一辆驴车，拉了一车东西，横在桥中间不走了。它这一不走不打紧，整个大军都无法正常通过了。士兵们急了，推的推，拉的拉，可倔驴就是不挪窝。这时候，巴顿将军走过来了，了解情况后，只说了一句，"推它下去。"在巴顿的指挥下，士兵们向车主付足了钱，然后，把驴连车一起推下了桥。大军顺利通过了桥，获得了战争的主动权，最后赢得了该场战役。

　　巴顿的这一举动应该可以给很多开公司的人以启示。在强手如云的激烈竞争中，机会都是稍纵即逝的，只有先抓住它的人，才能把握成功。稍有经验的人都知道这样一个常识，在水的流量不变的情况下，流得快的水势能大，因此在洪峰来临时，常常能见到咆哮的水，裹挟着平时看来不可能挪动的巨石飞速向前。竞争，在很大程度上是速度的较量。

写到这里，笔者想起弗兰西斯·培根的一段名言："机会先把前额的头发给你捉，而你不捉以后，就要把秃头给你捉了。或者至少他先把瓶子的把儿给你拿，如果你不拿，它就要把瓶子滚圆的身子给你，而那是很难捉的。在开端时善用机会，再没有比这种智慧更大的了。"

确实，行军打仗讲究的是"制敌先机"，闯荡江湖讲究的是先抢码头，做生意就一定要有比别人更快的动作才行，因为商战不仅是力量的角逐，智慧的角逐，更是速度的角逐。有速度，才能有优势。

第14章

安全涉险，败中求胜

公司成功发展壮大，必须要面临各种艰难险关，不战胜这些艰难险关，公司是很难成长起来的。也就是说，一个不能靠自己的本事涉险过关的公司，是不可能去打败别人的。

多一次挑战就多一分成功

天下最大的敌人，就是自己。命运是一种偶然的事，但根据确实的统计，运气好的人，终其一生常碰到许多好运的事；运气不佳者，也是终其一生有"衰"运作伴。人世间确实存在有如此大的个别差异。

对公司老板来说，要做大公司，有许多时候工作会遇到挫折。但是如果一味地沉浸在挫折、痛苦中，自我悔恨，你的魅力从何来？作为一名公司老板，应当具有强大的承受能力，尽快从失败中走出来，鼓舞士气从头再来，有时不妨学学阿Q自我勉励一下。

当我们遇到挫折或气馁时，如果有金玉良言在旁鼓励，一定能挺直腰杆，重新出发。一句话可以振奋人心，也可以使干劲消失，它的威力比麻药还要可怕。

希望各位认真地去体会下列的训言，并亲身实践。

（1）工作要自己去开创，不应等别人来指示。

（2）工作要主动去推动，不应等别人来催促。

（3）规模小的工作只会使自己退步，要积极从事规模大的工作。

（4）勇于面对棘手的工作并设法克服，如此才能得到进步。

（5）不达目的绝不罢休，即使困难重重也不轻易放弃。

（6）引导周围的人及被周围的人诱导，这是事物的均衡之理。

（7）面对长期计划，唯有付出忍耐、智慧及努力，才能获得成功。

（8）对工作没信心，则成绩必定不可观。

（9）脑筋要转得快，处理任何事情应小心谨慎，不可有任何的疏忽。

作为公司老板的你是否做到了？

公司老板要严于律己，只有对自己严格要求，才能给部属作出表率，敢于接受挑战；反之，公司老板整天松松垮垮，无所作为，怎么能接受市场与自身生存的挑战呢？

"天下最大的敌人，就是自己。"此处所提的"敌人"一词，应包括两种意义：一是凡事姑息自己，即严以律人，宽以待己的态度；二是我没有办法！我不行！以自卑的态度否定自己的倾向。

除了自己以外，"敌人"并不多。还有人喜欢胡思乱想，反而给自己添麻烦，甚至演变成失望。结果，不是给自己泄气，就是意气用事，自己变成自己最大的"敌人"。

遇到困难或麻烦时，都应以平常心理及客观的态度来处理，其中，面对自己当属天下最难的事！一方面对自己姑息宽容，另一方面，又会对自己产生杂念而演变成烦恼，甚至开始厌弃自己，毫无自信心。

自认为是何种人，就会变成自己想象中的模样。例如："我做什么事都一定会失败！我是一个没有用的人。"如果自己真的这么想，那么可以肯定不论做什么事，都会如其所想的一般——不成功。

人一生当中，必然会经历许多失败，当然也会经历许多的成功。假如我们只对失败的事耿耿于怀，将永远逃不出失败的巢穴，自己最大的"敌人"永远是自己。

某知名杂志社的公司老板主张要常锻炼自己并培养第六感，一生便会因此而有所改变。他说："命运是一种偶然的事，但根据实际的统计，运气好的人，终其一生常碰到许多好运的事；运气不佳者，也是终其一生有'衰'运作伴。人世间确实存在有如此大的个别差异。"

好运、坏运，一半是偶然，一半则是要由个人负责。有人曾对在市场获好运者加以调查，发现运气好的人其个性大都是属于不拘泥于事物的类型。

由这段话，我们可以知道，最大的"敌人"是拘泥于事物的"自己"，也就是会拘泥于失败经验的自己。所以，要想成功必须先说服自己，进而再说服别人。

到目前为止，大概全世界没有一个人敢说，他说服别人从来没有失败过，至于在极重要的场合说服失败，受到重大挫折者，更是大有人在。但无论如何，也不可说："我根本没有说服别人的能力，我没有自信。"应该忘掉失败，并自我鼓励："我一定能说服对方。"如此让自己时常保持正面的经验印象，有助于信念的提升，更可能因此掌握说服别人的诀窍，将说服的技巧推上更高层次。

走不通的路就换个方向

一名优秀的公司老板应具备随机应变的能力，面对突发事件，镇定自如，妥善处理。"条条大道通罗马！"走不通的路就换个方向，也许这一"换"，就能给你——公司老板带来生机！

在公司管理中，常常会发生一些令公司老板措手不及的事情，有些公司老板往往不知如何处理，造成公司和个人魅力的损失。

生活的意义，往往随时代的变迁，而产生激烈的变化。例如。在高度成长之经济状态下，鼓励消费的口号，可能在一瞬间因能源缺乏的问题，而改变成节约的口号。因此，作为一个公司老板，对于时代的变迁、大众的需求与社会之期待，要能敏锐地观察，事先加以预测，如此才能跟得上时代，赢得部属的尊重。

当现实环境急剧变化时，公司老板要亲自到社会上，与大众接触，收集现场情报，再以灵敏之思考力加以分析，随即采取连贯性的对策。如此，方不至于为时代潮流之表面现象所迷惑。除此而外，多参照些历史、哲学资料，亦颇为重要。

然而，对此变化之适应方法，是依据以往一贯的作风，还是寻求新构想呢？此两种方式作出的结果，会带来极大的差异。

例如，为维护消费者的利益，有许多公司采用公共关系，或听取顾客反应的措施来处理。不过最近亦常看到一些公司者站在消费者的立场，为防范公害而谋求改进。像这种情形，就是能够针对时代变迁，寻求更合理的对策。与前者相较，显然是更胜一筹。某大公司T为顺应潮流，分别命令各分公司成立"经费节约委员会"。A分公司即按以往形式，以各科科长担任委员，分公司公司老板作为委员长。全体员工将前几年制订的"经营合理化运动纲要"奉行不误，几无新构想。B分公司则不拘泥于原来形式，从各科年轻职员中，选出4位才思敏捷者，使其运用头脑，求取"节约"之良策。

结果A分公司尽是些"随手关灯""尽量避免使用电梯""公司内联络用信封，背面亦可加以利用"等极为平常之论调。而B分公司则提出许多新奇构想，诸如："白天洗手间不需用灯（眼睛习惯即不成问题）""除老人与货物外，禁止使用电梯""信封表面贴上几层纸，即可使用好几次""文具当节约分配""过短铅笔可加套使用""禁用电动削笔机""中午休息时间一律关灯""定期大扫除""调查存货加以利用"；等等。

实施的结果，发现B分公司之成果超过A分公司5倍。从6个月的用电量来看，A分公司较以往节约了10%左右，而B分公司则到达30%以上。

沉着应对突发事件

一个公司经受不起突发事件的打击，肯定是发展不起来的。突发事件来了怎么办？

公司老板常常会遇到一些突发事件，而这些事情有的危害很大，会让你处在恐惧之中。一名优秀的公司老板应首先控制住事态，使其不扩大、不升级、不蔓延，这是处理突发事件的关键。要达到这一目的，可采用以下几种方法。

1. 心理控制法

无论哪类突发事件，都会对人们心理产生相当大的冲击与压力，使大部分人处于强烈的冲动、焦躁或恐惧之中。所以，公司老板首先应控制好自己的情绪，冷静沉着。如果公司老板以"冷"对"热"、以"静"制"动"，镇定自若，组织成员的心理压力就会大大减轻，并能在公司老板的引导下恢复理智，利于突发事件的迅速解决。例如，罗斯福总统在应付"珍珠港事件"时的镇定自若稳定了人心，并使全国上下同仇敌忾，正是运用了心理控制法。

2. 组织控制法

对于突发事件，运用组织控制法是指在组织内部迅速统一观点。使大多数人有清醒认识，稳住自己阵脚，大局为重，避免危机扩大。例如，丘吉尔忍痛割爱考文垂、尼克松对飞机被击落的克制都是迅速对组织成员进行利弊分析，当机立断作出的决策。

（1）注重效能，标本兼治。正因为处理突发事件的首要目标是迅速果断行动，控制局势，就必然要求突发事件的决策指向必须针对表象要害问题，达到"立竿见影"的效果。首先治"标"，为此而采用的决策方式可以是特殊的，在治"标"基础上，才能谋求治"本"之道。

（2）打破常规，敢冒风险。由于突发事件前途扑朔迷离，犹如处于瞬息万变战场的军队，需要强制性的统一指挥和力量凝聚。同时，在突发事件决策时效性要求和信息匮乏条件下，任何莫衷一是的决策分歧都会产生严重的后果。所以，对突发事件的处理需要灵活，要改变正常情况下的行为模式，由公司老板最大限度地集中决策使用资源，依决策经验或采纳某建议，迅速作出决策并使之付诸实施。

（3）循序渐进，寻求可靠。在处理突发事件时，公司老板固然要有冒险精神，但也要倾向于选择稳妥的阶段性控制的决策方案。以保证能控制突发事态的发展。公司老板在信息有限的条件下采用反常规的决策方式，并对决策后果风险进行预测和控制时，需回避可能造成不必要波动的方案，同时注意克服急于求成的情绪，因为突发事件的表象固然可以迅速得到控制，但其根本的处理则需要在表象得到控制的阶段上进一步决策。

在对方没有完全了解你的产品或是条件之前，需要谨慎使用，过早下结论往往可能导致谈判的破裂。对于一个要成功起家的公司老板而言，大多会碰到节外生枝的事。

"节外生枝"讲的是本来差不多快成就的事，却生出枝权，让人不可思议。其实，经商中会有许多节外生枝的情况发生。

例如，在商务谈判中，会有许多意外的情况出现。本来很顺利将要完成的某件事，突然对方插进一句问话或者是一项要求，这种意外的情形会使公司老板疲于应付。怎样才能高明地处理这种事情呢？下面我们来看一个例子。

外国一家销售商到深圳的一家电视机厂进行实地考察和订货。外商带来了他们自己的检测设备，在检测过程中外商十分满意，竖起大拇指称赞中国的产品质优价廉；中方也非常满意，如此快捷的速度就得到大量长期的订单当然是很好的事情。谈判过程中也格外顺利，就在外商拿着他们的检测结果跟中方的检测报告单相对照的时候，外商提出要看市场上不同厂家同类产品的检测报告：这一突然要求是让人有点束手无策的。正在双方都难堪的时候，中方的市场部公司老板不慌不忙拿出了3份报告单，是另外3家电视机的检测报告，市场部公司老板义正词严地对外商说："我们的产品是最好的。"外商在20分钟的对照后满意地签订了合同书，完成了谈判。

从上面的例子我们看到，中方是做了充分准备的，至少市场部公司老板考虑问题是仔细的。这正是每位谈判人员都应具备的素质。

巧妙应辩的形式是五花八门的。也许我们在电视中曾经看到过著名学府的答辩会。红方和白方都根据有力的证据进行针锋相对的辩论。一般来说，巧妙应辩可分为以下三种情形。

1. 坦率的态度

在谈判中坦率的态度有助于你创造一种和谐的气氛，有助于你表达某种意见，更利于进一步的交流。比如说："对不起，这我们应该负责""我们会努力想办法，照你的意思做""就那么办吧"。凡此种种，给对方造成一种迁就对方、作出让步的印象，这样能把紧张的谈判气氛转变过来，巧妙地形成有利于自己的局面。

2. 适时下结论

在谈判进行中适时下结论有助于你尽快结束谈判，避免节外生枝，避免谈判碰到不必要的麻烦，但这往往有一定的冒险性。在对方没有完全了解你的产品或是条件之前，需要谨慎使用，过早下结论往往可能导致谈判的破裂。

3. 善于提出引导性问题

在谈判中提出引导性的问题是至关重要和有效的，往往在你提出问题以后会得到意外的答案，这有利于你更了解对方。

据研究，公司老板每天有87.5%的时间是在承受危机和压力，只有剩下的一些时间享受快乐。那么，公司老板就必须要有能化解危机的方法。

公司产生危机怎么办？公司老板往往不知所措，优秀的公司老板都会冷静对待此种事件。下面介绍危机管理的15种方法。

（1）面对灾难，应考虑到最坏的可能，并及时有条不紊地采取行动。

（2）当危机处理完毕后，应吸取教训并以此教育其他同行。

（3）策划一个危机管理计划。

（4）时刻准备在危机发生时，将公众利益置于首位。

（5）在传播沟通工作中，要掌握对外报道的主动权，以组织为第一消息发布源，如：对外宣布发生了什么危机，公司正采取什么补救措施，等等。

（6）要善于利用媒介与公众进行传播沟通，以此控制危机。

（7）危机发生时，要以最快的速度设立"战时"办公室或危机控制中心，调配训练有素的专业人员，以便实施危机控制和管理计划。

（8）设立专线电话，用以应付危机期间外部打来的大量电话，要由训练有素的人员来负责处理热线电话。

（9）了解组织的公众，倾听他们的意见。

（10）设法使受到危机影响的公众站到组织的一边，帮助组织解决有关问题。

（11）邀请公正、权威性机构来帮助解决危机，以便确保社会公众对组织的信任。

（12）在危机传播工作中，避免使用行话，要用清晰的语言告诉公众组织关心所发生的危机，并正确采取行动来处理危机。

（13）了解组织的公众，确保组织能把握公众的抱怨情绪，可能的话，通过调查研究来验证组织的看法。

（14）在制订危机应急计划时，多倾听外部专家的意见，以免重蹈覆辙。

（15）培训是危机处理计划的一个不可或缺的组成部分，为确保处理危机时有一批训练有素的专业人员，平时应对他们进行专门培训。

反败为胜的四种魔法

能在面临大败之势时减少损失，就意味着在一定程度上战胜了这场危机。一个公司发展壮大，难免要碰到失败，因此反败为胜是公司发展壮大之关键。

古代兵书《百战奇略》之"败战"篇云："凡与敌战，若彼胜我负，未可畏怯，须思害中之利，当整励器械，激扬士卒，候彼懈怠而击之，则胜。法曰：'因害而患可解也'。"这段论述战争中"善败者胜"道理的话，对指导小公司竞争有重要作用。胜败乃兵家常事，亦是商家之常事。世上少常胜将军，每战必胜的常胜式公司、常胜将军式的老板确实存在，但毕竟为数不多。一个公司是否成功，并非看其是否从不失败，而是看其能否正确地对待失败，并在市场竞争中保持较高的胜率。

1. 退而不乱，少输为赢

公司面临必败之势时，宜先退、早退，但这种退却不是无节制的、无止境的乱退。要借退蓄力，借退蓄势，为下一轮竞争作准备。老板要对公司保持控制力，使公司员工人心不散，管理不滑坡，令行禁止，工作有条不紊。无数公司失败的教训告诉我们，无节制的败退必将导致公司目标体系和责任体系的迅速解体，形成"溃不成军、一败涂地"的局面。因此，不论公司面临多么严重的困难，处于何种危急局面，老板决不可慌不择路，而应全力以赴地带领员工挽救残局，尽量减少损失。当大失败的局势已定时，不要指望会出现什么翻天覆地的奇迹，公司唯一的选择就是在撤出某些经营领域的同时，在剩下的经营领域里采取若干打破常规的管理措施，将损失减至最低限度。能在面临大败之势时减少损失，就意味着在一定程度上战胜了这场危机。

2. 留下火种，东山再起

常言说得好，"留得青山在，不怕没柴烧。"公司在经过多次失败的耗损或一次失败的重创之后，破产倒闭之势已无可遏止，比较现实的目标就是不输光，在失败之前设法保存有生力量，为东山再起"留下火种"。面临此种情况，公司老板们应静心做好以下两件事：一是选准必须保存的资源。不要奢望能保存很多资产，应当选择那些市场价值不高或不明确但对公司却最有再利用价值的资源设法保存，例如，技术诀窍或关键岗位的技术骨干、公司名号、商标或一块活动场地等，总之以一些"软资源"为主。二是选择最有效的合法保护手段来保存这些资源。在公司破产清算之前，果断地采取合法手段，将拟定的保存对象进行隔离、转移、分立等技术处理；在破产前清算程序已经启动的情况下，则应充分利用《破产法》中对公司所有者和经营者有利的条款，既据理力争又灵活通融地争取对自己有利的结局。

3. 以退为进，抢占市场

退让实则是一种最间接的进攻策略。例如，在激烈的市场竞争中，公司如能巧妙地让出一方市场，且能开辟一方新天地作为目标市场，最后包围先前让出的市场，收复失地，这实际上是一种商战高招。举例来说，城市里，在保健品市场异常饱和，发展的空间日益狭窄的情况下，武汉红桃K集团在重新审视这场城市争夺市场战后，毅然把目光投向广阔的农村市场。当别人把网络建起来时，红桃K集团"多走半步"绕小道，跑冷门，把网络建到县、乡、村。即使在穷乡僻壤的山沟里也能看到红桃K生血剂的踪影，仅一个产品销售额就达15亿元，居中国保健品之首。该集团公司老板面对取得的成功颇有感慨地说："当初如果没有退让意识，死心眼地争夺城市市场，肯定会沦为竞争的失败者。"

4. 及时回撤，免遭失败

在股市搏击中，游戏规则掌握在大户手中，对于中小散户股民来说，赢家大都是在"高处不胜寒"时及时抽身的人，都是熊市来临之际，及时"忍痛割爱"之人。可见，"善败"者也是善退者。不善败的公司老板，一般都对"必败之势"缺乏判断能力，即所谓"败莫大于不知将败"者；还有，即使已感觉到失败的压力但仍心存侥幸，消极地观望、等待直至把重大损失接在自己手里。小公司老板要在失败来临之际稳操胜券，首先要对市场竞争态势有灵敏的信息渠道并加以判断，能清醒地认识到公司将要受损的领域和时机；其次是善于快速退却以避免或减少损失，即抓住临失败之前的有利时机抢先主动收缩或撤出必败的领域。日本著名老板松下幸之助先生对此作过一个十分形象的比喻："武功高强的人，往回抽枪的动作比出枪时还要快。"脱身最早、最快、最彻底的往往也是受损最小的。这些先期脱身的公司，常常会成为下一轮竞争中的赢家。

第15章

盘活资金，盘大家底

　　一个公司不会及时盘活资金，就会常觉得手头紧，干不了事，这只能怪自己缺乏经营术。公司实力有多大，关键要看有多少家底。家底越大，实力越大，公司也就越大；家底越小，实力越小，公司也就越小。因此如何盘大家底，不但是一门技术活儿，而且是一项智力劳动。

像账房先生一样盘算金钱

在公司发展壮大时必须学会像账房先生一样盘算金钱。金钱感觉是经营者必须掌握的一个部分，是非常重要的感觉。经营者对公司的金钱必须严格把关。公司的金钱不仅限于现金，原材料、商品、设备，必须把这所有的一切都反映为金钱。老板动用的金钱数目越大，其对金钱的感觉就会变得越麻痹。公司的规模越大，必然其金额就会越大。日常动用巨额金钱时，小额钞票常常显得像垃圾一样不予重视。如果每天操纵着10万元、100万元那样巨额的现金，那么对一两万变得无所谓，则并不足为奇。

有一位老板在公司资金筹措紧迫时，却每天将1 000~2 000元的钞票扔在酒馆里。一边说着还差二三百万元，一边却将公司的钱如汤水般抛撒。的确，对于100万元来说，1 000元算不得什么。一天即使节省了1 000元，对于筹措的100万元算不了什么，但是如果人们探究其资金筹措紧迫的原因之后，必然会考虑借或贷款的风险，而断绝借其款项的念头。

当然，这位经营者最终使公司倒闭了。俗话说，一分钱憋死英雄汉，不会珍惜小钱的人干不了事业。

这不是说要吝啬，也不是说对金钱总是要做精细打算。对自己囊中的金钱稍微大方一点没有什么关系，但是，对公司的金钱，一分也不能浪费。

一分也不能浪费并不仅限于现金。不用说商品，就连原材料、燃料、劳动力都不能浪费。它们虽然没有露着金钱的面孔，但在公司的经营活动中与金钱相同。

对金钱以外的东西，不少人都不具备以金钱的眼光去看待的感觉。因此，不少人看重金钱，却在不断地浪费商品和原材料。这些人也属于金钱感觉薄弱型。

举一个身边的例子。假设一店主借给了邻居1万元，到了约定的日子邻居却没有还，店主心怀不满，可是又过了很长时间，邻居仍没有还的意思，店主于是怒上心头，"从此不再理那邻居"。

而另一方面，店主的商店向邻家赊了1万元的商品。买东西的一方因为听到"什么时候付钱都可以"，不久就把这事完全忘记了，没去付钱。邻家的商店不久也忘记了，到决算的时候才想起。但是，已经是好几个月前的事了，碍于面子难索取。于是，店主便说："唉，算了吧"不了了之。

前者对现金得不到偿还而变得愤怒，后者因为不是现金是商品而变得慷慨大方。可以说这完全是感觉问题。实际上两者都遭受1万元的损失。后者由于不是从金库支出的1万元，没有感到那么心痛。店主在计算损失时，感觉不是1万元，而是进价的 6 000元吧！从对金钱感觉来说，他们太过于迟钝。

把商品看做与要标注的价格相等的现金，才是敏锐的金钱感觉。1万元的商品货款呆账了，必须看做是1万元的现金呆账了。一般在货款不能收回时，经营者常以进价和制造成本来计算，这种感觉实在太天真。如果接受了100万元的票据，应该有借出了100万元现金的感觉。如果具有了这样的感觉，就不会那么简单地接受票据了。

退货也一样。如果有100万元的商品退货了，那么就等于是从公司的金库支出了100万元现金。这样的感觉往往使老板有一种深刻的危机意识，将会更为谨慎地面对自己公司的经营活动。

摸清家底，及时拿出对策

摸清家底，才能找到更准的对策，才能有助于做大公司，否则就会盲目。

从概念上讲，公司理财就是学会有效地、合理地处理和运用金钱，让自己的日常花销做最大程度的发挥，从而为生活需要提供服务。从技术上讲，公司理财就是利用开源节流的原则，增加收入，节省支出，用合理的方式来达到一个公司所希望达到的经济目标。这些目标可小可大，小的如购买彩电、冰箱，大的如置房、买车。

你可以透过以下五点，帮你的公司理财计划把把脉，看它情况是否良好。

（1）收支预算：有效地运用每一笔金钱。

（2）储蓄和借贷：定期存款是必要的，但若支出过度则有借贷情况产生。

（3）风险的管理：设法保护现有的财产和所得。

（4）投资：选择合适的目标，量力而为。

（5）纳税：应注意理财所牵涉的诸多税率问题。

以上五点都是我们在日常公司理财时都会遇到的，只要妥善处理，相信皆可顺利完成属于公司的理财计划。

传统的管家，俗称为"米桶"，因为旧时管家主要是管好一家人吃的。但现代人的管家理财却要复杂得多。管家人每到年底都要摸摸"米桶"，意即了解一家人粮仓和钱袋的底子。这种家底一般分两部分，一是总资产，二是负债。用公司总资产减去负债后的净值，就是一个公司真正拥有的财力。净值不断增长，家庭未来各项理财目标才有可能一一实现。

管家人应对公司资产和负债内容做到心中有数，切实了解公司的财务状况哪里有漏洞，何处不尽如人意，从而及早采取相应措施，做到未雨绸缪。

下面介绍几条简单的算式，可以让你摸清家底：

（1）运用资金灵活性的评估：这个算式是用流动总资产减去短期总负债，答案如果是正数，表明手头上的资金周转灵活。

（2）公司偿债能力的评估：这个算式是用流动总资产除以短期总负债，再换算成百分比。最终答案以不低于150%为理想数字。

（3）公司借贷多少的评估：这个算式用投资性资产减去负债后的净值，再除以投资性资产的比例看出。最终答案如果不到20%，表明公司借贷量偏高，为了安全起见，不应再用借贷的方式来投资。最终答案如果超过50%，表明公司借贷量偏低，你想再投资，答案告诉你："就按你的意思办吧。"

（4）公司资产稳固的评估：这个算式用公司资产减去负债后的净值，再换算成百分比：最终答案以20%~50%为理想数字。

做资金周转预算的行家里手

如何成为一名精通资金周转预算的行家里手呢？这一点对于公司发展壮大是非常重要的。

做生意，需要不少资金，尤其是经营零售业务。公司刚刚开业时，需要先付出不少资金进货，此时现金暂时转换为商品，只有等到货品卖出，才可换回现金，但如果还没有把货品换回现金，便另有开销，很可能出现周转不灵，危及公司的生存。生意人未必没有钱，但钱却受到限制，不能即时取用。因此应付资金周转，是一套重要的技术。

资金周转良好的先决条件，是一套系统的会计模式，据此才能把握有效调动资金的技巧。首先，你需要预计未来会有多少收益，同时也知道固定的支出是多少，只要收益大于支出，就能顺利周转资金。相反，如果某段时期内，支出高过收入，就可能资金周转不灵。如果周转资金的技巧不高，便可能不断地注资，愈注愈多，投资成本也相应增加，风险也会相对提高。

懂得周转资金的生意人，能设法尽快取得利润，以利润抵消开支。他们会想办法，以确保常有可动用的现金在手。做生意时尽可能收取现金，到生意上了轨道后，才考虑做月结。很多生意都是月结的，即让客户取货，只是签单记账，到月底才发出单据收钱。这只有资金较多时才可行。这些记账的客户，必须是有信誉的，切记不可随便给不熟悉的客户做月结记账。

做资金周转的预算，宜保守一些，不要过于乐观。例如，心中预计下月将有20万元净收入，但做保守一些的估算，视为有15万元净收入，用这个基数衡量，看看是否可以弥补支出。因为原来的预算是乐观的，但中途可能有坏账或其他意外事故，引起损失。

每个行业的经营方式都不相同，有些行业需要向货品供应商支付现金，也向顾客收取现金；也有些行业可以延迟向货品供应商付款，暂时记账，但却向客户收取现金；还有些行业需要用现金付给货品供应商，但却让客户记账。

一般的零售业务，都是货银两讫，一方面交货或提供服务，同时也收足款项，两不亏欠。而进货则可付现金，或做月结。由于卖出货品后，可以迅速得到现金，资金周转必定比较顺畅，这类行业对创业者最合适，可以减少坏账的风险，以避免和其他公司因财务而纠缠不清。

如果客户必须以月结记账的方式付款，那么，最好向货品供应商付款时也采取这种方式。原因是不必付出大量现金，却等于很久都收不到货款。

万一真的现金有限，未能收足货款，同时却有很多账款需要了结，最好先付款给小公司，大公司暂时多等数天不成问题。反正生意长期合作，几天也不是长时间。但小公司一般都急于现金周转，所以要照顾他们的需要，早一天结算，他们就早一天多一些现金可用。你能如期结账，他们就认为你有信用，愿意继续和你合作，这对大家都有益。

把小公司的账还清后，再考虑大公司的账，你迟一点付款，他们不会因此而出现资金周转困难，只要有拖没欠，一点点地清偿，彼此的合作关系，还可以继续维持。他们不会因为你未能如期付款翻脸，反正你没有逃避付账的责任。

在精、准、细上下工夫

任何公司财务核算都不能马虎，一定要精、准、细，否则就会出大漏洞。

现代商战中，财务是商战能否获胜的"生命线"，过去有许多公司，产品虽然不错，但最后仍难逃破产厄运，究其原因乃是财务周转困难，或被倒账等。

所以，如何做好财务管理，乃是各个公司必须随时注意的问题，尤其是中小公司的财务方面的规划。

若要健全财务结构，则应以合理的途径取得资金与运用资金，并维持长期利润，使资金能在良性的轨道上循环，这就是我们所说的"开源节流"。

例如，在资金运用上能做到减少现金量的需求，加速账款流通；缩短收账时间，不要积存过多原料，缩短半成品的制程；成品不要多量化；有效运用机器设备；土地与建筑物不一定要购买等。

动员大军要花很多钱，现代大型商战亦如此。即使是开个小商号，也要不少零碎钱，如水电费、电话费、人事费、材料费、租金、营业税、周转资金、折旧、广告费等，加起来同样是一笔极可观的数目。

财务的一个重要职能，是为决策提供依据，由此可以分析哪些产品投入少、利润高。有的产品，毛利很高，感觉上赚了不少钱。仔细计算，利润远不如某些常态的、不引人注意的产品。

比如房地产市场，从表面看，高档房售价高，差价也大，利润丰厚，卖出1套，等于普通房7套。只有清晰明了的财务计算，才能准确反映两种投入的利润高低。

财务会反映，单一看，高档房利润高，但房子售量少，资金回收慢，而普通住房，适合市场消费能力，出售快，资金回收快。投入高档房的资金，3年才能全部收回，而普通房1年即可收回，3年内运行3次，利润反而高于高档房。

财务也会提醒你，哪些支付太大，要节省，哪些投入还不够（比如广告、业务招待），应加大投资力度。有了财务的反映，你的决策才有依据。

要想做好财务核算，必须学习基本的理财知识。

资金准备、风险的计算、利润的计算，这些都与财务知识搭界，公司老板必须学习和掌握一些基本的财务核算知识，一定要精细和准确。

这一项工作能反映你的资金的运作情况。虽然你可以充分相信你的头脑，但用笔记下各项收入和支出，还是很有必要的，而且以清楚明白为宜。

事业一旦运作，各种费用往往会超出你先前的估算，就须修正你先前计算的利润率。许多老板在创业之初，感觉到业务运转正常，认为是该赚到一笔钱了。但经过财务计算之后，大吃一惊，赚到一点钱，全拖欠在客户手中，甚至严重地影响到事业运转。

准确的财务核算，能使你清楚自己的经营状况和收入。有了财务的明确数据，你才可以正确安排和推进各项事务。可以拖一拖的账款，心中有数，才知如何应对。

在别人眼里，你这才像一个正儿八经做生意的样子。从一开始，就要在行业中树立一个明确的形象，别人才不会忽视你这个新人，为后面打交道奠定基础。

总之，通过财务核算，知道利润情况，才会切实体验到劳动的成就感和压力。

细算利润与成本的关系

从组织机构分析中，不能忽视每一个你要支付工资的人员，从最高执行经理到工人，每个部门，直到销售部中地位最低的人员。增加利润最好的办法不是增加销售量，而是降低成本。不细算利润，走到哪一步算哪一步，是不可能把公司引入良性循环的。每个人都知道的一个公式：利润=销售额−成本，所以对降低成本这个概念，必须记住它和"利润增加"这个术语是可以换用的。因为它使公司的"减数"减小，从而差值增加。

然而在公司老板采取其他一切办法以提高利润时，却常常忽视全面的成本降低计划。事实上，不管经济周期中流动情况如何，在力求提高利润或稳定利润时，成本降低应该是管理层最重要的关注对象之一。公司经理不能等到经济紧张时期才意识到成本降低能既快又有效地提高公司的最终成果。延误成本降低是一种自杀行为。成本降低会吃力不讨好，且大多数人不知从何下手，使很多公司老板望而却步。

有效地降低成本计划包括短期和长期两种方式。短期方式可称之为临时的应急措施，在一个月内就可以完毕，可以分为以下三步。

1. 分析公司的组织机构

组织机构分析的目的是确定公司各个部门怎样合理配置和改编，从而做到不仅降低成本而且又能提高效率和生产率。例如，你的一些经理可能承担太多的责任，而其他一些经理却没有承担足够的责任。对大多数公司来说，组织机构可以做得简单而切实有效，因而组织机构分析1年至少应该重复两次。

组织机构的分析要时刻把握三个重要规则：

（1）控制范围：一个经理主管下属人员数不超过10人，但不少于7人。

（2）合适的汇报层次：最影响利润的部门经理应该直接向公司负责人汇报。

（3）简化管理层次：公司负责人与基层管理部门之间的管理层次数应该保持最低程度。

这些规则看起来很简单，但在大多数公司中常常被忽视，束之高阁。

在行政管理中，部门经理的控制范围必须在7~10人之间。少于7人，部门经理未能充分利用他们的时间和能力；多于10人，部门经理因精力分散、抓面过宽而挂一漏万，反而增加成本。在作业复杂的车间，一个工长能对15个人保持控制，而在作业简单的车间，能保持控制20个或更多的人。

确保部门经理最佳的监督管理人数是重要的，但这些部门经理自己向合适的人汇报也同样的重要。按照第一条规则，即控制范围，一般不超过7~10个部门经理，应该向公司老板直接汇报。而在这7~10个部门经理中，通常应包括销售部门经理、制造部门经理、采购经理、审计主任、劳资关系部门经理等，这里边仍然有1~4个空位，可根据你特殊的经营管理情况确定。相对于多部门公司的总部来说，这些指导原则当然可视作以利润为中心的营运方式。

2. 在组织机构分析后对全部经营管理比率分析

首先你需要从审计主任那里要一组公司最近5年（最好是10年）公司营运的详细数字。这些数字都是最基本的，如：销售量、毛利、销售开支、一般费用和行政管理费用、研究开发费用、债务成本和税前利润等。对每一个数字，你还必须知道这个数字相对于销售量的百分比。下一步是对这些数字做宏观分析，先找出毛利占销售量百分比最高的年份，找出销售成本、一般费用和行政管理费用、研究开发费用和债务成本占销售量最低的年份，以上找出的都是最佳比率，你会发现，这些比率并不是集中在同一年的。

当然，销售量是一个因素，将这些比率都单列出来，假如它发生在同一年，比如是你毛利率最高的一年，你会发现，其他年若用那些最佳比率来算，你的利润就会大幅度提高，从这里吸取的一个教训是：永远没有自满的余地。你的每一年都不是最佳的。如果有可能的话，你还应将你的数据与其他公司相比较，俗话说："不怕不识货，就怕货比货。"接下来的一步就是确定哪种成本是在正常的限度之内，哪种成本占销售量的百分比不必增加了，这就是所谓的微观分析方法。在这一步中，你还应该细分。比如销售成本中你应细分原材料、固定资产损耗、人员工资、一些其他的制造费用等，其他如监督管理费、销售人员工资及佣金、仓库老板工资、福利待遇、固定开支、差旅费和招待费等，分门别类。应该想方设法将这些费用降低。这里反复强调的是，增加利润最好的办法不是增加销售量，而是降低成本。成本降低之时，就没有必要采用应收账款或库存量的形式增加营运资金而形成新的债务资金。请记住：销售是要花钱的，而成本降低不花钱。

3. 在1月之久的临时性成本降低计划中，剩下的时间花在工作抽样上

工作抽样可简化为最简单的形式，即一种任意抽样法，通过观察和应用数学概率，得到有关人员活动和机器的真实情况。工作抽样是对工厂内或公司内不同工位的活动频率和效率进行抽样，可明显地反映出工人和机器两者的生产率以及低效率的程度。

对于成本降低而言，工作抽样是最有效、最实际、最科学的方法之一。它是既合理又迅速地精简不必要人员的最好工具，也是比较省钱并能避免付出昂贵代价的一种方法。另外，它还可以替代工作标准，并能对现有标准系统和设备利用率做总的评估。

工作抽样是以一个工作抽样观察员进入车间或办公室的一个特定部位观察特定职能而开始的。该观察员记录每个人在做什么，他们做事的速度，每台机器或每个职能发生了什么。这些观察是任意的，可进行几百次，绝对没有固定的时间进度表。

在进行工作抽样操作之前，使该操作尽可能地直接和非复杂化是十分重要的。应该明白，工作抽样仅仅是为了确定工作要素与完成一个项目所需全部时间之间关系进行任意观察的一种方法。凭借这些任意观察结果，公司可探知操作者或机器在安装、操作、维修保养、延迟或在休息方面所花的时间以及操作者的工作节奏。

工作抽样操作必须安排公司内部具有工作抽样经验的雇员，或者是外部的、在这方面有能力的咨询专家。公司自己应该有专家的指导，与此同时，公司老板还必须对工作抽样法的逻辑有一般的了解。

为了在30天内的最初阶段完成工作抽样过程，必须马上开始进行工作抽样。事实上，组织机构分析以后的那个星期一，公司必须和工作抽样专家坐下来讨论工作抽样过程和时间表。对负责工作抽样的专业人员来说，起码要花费1周时间取得所需的雇员和机器数据以及向有关雇员解释抽样过程。这样大约留下3周时间进行工作抽样的实际操作。工作抽样操作也可以和改组及比率分析同时进行。

进行工作抽样仅以正常的连续标准计划中的一小部分为代价，但能提供有关公司管理三个重要方面的宝贵信息：雇员工作时间百分比；雇员工作速率；机器利用率。

换句话说，通过工作抽样，对车间或办公室的效率以及各种设备的利用水平能作出可靠的判断。

任何工作抽样研究的目标是提高效率，提高生产力和消除过剩现象。通过工作抽样，公司老板能对机器和人员的利用率作出评估，明智地降低成本，确定和维持起码是临时性的工作标准。通过抽样，公司老板可以确定他的公司哪些工作点的人太多。

随着工作抽样的完成，公司老板的"大有作为的1个月"也就该结束了。通过三个步骤，即组织机构分析、比率分析和工作抽样，公司老板可会降低人员费用10%~20%，当然这只是临时性的应急措施，下一步要求更加深入的程度，需大半年才能完成，进行下一步更有价值的成本降低计划，会实实在在地增加利润。

第16章

谈大生意，赚大钱，做大事

公司发展壮大后，每天都要谈生意，谈不成生意，就做不好生意。谈判高手能靠一根既软又硬的舌头打败对手，从对手嘴里掏出利益；否则就会拱手把利益让给别人，别人得了西瓜，你只捡了芝麻。

准备好了，再上阵

一个真正的生意人应该从"细枝末节"开始，做好"战斗"前的准备工作。经营公司，必须面临谈生意的考验。怎样做好谈生意的准备工作呢？

1. 要有不动摇的信心

谈生意不能乱谈、瞎谈，必须要把前期准备工作做得踏踏实实，才能上阵作战。这叫不打无准备之战！很多人谈不成生意，就是因为准备工作不足，而遭受挫折和失败。为了防止这种现象的发生，一个真正的谈判者应该从"细枝末节"开始，做好"战斗"前的准备工作。

谈生意不亚于一场战争，受士气影响极大，因为士气可以决定整场战争的胜负，谈生意亦如此。谈生意必须保持良好的心境，要有充分的心理准备。战争的胜负往往只是在最初的5分钟之内就能决定，而一天的情绪则受早上起床时心情的影响。因此，必须在一天刚刚开始的早上，努力调整好自己的心情。

首先，应该注意保持心情愉快，早上刚起床，你也许正好遇到刮风下雨的坏天气，凡事都往好的一面着想，如："下雨算不了什么，重要的是我今天一定要去拜访他……今天一定要谈成功！"要对谈生意充满自信和骄傲。

其次，若要使自己充满自信，不妨多想想以前谈成功的生意，客户对你的赞美与感谢，自己受到嘉奖时的荣耀，等等。而在谈生意之前一定要有"我会带给他利益"的骄傲——即战略上蔑视，而战术上重视。此外，要使自己充满自信与骄傲，坚定的意志则是必不可少的。

2. 装饰外表

俗语说：佛要金装，人要衣装。服装对生意人也同样重要。应当注意以下两点。

第一，服装要整齐。一般谈生意的人很少穿公司制服去拜访客户。但客户来访，必须穿制服接待。不论制服也好，便服也好，总之应该整洁大方，不能邋邋遢遢，不修边幅。必须注意衬衫的领子、袖口是否干净，裤缝是否挺直也很重要。鞋子也应千万注意保持光亮。袜子也不可不小心，有人穿着松松垮垮的袜子，都落到脚跟上了，实在是不雅观。

第二，注意个人卫生。除服装必须整洁外，还应该注意自身的清洁。头发一定要整齐，不要披头散发或满发油光与人交谈。肩头上布满头皮屑也叫人不敢恭维。此外，奇形怪状的发式也令人反感。指甲应经常修剪，指甲缝要注意清理。手帕看似不算什么，但也影响到他人对你的印象，应当每天换洗。

3. 准备好文件及样品

离开公司或家门之前，一定要慎重检查一下东西是否齐全了。当然，业务不同，谈生意内容也有差异，必带物品也有很大出入，以下仅供参考。

（1）必备品。主要有：手帕、手表、钱包、钢笔、名片、眼镜、笔记本、钥匙、打火机，工作证、驾驶执照等必要证件。

（2）公文包中物品。业务员的公文包中，必须放一些业务必需的物品，如：样品、文件、介绍信、产品说明书、价目表、发票及收据、计算器、印章、印泥、街道地图、小包卫生纸、零钱及给对方的赠品等。

4. 巧递名片

第一次访问客户，一定要交换名片。即使在预约的电话中已经通过话，彼此也已通名报姓了，还是应当交换名片。且这应该讲究一定的规矩，有一定的礼数。

（1）递出名片的方法。名片不能放在桌子上，或者放在桌上推出去，这样是很不礼貌的。名片应该自下而上递出，递出时名片的正面要正对着对方。名片递出时也不要上下、左右摇晃。递出的同时，自报一下姓名，如果对方叫不出你的名字，那是很尴尬的。

（2）接受名片的方法。对方向你递出名片时，尽可能用双手去接，不要随随便便用两根手指一挟了事，态度应该谦恭、有礼、诚恳。如果对方的名字中有不认识的字，不妨直率地询问对方读法，不必觉得不好意思。接过名片以后也不要随手放在哪个地方，应该迅速看清内容，再收入口袋里。

（3）注意保存名片。不管对方或自己的名片，都应该注意保存好。自己的名片，应该每天带好，可以多准备几张，放在西装、衬衫口袋等立刻能拿到的地方，免得到时手忙脚乱，乱翻一气，找不到时只好讪讪地向对方说："对不起，名片刚好用完了。"

（4）名片可做话题。互相交换的名片中，往往隐藏着一些可以用来交谈的材料，双方可以就此展开交谈。

5. 注意自己的风度

风度同服装一样都是表面的东西，但重要性是相同的。

首先，应该保持正确的礼仪。应当注意：

（1）和女性、长辈握手时，应等对方先伸出手，不可贸然采取主动。如果对方不愿握手，就不要勉强。握手时态度要热情一些，但不可过火。

（2）不握手可用点头来表示敬意。这时要微微含笑，但不要嬉皮笑脸，让人误解。态度应当庄重温和，彬彬有礼。

（3）互致敬意时，不要把双手插在口袋里或双手叉腰，双手应该置于身体两侧或交叉腹前。

其次，注意你的形象：

（1）入座时应礼貌地点点头，表示谢意，然后平稳地坐好。

（2）坐姿应该注意。不要弯背曲腰，像个大虾米；也不要跷起二郎腿，或两腿叉开太大。虽不必像古人云"坐如钟"那样严格，但也要讲究点分寸，不要过于放松自己。

初逢对手，态度不要过于亲昵或大大咧咧，应当保持一定距离，庄重有礼。

6. 注重礼节

谈生意时，温文尔雅、彬彬有礼是非常重要的。

如果在对方的接待室谈生意，要坐在靠门的地方等候。在对方到达之前，不要吸烟、喝茶。对方到达以后，如果对方不抽烟，即使有烟灰缸也不要抽烟。对接待人员要表示谢意，但不要马上端过茶来喝，等对方请你用茶时，再喝也不迟。接待人员给你送来毛巾，只能拿毛巾轻轻擦拭额头和手，用过以后轻轻折好放下。

有一些人的习惯性动作和举止，自己习以为常，而对方却容易误会，从而使谈生意进行得不愉快。小王是某公司的业务员，有一次去推销化妆品，客户看过样品之后问："这种化妆品比其他化妆品有什么显著优点吗？"小王习惯性地去搔头，客户一见，以为小王本身也未必知道这种化妆品的优点，显然对它也没有什么信心，于是就打消了想买的念头。搔头皮、摸鼻子、摸下巴、揪耳朵、擦脑门、搓手、双手抱胸、跷二郎腿、颤脚、擦鼻涕，都是在不自觉中做出来的动作，自己当然无所谓，而在客户看来，则别有意味了，应该时刻注意。

在对方家中时，对其家人要有礼貌，不要东张西望，问东问西。如在公司外的某个场所约会，要注意不要把谈生意搞成宴会。席间也不要喝太多的酒，更不能强迫对方也一同喝酒。

刚与对手见面时，必定要说几句客套话，虽是客套，可也非常重要，值得注意。这数分钟的寒暄，有助于气氛的融洽、有助于谈生意正题气氛的营造。

在寒暄阶段，对人都要尊称"您"，无论男女，无论年纪大小，都不要直呼"你"。见到对方应客气而适度地问候"您好！""您早！""打扰您了！"但也不可过于客气，使人毛骨悚然，浑身不自在。

第一次访问，应该注意：

（1）不能太过于豪放，不拘小节。初次见面，人生地疏，如果偏偏表现得像老友重逢，实在让人受不了。亲疏之别是不能忽视的。李某是一名推销人员，初到某地，见到自己的客户，热情异常，与其称兄道弟，还大拍对方的肩膀，并表示要与客户下馆子，其结果是客户心里讨厌，最后溜之大吉。

（2）见面后要简洁地自我介绍，如"我是××公司的××，是和您昨天约好的。"不要废话太多不给对方插言的机会。女职员在拜访客户时也要庄重大方，不要忸怩作态，让人难受。

（3）第一次拜访如果碰巧未遇上对方，应该立刻要求对方秘书给个回话，约好下一次谈生意的时间和地点，或请对方适时给你打电话预约下次的时间，不要"空手而回"。

应该注意的是，有些生意人因为不是第一次拜访某人而大意起来，举止、行为、礼节也不那么讲究了，语言也粗俗起来，这是非常不应该的。

靠火眼金睛侦察对方的"线索"

作为一个谈生意者，在任何交际中你都得敏锐地觉察非语言暗示的含义。

如果你是一个善谈生意的高手，心里面有做大公司的意图，那么就要靠火眼金睛侦察对方的"线索"。

当你最终走到谈生意的桌前时，你就得对自己要求严格点了，不仅要认真倾听对方的话，还要认真地把思想集中在事态的发展上，如果是这样的话，你就能更多地了解对方的感觉、动机和真实需要了。当然，专心倾听不仅要听懂对方说些什么，而且要发现有哪些话没有说出来。人们是不愿开门见山直截了当的，但也有人不愿拐弯抹角、躲躲闪闪和有意捏造。

你是否有一双侦察对方线索的火眼金睛呢？近年来，对线索的研究和解释已经很流行了，因为一个线索就等于一封间接发来的电讯，它的意思可能要比直接信息更晦涩一些，所以需要破译。

假设你想向你的老板兜售一个合理化建议，在你开始解释时，你看到老板两眼盯着窗外的一根电线杆，这个暗示本身也没什么意义。你继续往下说，这时老板仰到椅背上，双手构成一个尖塔形，他眯缝着眼睛看着你，这又是一个线索。把它跟第一个暗示连起来可能就有意义了。尽管如此，你还在继续往下讲，老板开始用他的手指关节叩打桌子，这又是一个线索，跟前面两个暗示构成一个图形。

这时老板站起身，用一只胳膊搂住你的肩膀，开始把你往门口推，这又是一个暗示。如果你中途觉醒了，这个暗示意图就明显可见了。你已到了门口了，老板的眼神是迟钝的，他向你点头再见。如果你能察言观色的话，你应该明白这是怎么一回事了吧。而从头到尾，你获得这一信息只是通过一些线索的暗示得到的。

谈生意线索一般大致分为三类：

（1）无意露出的线索，即对方的行为或语言无意中露出的信息。

（2）言语线索，即声调和语气发出的一种跟所说的话有矛盾的信息。

（3）行为线索，即身体表达的语言，如身体姿势、面部表情、视线、手势、座位的地方、谁轻轻推了谁一下，谁在谁的肩膀上拍了一下，等等。

我们生活在一个非语言信号不断地发射和接收的世界里。我们大家自婴儿时代就学会了不用语言来向别人表达自己的需要了。这个本能被我们保留下来，表现如挑眉毛、眨眼、触摸、皱眉头以及交谈时不愿盯着对方的眼睛瞅等。这些都是暗示，它们给了我们线索，让我们去抓住事情的变化和本来面目。

现在人们对非语言信息——即线索的表现和释义十分热衷。关于这一主题的出版物也越来越多,权威人士还给它赋予正统性,称其为"人的空间运动学",专门研究空间和人在空间的运动。这种无声语言在谈生意中的价值肯定是有的,大部分身体语言传达的意思是明显的。

(1)作为一个谈生意者,在任何交际中你都得敏锐地觉察非语言暗示的含义,甚至圣保罗也告诫人们:"笔能杀人,而精神给人以生命。"所以在谈生意期间应迫使自己向后站,这样你就能用你的"第三只耳朵"听和用你的"第三只眼睛"看了。

这种向后站的态度就能使你听到对方固有的非语言环境里的意思,使你看到全貌。在谈生意中,线索是有意义的,它是一簇意思中的一部分,还同时指明运动的方向。虽然说孤立地解释一个举动是白费时间,但对真正含意的敏锐觉察是很重要的。

(2)通过观察对方的让步行为,常常能获得谈生意所需要的关键信息——真正极限。

真正极限,即对方为达成协议准备做好的最大牺牲,换句话说,就是卖方的最低售价和买方的最高出价。

假设我跟你谈生意,想购买一套昂贵的立体声设备,我的预算支出是1 500美元。因为你卖的是新产品,你想看看顾客对这种复杂的新工艺技术的反应,所以你尽量要多卖钱。

如果我的第一次出价是1 000美元,第二次出价是1 400美元,那么你可能认为我实际上会付1 600美元、1 800美元、甚至3 000美元。为什么?因为我从1 000美元到1 400美元上涨的幅度太大了。

这时,即使我发誓我只有1 500美元,而且这是真实的,但是处在明显的竞争交易中,你是不会相信的。这一点确凿无疑。人们倾向于不相信对方的声音,经验告诉我们,让步行为的增额乃是真正权限的最精确的气压表。

学会 "蚕食" 对手的优势

谈大生意者，就要学会 "蚕食" 对手的优势。法国人认为只有在原则一致的时候才能达成协议。美国人则比较倾向一件一件地谈，之后获得最终解决。两种方法各有所长。你怎么开始会导致你如何收场。

蚕食谈生意的基础是逐步确立双方的利益，培养大家对整个事件的共识，了解对方的需求和优先顺序。这样一步一步地进行，细心发现双方都想回避的危险区域。如果材料准备得很周全，双方的差距不是很大的时候，用这种谈生意策略极易收效。

所谓原则一致，是指先建立逻辑框架，涉及具体事项的冲突，可依据整体结构次第解决或是用利益交换。所以谈生意的关键是整体框架结构的建立而不是一隅的得失。

一般人比较喜欢运用两种谈生意手段的策略，即先建立原则架构，以便整理思路，再确认双方共同重视的课题，并不大欣赏整体框架结构，宁愿把时间花在澄清双方观点上。就这一点来说，大部分人倾向支持以蚕食策略为基础的谈生意，理由包括以下几项：

（1）人们比较喜欢逐渐获得满足、最后大功告成的程序。

（2）蚕食政策可以暴露个人的性格以及不同需求的主次关系。

（3）在倾听对方陈述的过程中，可以发现对方权力范围的弱点。

（4）在逐项讨论之中，可以允许一个人以高姿态从容撤退；同时，也能满足上级对他的期望。

在正式的协议未签之前什么都不算数。即使是原则同意也不代表细节会过关，反之亦然。有的人在大处已无分歧时就以为谈生意已经成功了，事实上只要有一个细节没注意到，说不定就会空欢喜一场。在谈生意中，各环节的相加并不等于整体。在最终敲定之前，仍有功亏一篑的情况。

让对方能闻到一点甜味

对于谈大生意的人而言，要会让对方闻到一点甜味！

在谈生意中，一方接受对方给予的条件，同意签订协议，那么他必须对谈生意取得的成果有满足感，这样他才会答应签订协议。这种满足感首先是物质利益的满足，这是谈生意活动的中心内容。如果一方认为成交会明显损害他的物质利益，那么他无论如何也不会妥协就范。另外，谈生意者自我尊严、自我尊崇的满足，也与他在取得物质利益的成功方面息息相关。所以，在谈生意中，要想早日成交，顺利达成协议，一定要注意，你要让对方感到获益匪浅。

那么，怎样让对方感到获益匪浅呢？你必须做到以下几点。

1. 把利益摆在明处，把好处留给对方

在谈生意过程中，谈生意人员不仅要对自己的利益了如指掌，千方百计地进行维护，更重要的是明白自己所提的条件能给对方带来哪些好处，有哪些利益，并且尽可能地把己方的条件给对方带来的好处清晰地列出来。如果你只是笼统地说："我方产品投入使用后会带来重大的经济利益。""我们的产品质量上乘、服务一流、物美价廉。"像这样苍白无力的话语在谈生意桌上是没有分量的。因为即使是一般的人对这种套语也已经习以为常了，至于精明老道的谈生意人员更是对之不屑一顾。但是如果你把具体的利益罗列出来，向对方明示，那么效果肯定会不一样了，例如："我们的产品采用××国际质量标准，经国家××质量体系认证，被消费者协会推荐为消费者信得过产品。""本公司产品售后服务投诉率为零。""该产品投入使用后，经测算，第一年即可收回全部投资，第二年即可获利50万元。"

作为买方，则可以把与卖方有竞争能力的一些竞争者的情况告诉卖方，重点说明，哪些产品的质量比他好，价格比他低，或哪家提供的优惠条件比他好，而买方所提条件对卖方来说已经具有一定的经济利益了，切不可因贪大利而失全局。

在你明确了己方所提条件对对方的好处和利益后，对方就会更加容易接受你的观点，从而顺利达成协议。

2. 从对方的角度出发

在谈生意过程中，要设身处地地为对方着想一二，站在对方的角度上，实事求是地、有根据地谈些问题，使对方产生一种亲切的感觉。其间，谈生意人员也可以把对方的利益跟本方的利益结合起来谈，探讨双方共同解决问题的途径，寻求双方都能接受的观点。这样，对方对你的观点也就比较容易接受。实践证明，这是一种十分有效的谈生意方法。

3. 取得他人的信任

想让对方感到获益匪浅并不是一件容易的事，因为对方有自己的利益和价值观，你所谈的观点对方能否接受，要由对方根据自己的实际情况进行判断，而并非人云亦云。

所以，要使对方感到获益匪浅，首先要取得对方的信任，使对方相信你所说的话，理解你友好的观点和动机，双方才会形成和谐友好的气氛。

使对方感到满足，在某种程度上决定着一次谈生意的成功与否，一般来说，有下列三个指标衡量：

（1）预定目标是否通过谈生意得到满足。

（2）谈生意的效益是否合适。

（3）谈生意者的尊严是否得到满足。

报盘上可大做文章

谈生意，重要的是设计报盘结构。例如确立你的最高目标，即你可以达到的最大利益；你的最低目标，即你能达到的最小利益。你还应当将实际谈生意中可能出现的各种有利的、不利的因素都考虑到，留出足够的讨价还价的余地，以便你在必要的时候可以作出一定的让步。

你要考虑究竟怎样报盘才会使你获得主动并实现你的经济利益。要做到这一点，首先你自己心里先得有个底，即在全面了解本方情况和对方情况的基础上，对各种数据和材料进行分析研究。这样，你所规划的报价幅度才能合理，否则，就不免会带有一些盲目。

报盘结构的顺序安排可以视情况不同有以下形式：先易后难，先甜后苦，给困难问题的讨论打下基础；先难后易，先苦后甜；混合型。无论什么方式，都应根据实际情况来定。

一点点向对方提出要求，直到取得优惠条件为止。正如你想得到一根香肠，而你的对手把它抓得正牢。这时，你不用去抢，你可以要求他先给你一点点，对方可能并不在意，然后你再向他要一点，然后再要，用不了多长时间，整根香肠就非你莫属了。

1．设计好报盘结构的前提是全面、详细地掌握信息

在这方面，有位股票投机者为我们作出了榜样，他能从哪怕是一个公司董事长的咳嗽声中看出股票行情是否"感冒"。

你得了解对方的经营能力、需求数额，甚至政治背景。你要依靠你的推销人员、采购人员、经销人员、生产人员、财会人员来获得信息，必要的时候，还得采取特殊的技术手段，如化工分析、秘密侦察等。在谈生意之前，先建立你自己的网络系统。一个优秀的谈生意人员应当善于充分利用一两点比对方更精确、更充分、更及时的情报，善于组织专门人员不断向谈生意人员通报，以形成对对方心理的强大压力。

2．设计报盘结构，你的开盘价应当是最高价格

你既可以告诉对方："这种价位是我们希望达到的价位"，也可以说："这个价格已经是最低的了，不能再降了。"这样，你便可以"开最高的价(作为卖方)，出最低的价（作为买方），以震惊对方"，在价格生意中报价要狠，可以"狮子大开口"。

谈生意者都有一种要求得到比他预期得到的多的心理，因此，在报价时你应当为讨价过程留足充分的余地。报价的制订是在开始谈生意之前就已经完成了的，它的意义在于制订价格的上下可调幅度。可以说，开局前制订的报盘价是一个很有效用的交易筹码。"合理"的高报价既是进攻的武器又是防御的盾牌。

3．在你的报盘中，也可以一开始不提出己方的所有要求，而设计在谈生意中一点一点积累上去，最终达到目的

这种报盘设计的运用，就是要求你在订立最高目标的同时，从小处着眼，从最基本、最容易实现的条件开始，一点一滴地去争取。其运用的关键在于耐力和恒心，并且要制订好相应的伪装掩护工作，以防止对方识破你的战略意图。

4．你的报盘结构还可以"虎头蛇尾"

比如，你想购入一批比较紧俏的货物，但卖方不一定卖给你这么多。

那么你可以先给对方来个下马威，在质量、花色品种、包装、运输条件等方面提出尽可能苛刻的条件，然后，逐步让步，在卖方比较满意的情况下，适时提出自己增加购买量的要求。在对方满意心理、占便宜心理作祟的情况下，一般可以实现自己的目的。

5. 报盘方案应与生意性质一致

所设计的报盘方案，应当与你将要进行的谈生意的性质相一致，也只有这样，才能发挥它的效用。

此外，还有几个技术问题：

（1）选好你的报盘时机。

（2）报盘是双方的事，你既要寻求本方的最高利益，同时必须兼顾对方能够接受的可能性。

（3）应尽快摸准对方的意图，并设法找到己方报价欲得利益与对方接受可能性之间的最佳契合点，制订报盘最佳方案。

（4）报盘计划中包容多个事先规划过的调整方案。

把底线当防线

在谈生意中，谈生意双方都有自己的底线。处理好对方的底线策略就能在竞争存在的同时做成买卖。底线是谈生意的王牌，不可轻易展示。底线是不能丢的谈判王牌。

什么是底线？打个简单的比方说，我身上只有10块钱，这10块钱就是我的底线。

在谈生意中，谈生意双方都有自己的底线。如买方只肯出多少钱，这个数目就是他的底线。而卖方必须至少多少钱才肯卖，这个数目也就是他的底线。

在谈生意中，底线策略是适用的。它是一种简单而有效且符合道德规范的方法。如果有经验的买主正确使用这一策略，结果就会使双方都受益。

什么叫底线策略呢？为了简明起见，我们用下面的一个例子来说明。比如，有一位房主整修他家后院的园艺和栅栏。由于后院的布局非常特殊，这一项工作显得相对复杂。

他找到当地的一个园艺装修队，对方开价35 000元。无论从哪方面看，这个要价都是很合理的。尽管如此，房主仍嫌这笔开支太大，他只想出2万元。房主想方设法让装修队认为他的资金短缺。

面对这种情景，精明的装修队并没跟他讨价还价，他们作出的反应是一边建议房主考虑修改提议，同时，他们还向房主演示可能的其他装修方式。这样，房主从演示中了解到他从来没有想到过的事情，诸如建栅栏、铺电线、砌砖墙、造小瀑布等，从而使房主对他所购买的服务有了更好的认识，他在出价时也比原来心服口服了，从而使这笔交易得以达成。

有谈生意专家建议，当你购买某一比较复杂的产品或服务时，你应该无一例外地考虑使用底线策略。

底线策略为什么会奏效呢？原因是卖主会力求做成这笔交易。当买方说："我想买你的产品，可我只有这么多钱"时，卖主的反应往往是肯定的、友好的，他们会认真考虑买方所存在的问题，并力图解决问题，促成交易。这样，谈生意就会从双方竞争转变为双方合作。卖方会对买方表示理解，他会重新看待买方的实际需要。同时，卖方也发现原来报价中有些项目可以省去，有的可以变更，剩下的可以由买方来调整，以符合开支计划。买卖双方互相帮助，达到共同目标。

底线策略之所以有效，部分原因是它利用了卖方的自负心理——人总是愿意帮助需要帮助的人。而底线策略正好给卖方一个绝好的机会，让他显示自己的商业知识和对别人的关心。买方使用底线策略未必能最终取得低价，但买方能学到很多有关产品的知识，提高谈生意的水平。运用底线策略，你会发现谈生意其实并不太难。

不要随便使用底线策略，尽管它很有效。你必须懂得正确的使用办法。

当我们已充分了解了底线策略的卓越成效后，该如何正当而准确去实施它呢，尤其对卖方来讲？

当买方使用底线策略时，卖方就应该考虑采取以下措施。

（1）检验对方的声明，因为大部分开支计划是可变的。

（2）在谈生意之前准备好用第二交易方式，包括产品设计、发货方式、价目表等。

（3）如果我方一时没有针对对方策略的措施，就应向对方争取时间，研究问题之所在。

（4）查明对方的真正决策者，对方是否作出决定，要买什么样的产品。

（5）改变付款的方式和时间。买方可能现在资金短缺，但以后会有钱的。对方也许只是想拖延时间，比如在过节之后付款。

（6）查明对方谁是掌握财政大权的。

（7）让对方也参与解决他自己制造的难题。

只要你事先做好准备，你就能把对方用底线策略制造的难题转变为机遇，你就能在卖给对方符合需要的产品的同时创造出比预计更多的利润。成功的秘诀在于谈生意之前问自己："要是对方使用底线策略我该怎么办？"

处理好对方的底线策略就能在竞争存在的同时做成买卖。

买方的底线策略原则是："我想买你的东西，可我只有这么多钱。"卖方的对应策略应该是："我也想把东西卖给你，但在此之前我们应先解决几个简单的问题。以下的卖方底线策略符合上述交易要求。

（1）最低定价是××元。

（2）你在买××号的同时必须买一些××号。

（3）这台机器只有两年的保修期。

（4）我们同意你们要求的这一价格，条件是6个月内交货。

（5）除非你们把所有的订单交给我们，否则我们不能满足你们的要求。

（6）成交的条件是你们先预付××元预付款。

（7）这件事我们可以做到，条件是你们重新设计产品以符合我们的生产流水线。

务必牢记：底线策略，慎之又慎！谈生意的最有利时机是最有效地控制了底线。切忌暴露底线，防止对手从此突破你的防守。因此，底线是谈生意的王牌，不可轻易展示。切记！

该让步，就要让步

谈生意要懂得让步。经济学家德梅奇·尼纳斯说，股票市场的奥妙在于一般人会不会相信一般人会有的反应、会采取的动作。德梅奇·尼纳斯去世时，家财万贯，不过，运用同样理论的人，也有倾家荡产的。

买方对卖方所做让步会有怎样的反应，主要在于让步的情况。如果让步的幅度一下子很大，未见得能让买方完全满意，反而会使对方提出更进一步的要求。总之，我们所说的话、所表现的行为都有可能影响对方的语言、行为，反之亦然，这是一种连锁性反应。

以上的道理给了我们怎样的启示呢？身为卖方，你必须想清楚，你所做的任何让步，都可能影响买方的想法和决定，因此，卖方在作出让步之前，应当先自问："如果我做此让步，那我下一步该怎么办？还有，对方会采取什么行动呢？"这样的话，就可以帮助你从对方的角度分析让步可能造成的后果。

实际上，作出让步又无损成本和服务品质的谈生意策略，并不像想象中的那么困难。

假如你是个业务员，你的上司指示你在与客户谈生意时，不能作出任何让步，同时还要你尽可能做到让客户满意的程度。这项指示乍听之下，简直是天方夜谭，但是真正做起来，也并非不能。

以下这些方法，你可以一试：

（1）专心聆听对方的谈话。

（2）尽可能向对方提供合理的解释。

（3）你所说的话，要能够得到证明。

（4）尽量拉长谈话的时间，别怕谈话内容重复。

（5）对客户礼貌周到，态度良好。

（6）让客户意识到，他所受的待遇是很高的礼遇。

（7）反复不断地向客户说明，他绝对可以信赖这笔生意所提供的永久保证。

（8）向客户解释，为什么其他买主也做了同样的选择。

（9）让客户自己查明某些事情。

（10）如果日后有任何事情需要处理，你绝对负责到底。

（11）要你们公司的主管出面向客户提供有关商品及服务品质方面的保证。

（12）向客户提供这些商品或市场的情报资讯。

在《威尼斯商人》一剧中，莎士比亚曾写道："一分代价，一分满意。"的确，恰到好处的让步确实有助于提升客户对你的满意程度，而且，这样又没有给卖方造成任何损失，也不至于完全做不到，对吗？

到底有没有所谓"理想的让步模式"呢？从资料上看，也可以找出一些佐证。下面几点值得注意：

（1）提出极少条件的买家要比完全不提条件的买家，来得有利。

（2）假若买家出手阔绰、大举让步，这会刺激卖方对谈生意的期望值。

（3）假若卖方对谈生意期望不高，那实际结果也会如此。

（4）每次以小幅度让步的人，较为有利。

（5）在主要议题上率先作出让步的人，八成会是输家。

（6）最后期限会迫使双方不得不迅速作出决定，达成协议。

（7）仓促地谈生意，对买卖双方都不是好事。

（8）在谈生意中，你作出了一项最大的让步，你便占不到便宜。

（9）给自己留够谈生意空间。如果你是卖方，尽可把售价提高；如果你是买方，尽可把开价压低。但是事先应替自己想好"定价"的理由。

（10）先让对方提出要求，把他的要求放到桌面上，至于自己的条件暂且不表露。

（11）促使对方先在主要议题上作出让步，而你则先在次要议题上作些让步。

（12）尽可能满足对方提出的要求。谁也不愿意一无所获、全盘皆输。

（13）不要过早作出让步，因为让对方等待的时间愈长，他就会愈珍惜。

（14）不要报复性地让步。如果对方出价60元，你出40元，对方说："咱们把差价分了吧！"你完全可以回答："我负担不起。"

（15）每次让步，必须有所得。

（16）看清没有损失的话，可以让步。

（17）记住："我会考虑"也是一种让步。

（18）搞不到一顿晚饭，搞到一个三明治也好；搞不到一个三明治，搞到一句承诺也行。承诺是打了折扣的让步。

（19）不要拿钱开玩笑，每个让步都有可能损失掉一大笔钱。

（20）很多人都有不好意思开口说不的短处。事实上，如果你不断地说不，别人就会相信你是认真的。

（21）不要因让步而乱了阵脚。

（22）已经作出的让步还是可以收回成命的，毕竟谈生意最后所达成的协议才是结果，而非中途的一点共识。

（23）不要让步太早或太甚，这样会助长对方的气焰，因此，要特别小心你让步的数量、比例，以及转变的程度。

走"双赢共胜"之路，在合作谈判中作出让步时应注意什么问题呢？一是时机，二是方式。

让步的时机要掌握得恰到好处。不要太早，太早可能不但解决不了问题，而且会逼迫你再行让步；不要太晚，太晚可能会丧失成功的机会，成了马后炮。

有一次，一家美国公司与一家日本商社谈判，内容包括两个方面：一是继电器，二是晶体管集成电路技术。由于双方分歧较大，谈判被迫中止，日本商人准备次日回日本。不料，美方当晚由总经理出面设宴，招待日方商社社长，试图挽回局面。由于日方对继电器问题态度强硬，而美方出于己身利益的考虑，决定在此问题上作出一定让步，一则缓和气氛，打破谈判僵局，二是鼓起日方的积极性，留住日方，使日方在晶体管集成电路技术方面作出一定让步，一鼓作气将两个问题全部谈成。这一招果然成功，在宴会上，双方领导人经过谈判顺利地实现了以上两个目标，达到了商谈目的。

由此可见，把握谈判让步时机极其重要，如果美方过早让步，日方会认为美方"底气不足"，就不会在晶体管集成电路问题上作出让步；如果美方坚持不让步，第二天日商一回国，两笔生意会全部"泡汤"。

除了把握时机，在让步方式上也有许多问题需要注意：

（1）每次让步后，要求对方也作出让步。

（2）不要以让步讨好对方，否则会陷于被动。

（3）要记录让步，做到心中有数；要对方也心中有数，以求对等公平。

（4）不要毫无异议地接受对方要你让步的要求，即使想让步，也得耗上一些时间，因为人们往往对不劳而获的东西不加珍惜。

（5）最后你还可以作出一些无损失甚至有意的让步。如尽可能向对方提供应该提供的有关资料；对于对方合理的要求，尽量保证："我会尽力满足你的要求！"等，这样会使合作伙伴在心理上、感情上得到满足。

第17章

靠勤可小富，靠人致大富

　　一个缺乏人才的公司，只能打肿脸充胖子，靠小技巧与人争天下。公司要发展，必须要御人到位，没有人才的保障，就不可能一步一步把公司发展壮大，因为智力是公司做大的动力源泉。这就要求公司老板能认真对待每一个员工，让他们有盼头有干劲，争当"高、精、尖"。因此，人才济济，是公司发展壮大必须选择的道路。

识人才能用人

　　人才犹如冰山，浮于水面者仅30％，沉于水底者达70％。人才也是常人，只是比常人多了一些专长和技术。要做大公司，必须有一帮好手，保证有足够的人力资源才行。在你创办公司时，手下可能就有了一批不错的人，但并不能全部了解，还得有一个认识和了解的过程，这就要求先把好脉，再对号入座。

　　不了解一个人，就不能用好一个人。这句话对任何一个老板而言，都是真理。唯其如此，才能力戒盲目用人。因此，现代公司中流行"识人才能用人"的口号。

　　怎样才能识人？其先决条件在于能公正无私，一视同仁；老板必须具备如此胸襟，方能发掘真正人才。

　　归纳识人之难原因，首先，是主观障碍：好恶爱憎囿于个人心理偏见与成见，此即心理学上之晕轮效应。评价者对被评价者一两种品质具有良好印象时，便对所有品质都评价高，反之亦然。因此，憎者唯见其恶，爱者唯见其善。孟子说："人莫知其子之恶，人莫知其苗之硕。"司马光也讲："心苟倾焉，则物以其类应之，故喜则不见其所可怒，怒则不见其所可喜；爱则不见其所可恶，恶则不见其所可爱。"唐太宗也说过：故爱憎之间，所宜详慎。若爱而知其恶，憎而知其善，人可去邪勿疑，任贤勿贰。有时老板本身缺乏鉴评他人之能力，或私心自用，忌真才、喜奴才，以求巩固其既得权益，因而埋没人才。受资历、资望、资格、现实问题等因素的限制，人才易被埋没。我们一旦误奸为忠，误恶为善，误愚为智，则必误人误己，败事有余。反之亦两失其平。故欲求知人善任，必先去除上述障蔽，方能奏其功效。

其次，是客观障碍：人不能以科学方法分析试验。所谓"知人知面不知心"。外之所感于物虽同，内有所触于心则异；人之表里未必如一，因人心不同，各如其面；有诸内者，未必形诸外，愿乎外者，未必存乎内。所以孔子曾说："以貌取人，失之子羽；以言取人，失之宰予。"人之学行，因时而易；互有长短，隐显不一；其变化因时因地均各有不同，甚至同一人在同一日情绪亦有所变异，起伏难测，捉摸不定。

决定个人之因素甚多，包括出身、背景、环境、习惯、交友、阶层、职业、生理、动机、愿望等。故身为老板，要知道下层的个性，必须客观了解对方体形、容貌、身世、品德、性格、修养、智能等情况，而加以深切体察，设身处地，了解对方本质及其环境，做合乎情理的评价，万不可先入为主，臆断为事。

要成为一个有远见的老板，必须懂得人是有个性、有特征的。古人指出：用骏马去捕老鼠，不如用猫；饿汉得到宝玉，还不如得到一碗粥。用物、用人，在于得当；使用不当，埋没了宝物、人才，还收不到应有的效果。所以，在管理中应根据人的不同情况而采取不同的办法使用。这方面有许多正确见解，现不妨从另外一个方面举8条识别人才的方法。

（1）不忠者容易动摇，不可让其知道商机。

（2）贪图钱财者容易受引诱，不可让其管理钱财。

（3）重情者容易变换观念，不可让其做决策者。

（4）愚拙者容易被欺骗，不可从事谈判、判断工作。

（5）有德者不看重金钱，不能用物利去引诱他，可以让他管理财政。

（6）勇敢者蔑视困难，不能用艰险去强迫他，可以让他处理紧急事务。

（7）杂乱者容易把事情弄得乱七八糟，不可从事井然有序和长效性的工作。

（8）睿智者通达礼数，明于事理，不能假装诚信去欺骗他，可以让他负责要事。

获得人才，实际有一个爱才、用才的问题，也有一个获才的技巧问题。人才是客观存在的，是众多的，只要你发挥主观能动性，就能认识人才，获得人才。获才是有条件的，不具备条件，人才就难以获得。

（1）慧眼识才：人才并非有三头六臂，和常人并无显著的异处。人才也是常人，只是比常人多了一些专长和技术。认识人才，需要有哲学家的眼睛，辩证的思维，能透过现象看到本质。不能只看相貌、文凭、学历，更不能只看出生、籍贯等。人才的本质是真才实学，没有真才实学就不是人才。

（2）诚心爱才：所谓"诚心"，就是要真心爱才，爱才若命。不是搞花架子，表面上爱才，实际上并不爱，或者不会爱才，不会用才。三国时刘备为什么能请出诸葛亮，就是因为他真心爱才。心诚则灵，刘备三顾茅庐，终于得到诸葛亮辅佐，建立了西蜀大业。

（3）爱才有方：所谓"有方"，就是能够为人才的发展创造良好的生活、工作环境和条件。人才的效能发挥是需要一定环境和条件的。不为人才创造效能发挥的良好环境和条件，不能使人才处在最佳位置，发挥出应有作用，人才虽得，迟早还会失掉。

避短用长

公司发展壮大，用人是关键。但任何人都有长短，用人不能面面俱到，必须避短用长，这样到处都可以发现人才。

用人就要用到位，用不到位，等于误用人才。小材大用，大材小用，都不是理想的用人准则，唯有适才专用，才能使人发挥他的极大能量。事业为本，人才为重。事人相宜是"善任"的重要原则。

公司老板要真正做到"善任"，首先应该从事业的全局出发，充分考虑人才的具体特点，把他放到合适岗位上。假如不把各人的才能用到最能发挥其作用的地方去，那对人才是一个压制，对事业是一种极大的浪费。

每个人的长处和才能各属特定类型，有的擅长分析，有的擅长综合，有的擅长技术，有的擅长管理，有的精通财务，有的善于交际，特定类型的才能应与特定的工作性质相适应。

工作对人的要求不同，才能与职务应该相称。给予他的职务应最能刺激他发挥自己的优势。职务以其所能和工作所需结合而授，即"职以能授"，这样，既不勉为其难，也不无所事事。扬其所能，其工作自然积极，管理效能也必然提高。

当然，有些人的短处，说是缺点并非完全确切，因为它天然就是和某些长处相伴而生的，它是长处的一个侧面。这类"短处"不能简单地用"减去"消除，只能暂时避开，而关键还在于怎么用它。用的得当，"短"亦即长。雷斯林有一段寓言说，某人要刮胡子，却怕剃刀锋利，搜集了一批钝剃刀，结果问题一点也解决不了。

公司老板不仅要熟悉下属的长处，而且还应帮助下属认识自己的长处，使其认识到自己的优势，从而对自己的工作充满信心。老板应该经常向被管理人员提出这样的问题：为了更大地发挥你的作用，你还需要我做些什么？

学会授权

掌握授权这一领导艺术，需要注意的是授权虽然重要，但并不是人人都会授权，授权不当比不授权造成的后果更严重。

公司发展壮大，掌权是个技巧和艺术问题。对掌权者而言，始终把权力捆在自己身上显然是错误的，因为高明的授权法是既要下放一定的权力给部下，又不能给他们以全受重视的感觉；既要大胆信任，又要有一定的牵制。若想成为一名成功的公司老板，就必须深谙此道。

一个成功的公司老板应该懂得"一个人权力的应用在于让他们拥有权力"，正确的授权做法包括以下几项。

（1）授权有根据：公司老板以手谕、备忘录、授权书、委托书等书面形式授权具有三大好处：一是当别人不服时，可借此为证；二是明确了其授权范围后，既限制下级做超越权限的事，又避免下级将其处理范围内的事上交，以请示为由，貌似尊重，实则用麻烦公司老板的办法讨好公司老板；三是避免公司老板将授权之事置于脑后，又去处理其熟悉但并不重要的事。

（2）当众授权：当众授权有利于使其他与被授权者相关的部门和个人清楚，公司老板授予了谁什么权、权力大小和权力范围等，从而避免在今后处理授权范围内的事时出现程序混乱及其他部门和个人"不买账"的现象。

（3）择人授权：即根据下级的能力大小和其他个性特征等区别授权。对于能力相对较强的人，宜多授一些权力，这样既可将事办好，又能锻炼人；但对于能力相对较弱的人，不宜一下子授予重权，否则就可能出现失误。同时，授权时应考虑被授权者的其他个性特征。对于性格外倾性明显者，授权让他解决人事关系及部门之间沟通协调的事容易成功；对于性格内倾性明显者，授权他分析和研究某些问题则容易成功；对于要求作出迅速和灵活反应的工作，授权让多血质和胆汁质的人处理就能成功；对于要求持久、细致严谨的工作，授权让粘液质和抑郁质的人处理就可能效果良好。

（4）授权不授责：组织管理原则中一直有权责对等这一原则，但授权却是例外，即授权后并不要求被授权者承担对等的责任。因为权责对等原则是针对某一职位应该拥有的权力而言的，若没有这一权力，则这一职位就没有必要设立。而授权对于公司老板来说是一种可为也可不为的权力，而不是必须为的义务。在这种情况下，公司老板授权的实质就是请被授权者帮助他办事，是一种委托行为。因此，授权后，当被授权者将事情干得好时，应当给予奖励和表彰；当事情干得不如意时，公司老板应该自己来承担一些责任，而不能将责任完全推给被授权者。

（5）授权稳定：授权后要保持一段时间的稳定，不要稍有偏差就将权收回。如果授予一定权力后立即变更，会产生三个不利：一是等于向其他人宣布了自己在授权上有失误；二是权力收回后，自己负责处理此事的效果如果更差，则更容易产生副作用；三是容易使下级产生公司老板放权却又不放心的感觉，觉得自己并不受公司老板信任，有一种被欺骗感。因此，在授权后一段时间，即使被授权者表现欠佳，也应通过适当指导或创造一些有利条件让人以功补过，不必马上收权。

（6）授权有禁区：尽管从某种角度说，公司老板能够授出的权越多越好，但并不等于说公司老板将所有权都授出去而自己挂了空衔最好。如果这样，公司就没有必要设立公司老板。在授权问题上存在禁区，有的权多授好，有的权少授甚至不授更好。一般来说，授权的禁区有：公司长远规划的批准权，重大人事安排权，公司技术改造和技术进步的发展方向决定权，重要法规制度的决定权，变更及撤销决定权，对公司的重大行动及关键环节执行情况的检查权，对涉及面广或较敏感的情况的奖惩处置权，对其他事关总体性问题的决策权。

为员工喝彩

公司老板如果了解员工的心态，随时给员工以必要的鼓励，那就能达到激励士气，鼓舞人心的效果。

对想发展壮大的公司老板而言，必须学会激励人才。毫无疑问，任何人都是需要激励的。当一个人费尽心力干完一件事后，他希望至少能有人对他说句："嘿，干得不错"。在公司工作的职员，无论他们是老板也好，是一线工作者也好，都希望自己的工作获得肯定——谁也不想自己辛辛苦苦地干了半天，却得不到上司的一点肯定，如果老是得不到肯定的话，员工今后肯定没有了工作的积极性。公司老板如果了解员工的这一心态，并运用这一了解，随时给员工以必要的鼓励，那就能达到激励士气，鼓舞人心的效果。

百利公司的业绩是世人皆知的，他的总经理曹均坚持认为，人是需要鼓励的。在他看来，"人毕竟是人，取胜之心人皆有之，一旦获得成功，人人都渴望得到肯定和奖励。"他是这样想的，也是这样做的——及时给员工以应有的激励。

给人的奖励当然是各不相同的，而曹均所做的，绝不是年终发一个红包或奖励支票那么简单，他认为更重要的是对人的精神上的鼓励。因为这种精神上的鼓励往往能给人带来某种成就感，而成就感对事业达到一定程度的人而言，比钱更重要。

他非常了解如何达到鼓励人心的目的。有一次，他来到百利在英国的分公司，发现那里的技术人员发明了一种新的剃须刀——这个发明非常的好。曹均觉得有必要对这个技术人员进行鼓励，他立即对这个技术人员表达了他的赞赏："这是一个非常好的产品。"当然，如果所有的事只是停留在这一步，那就没什么新意了。为表达他对这个产品的支持，曹均采取了更为实质的鼓励措施，建议英国分公司将用于产品推向市场的资金增加一倍，使这种剃须刀提前一年打入英国市场。

对于一个搞发明的人，还有什么比看到自己的发明更迅速地为人们接受，更快地为人们带来方便，更快地转化为利润更受鼓舞呢？连曹均自己都注意到，在作出以上决定的会议结束后，那个技术人员"就好像从我这儿获得了一张空白支票似的"。

同时，物质激励在很多时候都有立竿见影的作用，因为大多数人工作就是为了自己的物质生活更好。连马克思都曾指出："人们奋斗所争取的一切，都同他们的利益相关。"

物质鼓励不仅可以对个别干得好的员工起到激励的作用，有时将它大规模地使用于整个公司的范围时，更能达到鼓励全体员工上下一心，为公司的前程拼命努力的作用。美国的麦阿密公司就曾用物质鼓励，挽救了人心，挽救了公司。

总之，人是需要不断喝彩、不断地激励的，这种激励可以是实在的物质奖励，也可以是非物质的奖励，究竟用哪一种，就需要公司老板视本公司的具体情况，视被激励人的具体情况而定了。但一定不要吝啬你的掌声，记住，给员工喝彩就是给自己的公司加油！

让员工"亢奋"起来的妙招

要激励员工，就得了解是什么驱使和激发他们要做好工作，你既要了解他们的个人需要，也要为他们提供机会，并真正关心和尊重他们。

凡是真正做得好的公司老板都懂得让员工"亢奋"起来的窍门。

不管承认不承认，所有人的行为在内心里都是被这样一个问题驱使："这事到底对我有什么好处？"因此，要创造积极向上的工作环境，首先就应该聘用那些能自立自强的员工。因为这些员工很容易认识到努力工作会得到相应的回报，事业的成功将是人生最大的满足。

然而不幸的是，公司并非总能找到理想的员工，大多数经理和主管只能接受现有参差不齐的人员。那么关键在于如何想办法来激励和促使这些人的内心日益渴望成功的欲望。当然在此之前，经理和主管必须弄清楚，他们想激励员工哪方面的行为，是降低成本，还是加快工程进度？或是提高顾客的满意度？

目标明确之后，经理和主管就可以为员工出色完成工作提供信息。这些信息包括公司的整体目标及任务，需要专门的部门完成的工作及员工个人必须着重解决的具体问题。坦诚交流不仅能使员工感到他们是参与经营决策的一分子，还能让他们明了经营策略。这些信息不仅要在项目或任务刚开始时提供，在整个工作过程中及项目即将结束之时，也应该源源不断提供给他们。

提供信息交流之后，经理和主管们必须有定期的反馈。正如《一分钟经理和主管》一书作者约纳斯所强调的那样："反馈十分重要，简直是冠军的早餐。"

做实际工作的员工才是该项工作的专家。所以，经理和主管们必须听取员工意见，邀请他们参与制订与其工作相关的决策。

如果把这种坦诚交流和双向信息共享变成经营过程中不可或缺的一部分，激励的作用就更加明显了。因此，公司应当建立便于各方面交流的渠道。员工可以通过这些渠道提问题，诉说关心的事，或者获得问题的答复。公司鼓励员工畅所欲言的方法很多，如员工热线、意见箱、小组讨论、与总裁举办答疑会及"开放政策"等。

坦诚交流最重要的目的之一就是使经理和主管们从员工身上找到激励员工的动力。每个人内心的动机各不相同。因此，奖励出色工作的方法也应因人而异。

《激励超级表现》一书的作者曼德拉补充道："应当表现出对他人的尊重。如果有迹象表明员工喜欢某种对待方式或想做某类工作，你就应该根据情况作出反应"。经理和主管应当了解有哪些工作，即使是在空闲时员工也会去做。帮他们创造机会，让他们有更多机会做这些工作。如果某个业务员一有空就喜欢拜访潜在大客户，那么，就让他接手较大客户项目。这一挑战必会令他振奋不已。

3年前，托利维尔大学的杰阿特院长做过一项调查，让1 500名员工身处各种各样的工作环境，以求找出最有效的工作环境激励因素。研究表明，最有效的激励因素是：当员工出色完成工作时，经理和主管当面表示祝贺。这种祝贺要来得及时，也要说得具体。这种祝贺代表赏识和认可，具有极高的价值。另一种表示赏识的方法，就是经常与手下员工保持联系。"跟你闲聊，我投入的是最宝贵的资产：时间。" 杰阿特说："这样，便突出了咱们关系的重要性，表明我很关心你的工作。"经常联系，也会使员工一有重要问题就找经理和主管谈，向经理和主管寻求帮助。

如果不宜亲自表示赏识，经理和主管们应该写张便条，赞扬员工的良好表现。书面形式的祝贺能让员工看得见经理和主管的赏识，那份"美滋滋的感觉"也会持久一些。

单是一对一的表扬就相当鼓舞人心了，因此一点不奇怪，公开表彰会进一步加速激发员工渴求成功的欲望。经理和主管应该当众表扬员工工作出色。这就等于告诉他，他的业绩值得所有人关注和赞许。

如今，许多公司视团队协作为生命，因此，表彰时可别忘了团队成员，应当开会庆祝，鼓舞员工士气。庆祝会不必太隆重，只要及时让团队成员知道他们工作得相当出色就行了。

按部就班、毫无挑战性的工作最能消磨斗志。公司要想要员工有出色表现，必须给员工提供一份良好的工作。经理和主管们不仅要指导员工如何在工作中成长，还要给他们提供学习最新技能的机会。

接下来便是确保员工得到相应的工具，以便把工作做到最好。在投资于领先技术的公司工作，一般都令人士气高昂。如果拥有本行业最先进的工具，员工也会引以为荣。如果他们能自豪地夸耀自己的工作，这夸耀中就蕴藏着巨大的激励作用。

公司文化的影响不容忽视。公司政策及管理措施对激励员工有出人意料的支持或阻碍作用。

公司要是缺少积极向上的工作环境，不妨把以下原则融合起来，善加利用，以求改善。要了解员工的个人需要。"如今，我们面对的员工各有各的不同需求，如单身母亲、双职工夫妇、残疾人等。" 杰阿特说。如果了解员工的需要并设法满足他们，就会大大调动员工的积极性，如在公司内安排小孩日托、采用弹性作息制度以及为残疾人安装特殊设备等等。

如今，虽然人们越来越多地谈到按工作表现管理员工，但真正做到以工作业绩为标准提拔员工，仍可称为是一项变革。凭资历提拔员工的公司太多了，这种方法不但不能鼓励员工争创优绩，还会养成他们坐等观望的态度。

谈到工作业绩，公司应该制订一整套从内部提拔员工的标准。正如《成功的约定》一书作者佩兹所说："员工在事业上有很多想做并且能够做到的事，但公司到底给他们提供了多少机会实现这些目标呢？最终，员工会根据公司提供的这种机会来衡量公司对他们的投入。"

员工政策中还应当提供工作保障，强调公司愿意长期聘用员工。应向员工表明，工作保障问题最终取决于他们自己，但公司会尽力保证长期聘用。

许多人认为，工作既是谋生手段，也是与人交往的机会，公司里如果洋溢着社区般的气氛，就说明公司已尽心竭力要建立一种人人想为之效力的组织结构。背后捅刀子、办公室的政治纷争以及士气低落等不良风气，即使让最有成功欲的人碰上，也会变得死气沉沉。

当今许多文学作品贬低金钱的意义，即便如此，还是不可忽略金钱的激励作用。只要运用得当，多数公司都能做到让薪金水平与竞争对手不相上下。

杰阿特曾说道："从成本角度看，这并不划算。花了大量金钱改善员工的业绩，而这种改变通常又不会持久。"为什么呢？主要是由于金钱奖励计划的结构有问题。例如，年底平均分红就特别让人灰心。业绩好的员工看到业绩不好的人拿的钱跟他一样，就再也不想保持上佳表现了。

回过头来说，如果运用得当，金钱的激励作用非同寻常。要想使钱发挥最大作用，员工的薪水必须具有竞争性，即要依据员工的价值来确定报酬。当员工觉得自己的劳动报酬合情合理时，就不会只盯着支票了，公司也可因此而获益良多。

即便公司已经建立起竞争性薪金制度，也可以让员工参与分红，以取得更大收益。必须清楚地指出员工的哪些业绩对经营效果有重大影响，让员工明白工作目标。另外，为了使付出的钱真正起到激励作用，分红的数额一定要比较可观。

靠这些方法激励员工不能一蹴而就，必须长期努力，正如倡导正强化策略的专家麦斯所说："每天下班时，员工要么是兴致勃勃地回家，第二天又斗志昂扬地来上班；要么是由于上班碰上什么不顺心的事，弄得无精打采。工作表现就是每天发生的事情的反映。"

公司要发展壮大，就不能没有几个顶天立地的核心人物，必须要让员工产生"挑大梁"的欲望，为公司贡献才智。作为老板，仅仅了解职员的内心愿望还不够，不要以为多发奖金，多说好话就能调动员工的积极性。

有几个方法可以让下属的需求获得充分满足，同时又能激发他们有"挑大梁"的热情和干劲，并以此来提高工作效率。

（1）向他们描绘远景：公司老板要让下属了解工作计划的全貌，看到他们自己努力的成果，员工愈了解公司目标，对公司的向心力愈高，也会愈愿意充实自己，以配合公司的发展需要。所以公司老板要弄清楚自己在讲什么，不要把事实和意见混淆。下属非常希望你和他们所服务的公司都是开放、诚实的，能不断提供给他们与工作有关的重大公司信息。若未充分告知，员工会对公司没有归属感，能混就混，不然就老是想换个新的工作环境。如果能获得充分告知，员工不必浪费时间、精力去打听小道消息，也能专心投入工作。

（2）授予他们权力：授权不仅仅是封官任命，公司老板在向下属分派工作时，也要授予他们权力，否则就不算授权，所以，要帮被授权者清除心理障碍，让他们觉得自己是在"独挑大梁"，肩负着一项完整的职责。要点一是让所有的相关人士知道被授权者的权责；另一个要点是，一旦授权之后，就不再干涉。

（3）给他们好的评价：有些员工总是会抱怨说，公司老板只有在员工出错的时候，才会注意到他们的存在。身为公司老板的你，最好尽量给予下属正面的回馈，即公开赞美你的员工，至于负面批评可以私下再提出。

（4）听他们诉苦：不要打断下属的汇报，不要急于下结论，不要随便诊断，除非对方要求，否则不要随便提供建议，以免流于"瞎指挥"。就算下属真的来找你商量工作，你的职责应该是协助下属发掘他的问题。所以，你只要提供信息和情绪上的支持，并避免说出类似"你一向都做得不错，不要搞砸了"之类的话。

（5）奖励他们的成就：认可下属的努力和成就，不但可以提高工作效率和士气，同时也可以有效建立其信心、提高忠诚度，并激励员工接受更大的挑战。

（6）提供必要的训练：支持员工参加职业培训，如参加学习班，或公司付费的各种研讨会等，不但可提升下属士气，也可提供其必要的培训。教育培训会有助于减轻无聊情绪，降低工作压力，提高员工的创造力。

上述这些方法其实并没有什么创新。所谓激励员工，说白了就是尊重员工，也正是当今已经精疲力竭、麻木不仁的员工所最迫切需要的。

第18章

协同作战，打造团队

　　不能小打小闹，必须要强调整体协作，没有这种协同作战的团队精神，一个公司难以形成合力，打败竞争对手。

形成团队精神

团结，是公司发展壮大的基础；"开诚布公""以人为本"是团结的前提；"天时不如地利，地利不如人和"，"人和"应是公司老板追求利益的第一条件。

要做大公司，必须要发挥集体的力量，才能有规模化效应。经商就如打仗，必须抱作一团。商战目的就在于占有和控制市场，使自己的公司在商战中获得最大的利益。商战激烈，更需要上下团结齐心、同舟共济，为共同的目标而努力奋斗。

善于经营公司的人，都很注重公司的共同利益，使全体员工达成共识。

韩国有一家生产香水的工厂。1983年，该厂实行了一种独特的"一日厂长"管理制度，让职工轮流当一天厂长管理厂务，这样做的目的就是让职工从实践中更充分地理解厂长工作，从而增强执行厂长决定的自觉性。

1年多时间内，全厂500多名职工已有几十名员工当过了"一日厂长"。就这样"一日厂长"不但走出了平日自身岗位的领域，熟悉了部门和车间的业务，而且增进了不同部门同事之间的感情。同时，"一日厂长"对厂务管理也提出了众多的批评和建议。这些意见，各部门都认真地研究、制订措施，并在干部会上进行汇报。

实行这项制度后，职工的向心力大为增强，积极性大大提高。厂里的安排和要求，全体员工都能积极的支持和响应，厂里的措施也能更顺利地实施。实行"一日厂长"制的第一年，节省了生产费用200万美元，厂方又把这些钱作为奖金分发给全厂员工，提高了员工的生产积极性。该厂因公司管理成效卓越，被韩国劳动部定为"杰出劳资关系的示范工厂"。

"上下同欲者胜"，韩国的这个工厂可以说深悟员工的同心协力共兴公司的重要性。只有公司上下紧密地团结在一起，公司内部同心协力，公司才能够存在和发展。

公司的团结是人的团结，是人心的相向。公司中的人一般分为两部分：管理者和员工，因而在公司中也就存在三种关系：管理者之间的关系、员工之间的关系以及管理者和员工之间的关系。所以，谈及公司内部的团结，要达到公司内部的团结，也就是这三种关系的紧密团结。

首先，管理者之间要"和"。公司的老板作为公司的管理人和中坚，必须首先做到团结，在公司全体员工面前作出表率。

公司管理者的形象，都会被员工注意到，他们的一言一行，可以说是深刻地影响到员工的言行。管理者之间毫无嫌隙，齐心协力为整个公司的发展出谋划策，形成团结的气氛，这势必在整个公司中起到良好的带头作用。公司员工们看到公司管理者都有一种良好的风气，他们就会以管理者为榜样，在整个公司中树立团结的形象。纵然有些员工想要在其中挑起是非，也必定会在团结的集体面前无计可施。可以说，管理者的"和"在公司的员工中起着潜移默化的作用。

倘若管理者之间明争暗斗，或者每个管理者都想大权独揽，独断专行，就不可能发挥群体的智慧，很难调动公司内各不同阶层的人的积极性。这样，则往往会给公司造成巨大的损失。

其次，员工之间要"和"。员工，是公司中的一个群体。在群体活动效率中，既可能产生"正向作用"，也可能导致"负向作用"。若员工之间具有良好的人际关系，大家都为共同的目标而奋斗，则这个群体的智慧与功能就会增强。倘若员工都为了自己的需要而争抢，为了个人的私利而不顾他人，群体就会变得混乱复杂，小的集团处处可见，这样，群体的智慧和功能就会减弱。而作为上层管理者，就是要尽量地增加员工群体的

"正向作用"，弱化和消除"负向作用"。在当前经济活动空前复杂、生产发展瞬息万变、公司竞争激烈的时代，要想获得胜利，首先就必须使公司内部团结一致，加强公司凝聚力，发挥群体的智慧与功能。

公司经营的成败，其决定因素在于人。而员工作为公司的主人，其作用可想而知。只有员工之间存在和谐的人际关系，从大处着眼，顾全大局，为实现公司的共同目标而齐心协力，团结一致，公司才会有稳定的发展基础和良好的内部环境，在巨大的挑战下，公司也会更有信心和实力迎接挑战。

最后，公司管理者与员工"和"。公司管理者位居上层，员工位处基层，一个进行管理，一个负责执行，形成上下两级。乍一看，两者似乎是明显的两个阶层，一个管，一个被管。员工似乎就应无条件地服从上级的管理，而根本谈不上与上级之间的"和"。然而，事实证明，管理者与被管理者之间只有真正的心意相向，团结一致，才能促进公司的发展，而不是绝对地服从，才能维持公司的秩序，以此来发展公司，实现公司的目标。

作为一个优秀的管理者，对员工的价值认识一定要深刻。只有这样，他才能在管理中尊重员工，给予他们权利，与员工保持良好的人际关系。这种在公司中营造出来的上层与下层之间"和"的气氛，使整个公司内部的凝聚力增强，有利于整个公司的稳定和发展。

公司的管理者与公司的员工，只有"上下同欲"，在公司内部团结一致，齐心协力，才有公司的稳定，才有公司全体人员同甘共苦、共建公司，才有公司目标的最终实现。

无论是公司管理者之间的"和"，员工之间的"和"，还是公司管理者与员工之间的"和"，对于公司来说，都很重要。无论哪一环出现波动，失去团结，都会影响到公司的正常运转。作为公司的老板，必须认识到这一点，并要努力实现这一目标，使公司坚如磐石，坚不可摧。

如何做到这一点呢？

第一，要开诚布公。这是公司中每个人都应做到的。

管理者之间，员工之间，公司管理者与员工之间，都要开诚布公。作为公司中的一员，大家都具有共同的责任和目标：实现公司的利益。人与人之间只有以诚相待，相互帮助，才会和谐相处；倘若每个人都怀有私心，只为了自己的利益而斗争，相互使诈，则公司内部就如一盘散沙，根本没有聚合力，也就谈不上公司的战斗力了。

开诚布公，是公司管理者、员工彼此相互了解、相互沟通的重要基础与条件。在整个公司中，每个人都彼此信任，相互尊重，形成良好的人际关系，则管理者更具有向心力，员工更有积极性，整个公司也更具有凝聚力，公司就有了发展的良好气氛和环境。

第二，以人为本，即重视公司中的每一个人，尊重他的"自我"，尽量照顾到每个人的要求，公正平等地对待他们。正如前面所说的：人，是公司中的决定性因素。所以在公司中，提倡以人为本，做到以人为本，应是每个管理者所要重视和关注的。"管理者的任务在于创造远景，而不是逼迫部属。"柯摩根公司的史威盖特如此说道。

吉米·崔华格离开惠普公司后创立了坦顿电脑。其管理的哲学在于：

（1）所有员工都是人才。

（2）公司与所有成员一律平等。

（3）所有成员都必须对公司有足够的了解。

（4）公司的成功所有成员分享。

（5）公司的环境允许以上原则存在。

正是依赖于他的管理哲学，崔华格获得了成功，其产品质量优异，并为顾客提供了一流的服务，可以与微软一争高下，在微软独霸的传统电脑市场中占有了一席之地。

对人员的重视，尊重人员的"自我"，可以使一个公司团结一致，坚如磐石，为公司的发展提供了充足的人力资源。

"你可以批评，但不要轻蔑"，如此简洁却又如此精辟。它道出了一个管理者对员工所应持有的正确的态度：尊重员工，尊重人格。

随着经济的发展，人的自我意识不断提高，传统的"事本主义"越来越不适合公司的发展，它严重地束缚了人的主观能动性和积极性。而在公司中，以人为本，强调人的因素的"人本主义"越来越受到欢迎和应用。许多公司的管理者都在追求"人的哲学"。奇莱·布莱克的"人的哲学"可以为其他人借鉴。

（1）人就是人，不是"职员"。

（2）人不会憎恨工作。协助他们了解共同目标后，他们会自我鞭策追求卓越。

（3）人有自我实现的需求，在找到能满足这些需求的方法后，他们会全力以赴。

（4）人们唯有处在信任的气氛下，才能勇于面对风险；也只有风险才能带来成长、奖赏、自信。

的确，人是公司中的决定性因素。无论是管理者，还是员工，都是公司得以存在的前提。虽然天时地利都是公司发展中所应当具备的，但天时地利都不能由人来决定，且不由人来控制。只有人，才能主观能动地被运用。"人和"，是使公司集体智慧和功能发挥的前提。公司中的人，彼此之间相互联系，无论是管理者之间，员工之间，还是管理者与员工之间，其联系程度的优与劣，深刻地影响着公司的发展。因此，作为公司的老板，就应从中协调，使整个公司抱成一团，坚不可摧。只有公司内部具有良好的"和"的精神和人际关系，公司的发展才更具有稳定性和后劲。

此外，团队取得成功的基本因素可以概括为具备责任感、承诺和忠诚。必须要让员工形成团队精神，否则如同一盘散沙，难成高塔。

当今的商业环境，要求越来越多的公司老板采用团队工作的方式，但仅仅拥有团队的概念或者建立了团队，并不能保证组织在新环境中获得成功，关键仍然在于如何去运作与管理团队，以期最大限度地发挥这一模式的最大潜在效率。

1. 团队及其管理人

团队的管理人在团队内工作以确保团队工作具有清晰、明确的方向，然而团队的经理不参与团队的具体工作，他通过为团队提供资源和确立目标方便团队的工作。管理者和经理分别承担领导某些方面任务的角色。

管理者的信念可能会导致自我实现的预言，它能影响雇员的表现。管理者理论包括个性理论、情境理论、归属方法、偶发模式、交易理论和转型方式。另外，组织内不同类型的权力大致可划分为从个人在组织地位中获得的权力和从个人品质中获得的权力。必须理解权力是怎样在组织中发挥作用的，这一点对成功的团队管理很有用处，因为在团队工作中，权力下放是如此重要的一个概念，它需要一套管理哲学。日常的工作决定最好由那些正在做这项工作的人来作出。

关于团队管理者应该是什么样的这一问题，一直有许多争论，但是大家一致认为，尽管团队在很大程度上可以自己从事工作，但团队需要管理者给他们以指导，使他们不致偏离工作目标。团队管理者工作的主要原则包括确立明确的目标，树立信心，遵守承诺，学会技能，处理外部关系，为团队成员创造机会，做真正的工作等。他们利用社会认同这一基本心理机制，通过增强团队成员的凝聚力，树立职业意识，开拓工作能力，使人们认同自己的团队并为属于这个团队而感到自豪。

2. 评估团队表现

团队评估的心理测试方法包括贝尔宾团队角色自我鉴定调查表、16项个人因素和IQ评分系统，然而有人认为，团队角色评估对团队功能不能考虑得太细致。团队风气调查表将团队置于组织环境中，观察组织革新和团队工作的关系时涉及了四个方面的内容：不冒风险进行参与、对革新的支持、远见和任务定位。通过对比，卡特森伯奇和史密斯提出用主题和身份、热情和精力、团队共同历史以及个人承诺和行为结果来判定团队在团队表现曲线上的位置。

对群体决策制订的认知方面的心理研究表明，有两个重要的心理机制起了反面作用，它们扭曲了团队决策的本质。其中之一的是群体极化，也就是说群体做决策时比这些群体成员独立做决策时更容易有走极端的倾向。第二种是群体思维，即具有高度凝聚力的群体有以自我为中心，与现实脱节的倾向，这使得群体作出不切实际，有时是灾难性的决策。只有培养提出不同意见的环境才可能避免群体思维现象。有些团队通过培养包括积极的思维方式和受团队成员的自我功效影响的团队思维方式排除群体思维的影响。

消极社会迁移现象是破坏团队表现的另一过程，要保证个体的努力始终得到承认，从而减少消极社会迁移现象，因此，不承认个人对团队的贡献的奖励制度会产生相反的效果。同时，对团队整体进行表彰和奖励会提高团队成员的社会认同感。对以团队为整体进行的表彰和以个体为单位的奖赏的研究表明，在鼓励团队成员为团队作出积极贡献时，与奖赏相比，制裁（无论是针对团队整体还是针对个体）的效果差得多。

3. 组织中的团队

研究表明，团队与其组织的交往方式与团队能否获得成功的关系很大。交往可以以许多种不同的方式进行，并不仅限于由团队领导出面。同时组织对团队工作的支持也是非常重要的：支持团队工作的组织常有一种相对"平直"的结构，和对雇员充满信任和信心的文化——在等级森严的组织中，很难把权力下放给团队中的队员。

组织文化理论包括模式方法、符号学方法、把文化作为基本的共同信念的系统分析法。目前流行的模式是分层法，其中包括由符号和其他标志构成的表面层次、具有明显特征的实践这一战略层次和由信念、构想构成的核心层次。把组织文化看做是工作群体、团队、部门之间联系的网络，并认为上述每个部分都或多或少地分享着组织的文化观点或许也是有用的，这一方式强调了社会工作群体在维护组织文化中的重要作用。

必须仔细处理团队之间的竞争，以确保这种竞争只是为了获得工作成绩而进行的竞赛，而不是对组织资源的竞争。前一种竞争可以促进积极的、友好的竞赛，而后一种竞争则会使人们玩弄政治手腕，并引起群体之间的敌视。团队可以成为组织变革中的一种重要力量，部分原因在于，他们自己的工作方式和价值观念可以为变革确定正确的方向，部分原因在于他们与整个组织相互作用、相互影响。但是如果要使团队能够采取有效的行动，那么它也需要得到组织的支持，包括提供明确的目标、恰当的资源、可靠的信息、培训和教育、定期反馈、技术或方法上的支持。

4. 团队、组织与革新

团队可以成为组织革新中的强有力的力量，促使团队形成这种力量的因素，包括远见、不冒风险的参与、追求卓越的风气，以及组织对革新的支持。即使团队仅仅是构成一个组织的极小的一部分，但是，心理研究表明，只要团队能够坚持一贯性，并且拥有自主权，那么少数派也可以施加极其重大的影响。但是团队如果要成为组织内具有创新精神的力量，那么它必须具备明确的目标、有效的交流、灵活性、持久性和忠心耿耿的参与。

组织中确实存在着对团队的反对，这种阻力来源于三种原因：没有成功地理解"团队"的概念；不愿意与别人分担职责的个人心理；不愿意实施组织变革。哈克曼指出，在组织向团队工作方式转变的过程中，会出现许多容易犯的错误或者说"羁绊"，它们会阻碍这一转变。这些错误包括组织坚持以个人而不是以团队为基础与团队进行交往，组织对团队施加的影响太多或太少等多种。

团队取得成功的基本因素可以概括为具备责任感、承诺和忠诚，团队需要对组织负责，需要有机会采取有效的行动，需要忠于自己正在从事的工作。但是团队的工作也会受到许多因素的阻碍，如缺乏自主权，团队的规模过大，团队缺乏支持、忠诚或资源，缺乏竞争性的评估机制以及组织没有能够提供反馈或承认等。

5. 团队管理的三条原则

团队管理是十分复杂的，但却并非杂乱无章。人与人是各不相同的，每个组织也是不相同的，因此，每位研究人员从自己独特的经验中得到的结论也不同，这就导致了团队管理的复杂性。但是如果我们仔细地察看所有的细节，我们就可以发现，有几个团队管理的原则总是不可回避的。

这里一共有三条原则，第一条原则即社会认同。存在于人类本身的这一基本倾向：我们把世界划分成"他们与我们"群体的需要——不一定是具有破坏性的，它可以成为一种积极的力量。当然条件是团队的老板和领导能够认识到社会认同发挥作用的方式，并且能够保证确立起三种根本需求：明确的界限，能够形成凝聚力的有效交流，以及也是最重要的一点——为团队成员创造机会以便使他们为属于自己的团队而自豪，并且认为自己是特殊的。

第二条原则是共同的信念。社会上表现这种心理的认知可以说是千差万别的，但重要的是理解团队建设的不同模式和方法；有关领导问题和权力的不同观点，以及这些观点对团队工作实践的影响；群体思维和团队思维的表现形式，以及我们理解组织文化的方式。认识到社会表现在不同组织、不同机构，甚至是不同团队之间——各不相同，就可以帮助我们理解，是什么决定了团队领导鼓励团队以积极的方式完成自己的任务。

第三条原则是决定团队管理成功的最重要原则或许是尊重。团队工作的全部要点在于，它允许组织依靠雇员的思想观点和智慧，而且，如果组织不尊重那些人的意见，团队工作就不可能成功。授予团队权力，为团队提供制定决策的自主权，创造进行培训的机会，为团队提供适当的资源以及组织对团队工作提供所有方面的支持——所有这些都是尊重员工的表现。这是由于团队老板认识到，他们需要听取团队成员的意见并认真考虑这些意见。人们很快就会识别出是真正的尊重还是仅仅在口头上的"尊重"，并且会作出相应的反应。如果有人试图实现成功的团队管理，却不想尊重组成团队的人员，那么这无异于痴心妄想。

创造一支有效团队

在好的团队里，每一位伙伴都清晰地了解个人所扮演的角色是什么，并知道个人的行动对目标的达成会产生什么样的贡献。在好的团队里，某位成员讲话时，其他成员都会真诚地倾听他所说的每一句话。好的团队的公司老板会提供给所有成员双向沟通的舞台。

增强团队精神是每位公司老板必须做到的，只有强大的团队才能在市场的浪潮中立于不败之地，才能做大公司。没有强大的团队，公司老板的工作魅力怎能得到下属的认可呢？

形象地说，一个真正的团体就是一群志同道合的哥们儿。

有个公司老板胸有成竹地说："就算你没收我的生财器具，霸占我的土地、厂房，只要留下我的伙伴，我将东山再起，建立起我的新王国。"

我们看过一些非凡的公司老板，他们好像有天生独特的再生能力、魔力，可以在很短的时间内，扭转乾坤，将一群柔弱的羔羊训练成一支如雄狮猛虎般的管理团队，所向披靡。

此外，我们还会发现另一个十分可贵的事实：每位成功的公司老板几乎都拥有一支完美的管理团队。

这些成功的公司老板所率领的团队，无论是他的成员、组织气氛、工作默契和所发挥的生产力，和一般性的团队比起来，都有相当大的不同，他们常表现出以下主要特征。

1. 目标明确

成功的公司老板往往主张以成果为导向的团队合作，目标在于获得非凡的成就。他们对于自己和群体的目标，永远十分清楚，并且深知在描绘目标和远景的过程中，让每位伙伴共同参与的重要性。因此，好的公司老板会向他的追随者指出明确的方向，他经常和他的成员一起确立团队的目标，并竭尽所能设法使每个人都清楚了解、认同，进而获得他们的承诺、坚持和献身于共同目标之上。因为，当团队的目标和远景并非由管理人一个人决定，而是由组织内的成员共同合作产生时，就可以使所有的成员有"所有权"的感觉，大家打从心里认定：这是"我们的"目标和远景。

2. 各负其责

好的团队的每一位伙伴都清晰地了解个人所扮演的角色是什么，并知道个人的行动对目标的达成会产生什么样的贡献。他们不会刻意逃避责任，不会推诿分内之事，知道在团体中该做些什么。

大家在分工共事之际，非常容易建立起彼此的期待和依赖。大伙儿觉得唇齿相依，生死与共，团队的成败荣辱，"我"占着非常重要的分量。

同时，团队成员彼此间也都知道别人对他的要求，并且避免发生角色冲突或重叠的现象。

3. 强烈参与

现在有数不清的组织流行"参与管理"。公司老板真的希望做事有成效，就会倾向参与或领导，他们相信这种做法能够确实满足"有参与就受到尊重"的人性心理。

好的团队的成员身上总是散发出挡不住参与的狂热，他们相当积极、相当主动，一逮到机会就参与。

参与的成员会永远支持他们参与的事物，这时候团队所汇总出来的力量绝对是无法想象的。

4. 相互倾听

有位负责人说："我努力塑造成员们相互尊重、倾听其他伙伴表达意见的文化。在我的公司里，我拥有一群心胸开阔的伙伴，他们都真心愿意知道其他伙伴的想法。他们展现出其他公司无法相提并论的倾听风度和技巧，真是令人兴奋不已！"

5.　死心塌地

真心地相互依赖、支持是团队合作的温床。李克特曾花了好几年的时间深入研究参与式组织，他发现参与式组织的一项特质：管理阶层信任员工，员工也相信管理者，信心和信任在组织上下到处可见。几乎所有的获胜团队，都全力研究如何培养上下平行间的信任感，并使组织保持旺盛的士气。它们常常表现出以下四种独特的行为特质。

（1）公司老板常向他的伙伴灌输强烈的使命感及共有的价值观，并且不断强化同舟共济，相互扶持的观念。

（2）鼓励遵守承诺，信用第一。

（3）依赖伙伴，并把伙伴的培养与激励视为最优先的事。

（4）鼓励包容异己，因为获胜要靠大家协调、相补、合作。

6.　畅所欲言

好的公司老板，经常率先信赖自己的伙伴，并支持他们全力以赴，当然他还必须以身作则，在言行之间表示出信赖感，这样才能引发成员间相互信赖、真诚相待。

好的团队的公司老板会提供给所有成员双向沟通的舞台。每个人都可以自由自在、公开、诚实地表达自己的观点，不论这个观点看起来多么离谱。因为，他们知道许多伟大的观点，在第一次被提出时几乎都被冷嘲热讽的。当然，每个人也可以无拘无束地表达个人的感受，不管是喜怒还是哀乐。

一个高成效的团队成员都能了解并感谢彼此都能够"做真正的自己"。

总之，群策群力，有赖大伙儿保持一种真诚的双向沟通，这样才能使组织表现力臻完美。

7.　团结互助

在好的团队里，我们经常看到下属们可以自由自在地与上司讨论工作上的问题，并请求："我目前有这种困难，你能帮我吗？"

此外，大家意见不一致，甚至立场对峙时，都愿意采取开放的心胸，心平气和地谋求解决方案，纵然结果不能令人满意，大家还是能自我调适，满足组织的需求。

当然，每位成员都会视需要自愿调整角色，执行不同的任务。

8. 互相认同

"我觉得受到别人的赞赏和支持"是高成效团队的主要特征之一，团队里的成员对于参与团队的活动感到兴奋不已，因为，每个人会在各种场合里不断听到这话：

"我认为你一定可以做得到！"

"我要谢谢你！你做得很好！"

"你是我们的灵魂！不能没有你！"

"你是最好的！你是最棒的！"

这些赞美、认同的话提供了大家所需要的强心剂，提高了大家的自尊、自信，并驱使大家愿意携手同心。

上面列举的八种特征，在你所带领的团队里有没有明显的迹象呢？请自己找个清静的场所，给自己10分钟的时间好好省思一番。这有助于你建立一支有效率的管理团队，也就是俗话说的"死党"。

许多公司老板大声疾呼："我们愈来愈迫切需要更多、更有效的团队，来提高我们的士气生产力。"身为公司老板的你，可得把建立阵容坚强的团队这件事列为第一优先处理的要务，千万不要再忽视或拖延下去了。

创造一支有效团队，对公司老板可说是百益而无一害的，如果你努力做到的话，你将可以获得以下好处。

（1）"人多好办事"，团队整体动力可以达成个人无法独立完成的大事。

（2）可以使每位伙伴的技能发挥到极限。

（3）成员有参与感，会自发性的努力去做。

（4）促使团队成员的行为达到团队所要求的标准。

（5）提供追随者更足够的发展、学习和尝试的空间。

（6）刺激个人更有创意、更好的表现。

（7）三个臭皮匠，胜过一个诸葛亮，能有效解决重大问题。

（8）让冲突所带来的损害减至最低。

（9）设定明确、可行、有共识的个人和团体目标。

（10）管理人与继承人纵使个性不同，也能互相合作和支持。

（11）团队成员遇到困难、挫折时，会互相支持、协助。

请务必牢记在心：一支令人钦羡的团队，往往也是一支常胜军。他们不断打胜仗，不断破纪录，不断改造历史，创造未来。而作为伟大团队的一分子，每个人都会骄傲地告诉周围的人说："我喜欢这个团队！我觉得自己活得意义非凡，我永远不会忘记那些大伙儿心手相连，共创未来的经验。"

通过在团队里学习、成长，每位伙伴都会不知不觉重塑自我，重新认知每个人跟群体的关系，在工作和生活上得到真正的欢愉和满足，活出生命的意义。

一个真正的团队能让你如虎添翼、临危不乱、所向披靡。

增强凝聚力

只有让每个员工都觉得是重要的一分子，公司才能有凝聚力，才能做大。身为公司老板，让部下尽心供职至关重要。要做到这一点，首先必须培养员工的自尊自强的团队精神。让员工学习分析方法，以及采取小集团活动的方式，养成在团队中能与他人和谐相处的态度。成为自己团队中重要的一分子，这也是公司老板不可缺少的魅力。

在公司的部门中，一个下属的悲观、自卑具有极强的感染力，甚至会影响到整个部门直不起腰。要让部门的每一个成员都挺直腰杆，就必须让他们自尊、自信。只有自尊、自信，才能自强。

作为公司老板，要想使你的部门团结，必须先培养员工的自尊心。要为自己部门感到骄傲，你必须让他们觉得他们是同行中最好的一分子。这就是说，假若你的部门是一群生产汽车零件的工人，那你要使每个人都感到他们是在生产世界上最好的汽车；假若你的单位是从事咨询顾问工作的，那么，你就应该让他们感觉自己是在世界上最好的顾问公司工作。不管你是在哪个行业，都可以应用这项原则。必须让你的公司成员感到自己是在同类最好的公司中工作。

注意，如果你能说服团体成员相信他们是世界上最好的，在某种程度上，他们的确会成为最好的。这并没有想象中那么困难，要诀是将全力集中在某种要素上，使它成为同行中最好的。

有些事物是可以具体衡量的，诸如销售量、单位生产量、获奖及其他。不过，要团体成员相信自己是最好的，并不一定要靠这些可具体衡量的事物。

很多团体都有自认为最好的各种理由，包括：最努力的工作者；常执行最艰苦的任务；工作时间最长；行动最快；最有礼节；做事最彻底；最具创意；生产量最大。

你可以自开始就这样做，分配任务给那些可能会做得最好的人。等到他们的技术熟练，自信心培养起来以后，再分配较困难的工作给他们，让他们感到自己是在进步。

当然，你必须使每次任务都能成功地达成，保证每个人都能完成自己的任务，受到该得的肯定，并让整个团体都知道每次的胜利。

肯定可以用不同形式来表示。公开表扬发奖状，是其中的方式之一，即使写得很短，用你亲笔所写的奖状和口头表扬，也是人们所最喜欢的。你可以、也应该鼓励制订团体座右铭、绰号、象征符号和口号。

此外，你可以用建立团体价值和特点来促进团结。你能找出和说出的价值和特点越多，团体成员也越愿意追随你这个胜利者和这个常胜团体。没有人愿意属于一个经常失败的团体。因此，假若你能以过去光荣的历史，证明出这个团体的价值和特点，你已经走上了使团体坚强团结之路。

你所要做的是调查这个团体成员的过去，发掘出其中的光荣事迹：你这个团体成员有什么优良的传统？在过去有什么伟大成就，而现在可以继续发扬光大？你所发现能发扬光大的事迹越多，凝聚力就越大。

请注意我们一再提到"发扬光大"。一旦你找到了团体这方面的传统和事迹，你就必须经常加以利用。你应该让团体每个成员都知道，他们所属的是个多伟大的团体。你应该将这些资料贴在公布栏上，放在公报上发表，在员工大会中宣读。你应该利用各种技巧，让成员知道他们是属于一个最好的团体，让他们为自己的归属感到兴奋，使他们感到自己比其他任何人要好——他们是最好的。

但是，在这里要提出一项警告：有些公司老板认为贬低其他团体的声誉，就可以凸显自己这个小团体是最好的，这是个天大的错误。这样一来，不但其他团体的老板会修理你，而且也破坏了你所想追求的团结。

另外，假若你团体的成员感觉到他们是在同类最好的团体里，你将建立一股比强力胶更坚固的粘合力量，那就是打不破的团结，而这会使你和你的团体受益无穷。

只有一个团结而自信的团体，才能在残酷激烈的市场竞争中屹立不倒，才能做大公司。

第19章

联手经营，合作双赢

一个不能联手经营的公司，永远只能做小弟，总会被别人吃掉。经营公司，不能单打独斗，要有可靠的合伙人，才能最终走向成功。特别是在现代，规模化发展是一个公司成功的重要标志。因此，联手经营，是做大公司的捷径之一。

善于合作

　　"单打独斗"是我国公司经营一大弊病，因此合作局面是很难形成的。市场经济是一个广泛的交往经济，没有人与人之间的大规模的交往，就没有所谓市场交换，因而也就没有所谓市场经济。"诚实"与"信任"是市场经济条件下人与人交往的最基本的行为准则，这也决定了中国人必须得把自己的"诚实""信任"之箭射向血亲家族之外的朋友。就现阶段的中国来说，亲戚之间的合伙，家族内的合伙，朋友之间的合伙，同事之间的合伙等四种形式，占据着中国合伙经营公司的统治形式。这是与中国现今的市场经济发展水平相一致的。

　　合伙是一种契约，契约也就是合同，它规定了订立契约或合同的人相互之间的义务和权利。比如，彼此之间出资的比例，利润的分配方法，不同的合伙人应该承担的债务份额，各自在公司中的地位等。这样，根据契约人的结成关系，合伙人也可以分成好几种形式：普通合伙人，名义合伙人，有限合伙人，秘密合伙人，匿名合伙人，不参加管理的合伙人等。所以合伙不是别的，就是几个人或几个组织和公司联合起来做生意，不管他们采取什么样的形式，也不管他们把自己的公司登记为什么样的法律名称。

　　选择合伙人不能凭感觉来，也不能抱着试试看的心理去做，必须要有端正的态度，必须从多方面来考虑自己、审视自己，同时也必须对你周围的环境和你自己的切身利益做周密的思考。

　　首先，你必须仔细地考虑你是否能独自承担创业的风险。如果你个人能够承受得住创业的风险，你最好独自创办企业。

因为合伙人虽然可以帮你承担风险，但也可能给你带来矛盾与问题，其利正是其弊所在，鱼与熊掌不能兼得。特别是在创业之初，存在诸多问题，制度难以规范，公司的运作需要机智灵活，这些都有可能成为合伙人之间矛盾的导火线。

当然，如果公司的风险个人实在无力承担，你就应该考虑合伙创业。

一个老板在回忆开办自己的公司时说道："当我自己开始干时，像许多其他人一样，也想成立个合伙公司，而且我也物色了几个合伙人。但当我做完市场调查后，我得出的结论是：基本上没有什么风险。我想：以我自己的能力可能还办不了公司，如果我有几个可以依靠的人，这事可能容易得多。我认为90%的合伙公司的错误大概都基于这个错误。人们总以为自己没法干的事，几个人在一起可能容易一些。其实，这是错误的。"

其次，你还必须考虑你想从合伙人那里得到什么，你所需要的东西是否一定只能从合伙人那里看到。

你应该清楚地知道你需要从合伙人那里得到的是资金、技术、关系、销售网、土地、经营场所或是其他经营中必不可少的因素，而这些又是你自己一时难以解决的问题。如果你已经清楚地知道这些问题，你就可以大胆合伙创业了；如果你还是模糊不清的话，你就应该再仔细地斟酌有无合伙创业的必要。

一位从政府部门辞职下海的年轻人，开始时独资创建了一家公司，生意做得红红火火。但他不愿安于现状，不想只是做一个小老板，想把自己的事业做得更大。他一直在寻找新的项目，希望能够独树一帜，迅速发展。

经人介绍，他认识了一位身怀绝技的老人。这位老人出身于名医之家，几十年来历经坎坷，行医于民间，积累了丰富的经验，并摸索出了一种极有市场价值的保健药品。但是这位老人脾气怪，性格倔强，不愿与人合作，年轻人却认为精诚所至，金石为开，只要自己真心与他合伙，老人会同意的。况且这样的技术正是自己苦苦寻觅了很久而得不到的，也不是任何人都可以发明出来的，只有通过这样的合伙，才能既使公司迅速成长，又造福于社会。

在多次与老人接触交谈之后，老人终于被年轻人的诚意所打动，同意了合伙的建议。现在这家公司已经发展起来，成为当地最有实力的公司。

最后，你还必须考虑你个人的性格是否适合合伙创业。独资公司只有一个人当老板，其余的人都是雇员，老板一个人说了算。而合伙公司中，合伙人都是公司的老板，合伙人地位平等，不能一个人说了算。合伙公司中的合伙人之间的关系不同于公司中老板与雇员的关系。合伙人之间更强调相互尊重、团结合作、互谅互让。合伙人之间的关系，比平常人之间的关系更复杂，更难处理。因此，那些刚愎自用、缺乏团队精神、喜欢发号施令、合作意识差的人都不适合合伙经营。

同道更要同心

所有合伙人要对合伙制公司的经营行为和任何其他合伙人的过失承担责任。合伙公司的利润和积累归全体合伙人共享，共同承担公司风险。各有各的主意，各有各的道是合作不好的一大原因。

独立经营需要注意的一些问题也适用于合伙制。所有的合伙者都要对合伙公司的负债负责，即使这些负债是由于一个合伙人的经营不善或舞弊造成的，而其他合伙者对此一无所知。甚至死亡也不能免除一个合伙人的义务，某些情形下他的财产要偿还负债。除非你通过修改公司合同宣布离开合伙公司，否则都要负无限责任。所以在进入合伙公司之前，对你的合作伙伴有绝对把握并起草正式的合伙公司合同是非常重要的。

合同应包含以下几点：

（1）利润分配、义务和期限。要说明如何分享利润和分担损失，谁承担哪项任务，还要对每个合伙人每月的开支予以限制，以及约定合伙公司维持多长时间。

（2）投票权和决策权。除非另有规定，所有的合伙人有同等投票权。合同要规定什么是投票权或决策权，以及如何作出这些决策，你还要决定怎样排斥或接受一个新的合伙人。

（3）每个合伙者即使生病或休假也有权分享利润，合同要规定假期的长短以及间隔时间，以及某合伙人因别的原因长期缺席，其他人该怎么办。

（4）撤回资本。合同要规定在合伙人离开或合伙公司解体时，每个合伙人资本份额如何估价。

（5）你不必自己记账或让别人审计报表，但对会计准则达成协议以及让可靠的会计人员从事这一工作却是重要的事情。不参加实际业务的合伙人，一般都坚持这一点。

不参加实际业务的合伙者是指那些投入资本但不打算积极参与公司经营的合伙者。他可以通过把合伙公司注册为有限的合伙公司来回避风险。

1. 合伙经营的优点

（1）创办容易：开办费用很低，根据有关法律要求，建立合伙制公司较之于建立公司尽可能的简单、迅速。

（2）直接的回报：由于合伙人能直接分享利润，因而他们有更大的动力。

（3）有可能加快发展：合伙制公司在融资方面比独资公司通常要容易得多。

（4）灵活性：合伙制公司执行决策比公司制公司要容易，但比独资公司要困难。

2. 合伙经营的缺点

（1）至少一个合伙人要承担无限连带责任，一个或者一个以上的合伙人必须承担公司风险并为保护公司而购买大额的保险。

（2）不稳定性：如果任何一个合伙人决定退出或者死亡，实际上就意味着合伙公司的解体。公司要继续经营下去就必须得到退出者的所有权并创立一个新的合伙制公司。

（3）获取大笔资金有困难：寻找到长期资本的支持是非常困难的，虽然在有些情况下，以合伙资产作为附属担保品会比独资公司更易得到一些贷款。

（4）公司易受到代理人的行为和判断的制约：所有合伙人要对合伙制公司的经营行为和任何其他合伙人的过失承担责任。

（5）死板的伙伴关系：除非在开始合伙之前达成协议，否则要购买某一合伙人的全部产权将是个困难的过程。

合伙公司与独资公司的区别有以下几点：

（1）投资人数不同。独资公司的投资者只能是一个人；合伙公司必须在两个人以上。

（2）管理决策方式不同。独资公司由投资者本人决定公司的一切事宜；合伙公司的重大管理决策的得出，必须由全体合伙人共同商议而定。

（3）承担利润和风险的方式不同。独资公司的投资者独自享受公司利润及公司积累，并承担公司风险；合伙公司的利润和积累归全体合伙人共享，共同承担公司风险。

（4）对债务所负责任不同。独资公司的投资者对公司债务负无限责任；合伙公司的投资者对公司债务负连带无限责任。

朋友归朋友，规矩归规矩

在合伙公司开办的过程中，不管你与合伙人是亲戚、朋友，初次相识，也不管你与合伙人的熟悉程度或亲密程度如何，一定要与合伙人进行反反复复的洽谈或谈判，以达到某种平衡。不同的是只是有时不是那么正式，有时比较正式罢了。

合伙谈判是创办合伙公司的重要步骤，合伙各方的谈判活动贯穿整个合伙准备、合伙人的选择、合伙合同的签订的全过程。合伙谈判是合伙各方对合伙可行性研究的过程，是合伙人判断对方是否具备合伙条件的过程，是合理确定合伙权利和义务的过程，也是确定合伙人共同遵守的协议、合同、章程的过程。合伙谈判是否成功，关系到合伙公司能否建立，建立后的若干年内能否顺利经营，经营后是否有良好的经济效益。因此，合伙谈判十分重要，必须给予高度重视。

时下，有关谈判的书籍是市场的热点，有关谈判的内容在很多书籍中都有所涉及。我们不去重复那些人所共知的内容，我们要做的是指出合伙公司开办时谈判的特殊性，以便大家参考。

1. 合伙谈判的总方针与策略

一般而言，合伙人的谈判不同于一般的商务谈判。一般的商务谈判是买卖双方为促进买卖成交而进行的，或是为了解决买卖双方的争议或争端，并取得各自的经济利益的一种方法和手段，因此，一般的商务谈判相对而言更注重眼前的结果。双方经常就事论事，尽力争取这次谈判的最好结局。而开办合伙公司前的合伙人谈判，是合伙各方为促进合伙的形成而进行的，是合伙各方根据平等互利的原则，就合伙各方共同组建合伙、共同经营管理而确定各方权利和义务的过程。合伙公司的基本框架将在谈判中初步形成，合伙谈判对双方今后的关系有长期的重要影响，因此，谈判双方应该更注重长期的发展，不要杀鸡取卵式的追求短期利益，过河拆桥，断送大家的合伙前景。

在这样的总方针之下，合伙人之间最好采取以和为贵的谈判策略或对话性谈判策略。以和为贵的谈判策略要采取礼让、妥协的方法，让对方知道我方做谦让是为促进和巩固双方友谊关系，促进合伙公司的建立。

谈判中要着眼于将来，不要斤斤计较于眼前的得失，求大同存小异。因为有些关系已摆明在那里，不是朝夕就能更改的，有些纷争即便能争个水落石出，于长期合伙也无补。在平时的日常生活中，父母子女之间、兄弟姐妹之间、夫妇之间有什么问题就常常采取这种策略，效果甚好。

这种策略不仅适用于合伙公司开办时的谈判，也适用于以后合伙中矛盾的解决。对话性的谈判策略是避免冲突，大事化小，小事化无。在合伙人对合伙公司的有关事项进行谈判时，要注意尽量避免对抗性谈判，更多地采用对话性谈判。合伙人不仅希望在谈判中得到自己所需要的东西，更希望通过谈判开始今后的长期合伙。在这样的基本前提下，双方所乐意见到的谈判结局是对大家均有利。为达到这一结果，两方都应充分沟通、互换信息，让彼此了解真实的目标和要求。

2. 合伙谈判的准备

记得一位谈判专家曾经说过："身为一个谈判者必须要有勇气放下矜持、探询未知，必须将一切限制你的假设暂时抛开，去冒险和尝试向人探询。"信息在谈判桌上有举足轻重的作用，往往几条信息就是成败的关键。

但是在合伙谈判中，很多人仍然没有办法有效地网罗这些信息。究其原因或者是害怕承认自己的无知，不好意思问对方问题，或者是担心问题太唐突，引起对方的不快，或者已假设对方不能回答你的问题，等等。

在收集到相关信息资料后，要进行研究，并结合合伙准备阶段的工作，确定合伙谈判的内容和方案，为合伙谈判进行充分的准备。合伙谈判的准备一般包括以下四个方面。

（1）技术准备。由于公司生产或提供服务的复杂性，不同的合伙公司在这方面有不同的内容。大体上说，要明确合伙公司需要生产的产品或提供的服务，需要的技术和设备；弄清自己能提供的条件，列出需要对方介绍的技术方面的内容。

（2）商务准备。要考虑总的投资额，各自出资的方式、资金来源、贷款及其利率；产品的销售，采用什么商标；经济效果的估算，包括成本、价格、税收、利润及其分配原则；新增合伙人的入伙，合伙人的退伙、散伙及其争议的解决。

（3）组织准备。合伙公司设立什么组织机构，人员多少；是否设立董事会，多少成员，名额分配原则，董事长、副董事长人选；主要经营人员的人选，包括经理、副经理、技术负责人、财务负责人等高级职员的人选。

（4）法律准备。合伙公司采用什么样的法律形式，各方需要出具的有关法律证件，如注册证明、专利说明书等。

在合伙谈判前，对上述各方面的问题，合伙各方都要准备出自己的设想和拟交流的提纲，有时还要准备几套方案，以随着洽谈的深入，逐步弄清对方的意图，明确自己的意见，为制订协议、合同、章程打下基础。

3. 合伙谈判的进行

合伙谈判首先是各方接触，商定谈判的内容，确定谈判的进程，以便组织整个谈判有计划地进行。

接下来就要确定谈判起点。合伙谈判从何开始，没有固定的套路。有的先谈总的原则，再谈具体细节；有的开始就提出完整的文件，使谈判进入文句的研讨。从具体的实际操作经验看，合伙谈判最好采用先易后难的顺序进行。合伙各方需要交流情况，提出自己的目标和设想，也要对方提供必要的情况。通过交流，初步了解各方的异同点，找出关键问题，统一认识，为达成协议创造条件。开始时要价不要太高，应该培养相互信任，使谈判开个好头。

在谈判中应注意礼貌。待人热情，语言文明；遇事协商，不武断决定；发言不故作姿态，不以大话压人；谈话时不要轻易打断对方发言；在意见分歧时，要有耐心，不要急躁发火，善于用道理说服人。这样，才有助于造成相互信任的气氛。

在谈判中要力求掌握谈判的主动权。谈判中要静听对方发言，考虑问题的症结所在，注意观察对方的目的和策略，以便于提出扭转局面的新方案，提出讨论的新问题，驾驭谈判进程。

在合伙各方取得一致意见的基础上，合伙各方可签订协议、合同等有约束力的文件。签订协议、合同必须严肃认真，遵照一定的原则，才能达到预期的效果。在签约前，必须逐字逐句地对协议、合同等进行推敲，不可盲目签约。

曾有人说："一场成功的谈判就是一场不欢而散的谈判"，此处所指的"不欢而散"不是表示负面影响，而是指谈判的结果：双方皆有所得，亦有所失，未能尽如人意，只是达到一种平衡而已。合伙谈判只是合伙公司的开始，今后的路还长，但毕竟已经有了一个好的开端。

找准合伙人

合作不是谁讲得好听就合作，谁的钱多谁就能合作。一旦目的达到，过去所说的话都忘得一干二净，完全站在自己的利益上打算盘，这就是所谓食言自肥。根据大量的合伙经营的案例研究，至少有三种类型的人不能与之合伙创业。

1. 眼高手低、耐心不足型

一些人不甘心替别人当员工，再加上筹措一笔资金也不困难，于是便有了自己当老板的念头。他们认为，只要有钱，做生意是最简单的事情；只要自己往靠背椅子一坐，自有手下的人替他效命卖力。在他们心中，只要有钱，还怕雇不到人办事吗？听起来，他们的想法一点也没有错，只要你肯出高薪不怕请不到人才，但是请来的人才如何用，这才是决定你够不够资格当老板的关键所在。

还有些人本身贪图享乐，不能从事艰苦复杂的创业工作，但现在每月的收入不足以维持消费水平，看到当老板的很神气，出入有小车，高档宾馆常来常往，应酬时灯红酒绿，轻歌曼舞，于是便想自己去当老板。他们只看到了成功后的享受和荣耀，却看不见创业的艰辛，心比天高。没有合伙之前，说起创业来豪言壮语，信誓旦旦，发誓要干出个名堂来，一旦进入实质性的运作，需要投入艰苦的劳动时，需要长时间的努力时，就没有往日所说的那种干劲了。或是得过且过，贪图享乐；或是工作没有主动性，平日在公司为别人干事时应付了事的那一套坏习气就出来了。很多受过良好教育，家庭环境又不错的，现在个人收入勉强过得去的人，最容易成为眼高手低、耐心不足型的人。他们没有受过生活的磨难，没有经受过创业的挫折，不懂得创业的艰辛，便以为当老板容易，做生意容易。一旦需要投入艰苦的工作，需要长时间的努力时，便显露出眼高手低，耐心不足的毛病。

2. 自以为是、刚愎自用型

三国时代的马谡自认为从小熟读兵书，深知用兵之道，在守街亭时，不听副将王平的劝阻，执意要把营寨建在高山之上，结果被魏军团团围住，几次突围没有成功，加上水源又被拦截，军心动摇，终被魏军击败，街亭失守。面对魏军的长驱直入，幸亏诸葛亮大智大勇，上演了一出空城计，方才转危为安。马谡的错误造成街亭失守，军纪不容，诸葛亮不得不挥泪斩马谡，从此，马谡一直就成为自以为是、刚愎自用的典型人物。

在当今社会中，像马谡这样自以为是、刚愎自用的人依然很多，只不过表现的形式有所不同了。一些人自认为自己比别人聪明，分析力比别人强，听不进不同的意见，总以为自己的观点与看法是最好的。当别人对他的一些观点或看法提出不同的意见时，他常认为没有必要进行修改。对别人的意见或建议，轻易地给予否决，自己又提不出更好的方法来。思维方法是以偏概全，以点概面，偏激、固执，不易与人合作。这样的人当然不能与之合伙创业。

金无足赤，人无完人，任何人都有其优点与局限，优点与缺点同时并存。对于一般的缺点与局限，我们在选择合伙人时不能求全责备，要求对方十全十美。这在事实上是办不到的，因为我们自己都不是十全十美的人。但对于具有上面所言的缺点与局限的人，我们一定不能与他们合伙创业，因为这些缺点错误是本质性的错误，是长期形成的，一时半刻也改不了。

3. 好话说尽、食言自肥型

生意场上的组成分子是极其复杂的，争利的手段也是千变万化的。一些人仗着自己有一点小聪明，自以为对商场的人情世故懂得比别人多，因而"走火入魔"，认为商场就是人骗人的地方，总想在与别人合作中多捞一点，多占别人一点便宜。于是，他们在与别人的合伙中，对合伙人没有半点诚意，把对方当成傻瓜，想自己的利益时多，想别人利益的时候少，斤斤计较个人得失，总想自己多占一点，少做一点。对于这类人，不能与之合伙。这种类型的人都有一个共同的特征，那就是能屈能伸，就像蚂蟥一样，要与你合作或有求于你时，他的舌头如同蚂蟥咬人时的身体蜿蜒摇动，说话时音调动听极了，这就是所谓好话说尽。一旦目的达到，过去所说的话都忘得一干二净，完全站在自己的利益上打算盘，这就是所谓食言自肥。

照这样的说法，没有人愿意与他们合伙做生意，但事实上这类人又常常得逞，原因到底在哪里呢？因为这类人有很大的欺骗性，在实际生活中不容易对他们进行甄别。他们的一大"法宝"就是遇到人们的责难和质问时，能说出一大堆理由来解释，连拍带哄，说得你有脾气都没法说出来。这类人眼睛都亮得很，心里有一杆很精密的小秤，对与自己有关系的人都做过估量。凡是对他的利益有帮助的人，他不仅好话说尽，而且在必要的时候，他也自愿吃亏，表示他的豪爽、耿直；可是对于那些不能帮助他的人，他就换了一副面孔，其态度之傲慢、表情之难看、说话之难听，真叫人难以想象。总之，这类人把商场中的坏习气都学到了家，如果再有一点表演天才，喜怒哀乐，学啥像啥，即使商场老手，社会经验丰富的人，也会被他哄得天昏地暗，上当受骗。

合伙人的情况直接决定了你们合伙创建公司的命运，所以如何才能找到合适自己的合伙人呢？什么样的合伙人对于你来说是最好的呢？下面就为你介绍几类。

1. 重承诺守信用的人

公司发展壮大，必须要重承诺、讲信用，与重承诺、守信用的人合作错不了。

合伙是人的协调和配合。如果确定了要进行合伙的话，那么下一步至关重要的工作就是挑选你的合伙人了。所谓合伙人，就是既要能"合"，也要能"做"。也就是说，既要能与你精诚合作，不起异心，又要有实际的能力办成实事，而不是只说不"做"。这两点缺一不可。只有"合"，显然事业的重担全压在你身上，合伙的意义也就不大了；只有"做"，那很容易搞分裂闹矛盾，还不如不合伙的好。那么，具体地要选择怎样的合伙人呢？要做就做得最好，要合伙就要最好的合作。

合伙就像婚姻，它是你腾飞的起点，是你发达的基础，好婚姻使人幸福有加，好的合伙使人飞腾远大。有好的合伙人是一生的幸运，不宜的合伙人则使合伙双方两败俱伤。

在现代市场经济条件下，信用、信誉是商人价值连城的无形资产。孔子曾说过："人而无信，不知其可以。"意思是一个人不守信，不讲信用，是根本不可以的。

在合伙的事业中，"重承诺，守信用"这六字是对合伙的道德要求，也是基本要求。如果合伙的事业中混入了连基本商业道德也不具备的人，事业的前途实际上已毁了。

首先，合伙人了解公司的内部情况，包括技术秘密、网络、人员档案，再加上他所处的合伙人地位由此拥有的力，一旦居心不良、另有所图或对外不守承诺时，合伙的事业的危机也就近在眼前了。其次，解除合伙带来的危机。在合伙的过程中，"狐狸的尾巴总要露出来"，合伙人的坏品质在经营管理中暴露无遗。那么你一定不会愿意继续合作下去，也只通过劝其退伙或彼此散伙的方式想一劳永逸地解决问题。前者意味着资金、人员、关系的分离，后者直接代表着事业的解体，那么你起初合伙时的理想或目标此时也只是海市蜃楼了。解决经营必须联手的法则是：找重承诺，守信用的人合作。

2. 德才兼备的合伙人

有德无才是庸人，有才无德是小人。有德者可得天下，有德者可做大公司。

古代的大军事家曹操曾说过这么一句颇有争议的话：唯才是举。意思就是说只要你有才能，不管你的道德品质如何，我都会重用你，提拔你。而"唯才是举"在现今的任何一个行业中恐怕都是不怎么推崇的。同时代的刘备在临终时说过这样一句话："勿以恶小而为之，勿以善小而不为，唯贤唯德，诚服于人。"这句话只是强调了"德"，而没有强调"才"也是有问题的。

那德和才的内涵是什么呢？这是一个比较复杂的问题，很少有人能讲清楚。但有一点大家或许会同意：家庭主妇的才德和合伙人的才德是不同的。合伙人的才德要和合伙的事业相联系。合伙人的才包括有用的和相关的知识、技术和能力，能帮助公司获利。德则包括重信守约，不见利忘义，团结合作，互谦互让等与合伙的事业发展、稳定相联系的内容。挑选合伙人时要德才兼备，全面衡量，切不可只顾其一不顾其二，正像人们所说：有德无才是庸人，有才无德是小人。重德轻才，往往导致与庸人合作，重才轻德，往往导致与小人合作。无论是庸人还是小人，与之合作注定是要失败的。其中尤其要注意的是不可见才忘德。见对方有一技之长而忽略他的品德是常困扰中国企业家的一个问题。曾有一个科技公司的老板认识了一个技术人员，尽管他知道这个技术人员曾有过带着公司的技术恶意跳槽的经历，但由于他很欣赏这个技术人员的开发能力，还是与他进行合作，结果这个技术人员利用公司的资金设备开发出一种新技术。后来在另外一家公司的高薪诱惑下，带着整套技术图纸和方案不辞而别，投向了该公司，给原先耗费了巨大人力、资金、时间的公司带来了不可估计的损失。

总之，理想的合伙人不仅是一个能为你提供资金、技术、管理经验或其他方面帮助的人，而且更重要的是他应该是一个能让你信任、尊敬、同甘共苦的人，是一个与你具有共同的发展目标和价值观念的人，是一个能与你的才能、性格等方面形成互勉的人，这才是你想要的。

3. 志同道合的合伙人

志向远大，才能做好公司。合伙人在一起合作最直接的认同就是志相同。志指的是目标和动机，从广义上讲包含了创业者建立公司的动机、目标，以及创业者确定的公司目标、规划等诸多复杂的内容，可以是赚钱、扬名、实现理想……其次的认同就是道相合。道就是实现志的方法、手段，即公司的经营思路和经营策略。著名企业家卡特里选人的首要标准就是志同道合，要求部下必须熟知他的领导作风，对他的管理办法能贯彻执行。

选择合伙人时，志同道合很重要。不同的创业者建立公司的目标和动机可能不同，而不同的目标与动机会导致不同的经营战略和方法。办一个公司到底该怎么办，关键要明白你们的目的，如果你的合伙人只想尽快收回成本并得到最大利润回报，而你的目的却是要做成一个长久性的公司，做成百年老字号或金招牌。那么，各自的经营策略也会是有所不同的。

应该说，在公司的初创时期，目标还是一个暗藏的、朦胧的意识。

因为你们相对实力不大，对瞬息万变的市场和公司没有把握，一切都是在日后的发展中逐步明朗的。但是，你们应该有一个目标。在开头的时候，你们的目标一定要互相配合，纵使未来目标会逐渐改变，但起初的方向应一致。

4. 能互补的合伙人

合作就像一部机器，机器需要不同的零部件的配合。假如能找到"互补型"人，对于公司发展壮大是非常有益的，因为这样可以强强联合。

《山海经》里有一则故事说，长臂国的长臂人和长腿国的长腿人，各有自己的长处，同时也各有自己的短处。下海捉鱼，一个涉不深，另一个却够不着。可是当长臂人骑在长腿人的肩上时就既能涉得深又能够得着了。这就是相互补充组合的效果。同样，合伙人有缺点，你也有缺点；合伙人有优点，你也有优点，如果能进行互补的话，合伙的整体力量必会得到极大的增强。

合伙就像一部机器，机器需要不同的零部件的配合。一个优秀的合伙结构，不仅能够为合伙人的能力发挥创造良好的条件，还会产生彼此都不拥有的一种新的力量，使单个人的能力得到放大、强化和延伸。最成功的合伙事业是由才能和背景不相同但能配合的人合伙创造出来的。如果你来自乡村，而他来自城市，你受的是良好的教育，而他是靠刻苦自修，你的性格比较内向、谦和，他的性格比较外向、奔放，你们必能互相砥砺。

"中华饲料王"——新希望集团是由四个同胞兄弟合伙建立的。在发展过程中有一个分工的问题，四兄弟各自审视了自己的长处和短处：老三毕业于四川农学院，对化肥农药颇有研究，于是他专研技术这一块；老大精于计算，负责事业的财会这一块；老二原在教育局供职，于是搞起了公司的管理和企划；老四善于交际，当起了法人代表，加强公司与外界的业务联系并打响知名度。通过这种取长补短的分工合作，新希望集团从"育新良种场"起家，从育雏鸡到养鹅，从搞养殖到开发饲料生产，一步步发展壮大，发展成了中国最大的私营企业之一。

下　篇　零资金创业要规避的陷阱和盲点

第20章

创业陷阱：第一次当老板容易犯的错误

你能看清自己的创业盲点吗？你知道如何修正自己的创业错误吗？作为企业领导者，难免会犯各种各样的错误，不管这些错误是大还是小，其影响层面都很深远。避免那些无谓的错误是创业成功的第一要务。

把所有鸡蛋放在同一个篮子里

虽然单一投资因为资源和资金的集中，在项目选择正确的情况下，常常会给企业带来好的收益，但单一投资的风险也是显而易见的，巨大的风险只要发生一次，就可能使投资者、企业创始人多年积累起来的财富毁于一旦。

随着人们生活水平的提高，特色菜肴慢慢受到了都市人的青睐。刘俊看到了此景，经过初步的调研后，毅然抛开了一直处在考察中的其他投资项目，一心一意搞起了特色养殖——大批量地养殖果子狸。

刘俊自称相信"风险与机遇并存"，力排众议，倾其所有，并将全部资金都投入到自己选定的特色养殖项目上，并坚信在自己的苦心经营下，一定能够从这个项目上获取丰厚回报。但一场突如其来的"非典"疫情，却使刘俊的梦想很快就破灭了。

形象地讲，投资过于单一，就像把所有鸡蛋放在同一个篮子里，一旦篮子打翻，鸡蛋也就全部摔破了。而由多项目构成的组合性投资，可以大大减少单一投资所带来的投资风险。作为一名缺乏经验的创业投资者，在进行投资决策时，一定要尽可能拓展投资思路，培养多角度投资思维方式，保持投资项目的多元化，并注意在项目与资金之间达成平衡。

"摊子"铺得过大，缺少风险防范

李成对自己准备投资的电动自行车项目充满自信，经过简单的调研，李成认为这个项目一定能给他带来不菲的收益，加上通过关系，李成轻而易举就从银行借到了大笔资金，信心更加"暴涨"。李成很看不起同行们缩手缩脚、小打小闹的样子，心想自己绝不能跟他们一样，要干就大干一场。一心只想扩大投资规模的李成，将"摊子"铺得越来越大，连上了两条生产线。企业负债随着李成的盲目投资就像滚雪球般地扩大，李成却毫不在乎。在李成看来，等企业一运转起来，什么债都可以还清。但等李成的企业运转起来了，同行却早已赚取了大量的利润，开始实行低价格竞争，拼命地压价了。李成的产品生产出来却卖不出去，顿时陷入了危局之中。

"摊子"铺得过大，缺乏风险防范是一些创业者的一个通病，殊不知种种危机就潜伏其中，一不小心就可能爆发。同时，在经济快速增长的时候，人们容易信心"超支"，对未来估计过于乐观，藐视风险，从而形成投资泡沫，一旦有风吹草动，泡沫瞬间破灭，投资者就会陷入危局和困境。

投资者应从风险与收益平衡的角度考虑企业的投资导向，选择合适的投资项目，并且将投资规模控制在适度的范围内。

轻信他人，不亲自做市场调研

　　事实证明，初创企业能否成功，在很大程度上取决于每一个企业创始人在事前对企业市场前景的调查、策划、运筹等准备工作。好比站在有很多岔路的路口，如果之前没有考虑清楚而选择了错误的道路，之后走得再快也只不过是离悬崖越近。

　　张鑫在外资企业干了七八年，手里积累了35万元资金，最近由于自己所服务的外资企业准备撤出中国而待业在家，于是就想寻找一个合适的项目准备自己创业。

　　张鑫的一个好哥们吴某听到这个消息后，跑来向他竭力鼓吹经销二手电脑肯定能赚钱。在张鑫犹豫之际，吴某又说如果张鑫相信他，只要张鑫投资35万元，其他一切事情全部由他来做，到时候，他们两个五五分成。吴某又一一列举了自己的市场调查资料，分析了经销二手电脑的市场前景。张鑫在吴某的蛊惑下，不仅对35万元投资一口应允，而且在将钱交给吴某之前，也没有亲自或委托他人重新对经销二手电脑这一项目的市场前景进行任何调查。结果吴某拿到钱后，没多久就将经销二手电脑的这个生意给做垮了，张鑫的35万元投资当然也跟着打了水漂。

　　通常，创业者对他人尤其是亲密朋友的意见都容易过度信任，认为朋友的话即代表了市场的真相，自己无需再对市场进行调查，从而导致投资失败。在做投资决策时，不要轻易相信任何人的意见与建议，哪怕这个人是赫赫有名的专家、你的亲兄弟、你的父母亲。事实证明，要想

知道梨子的滋味，就要亲自尝一尝。这是万古不变的真理，投资者更要牢记在心。

急功近利，只看眼前利益

在贵州省遵义市，当地有一个叫孟奎的私营企业老板，看到别人因生产塑料薄膜赚了不少钱，非常眼红，于是赶紧筹集了100万资金，决定也要尽快投资上马生产塑料薄膜这一项目。就在这时，孟奎手下的一名叫李先进的技术员劝告他说："老板，你只要将开工时间推迟4个月，我们就能安装调试好一种目前最先进的设备，新设备生产的塑料薄膜比现有设备生产的要好得多，相信也会畅销得多。"

不料，孟奎听了却非常不高兴地说："推迟开工4个月？你知道推迟开工4个月意味着什么吗？那意味着我们将白白丢掉上百万元的利润。"并且命令马上开工。但不出李先进所料，工厂开工没几个月，就因为配套技术陈旧、产品科技含量太低而使产品滞销。孟奎也不得不重新投入巨资对才开工没多久的工厂进行技术改造。

很多成功人士说过，一个人，越是把眼睛盯在钱上，越是没有机会发财。急功近利，看到眼前利益，忽略了过程和基础，当真正需要的时候，欠缺远见会导致中途崩溃。

创业者在初涉投资时，易受眼前利益驱动，而忽视长远利益，采取急功近利的短期行为，这样做虽然能够使企业一时获利，却丧失了长远发展的后劲。投资是一项系统工程，创业者要克服急功近利的思想，更不可杀鸡取卵，涸泽而渔。

过于迷恋主导权，最后导致失败

迷恋主导权而寻求过度弱小的合作伙伴，这是创业者的一个重要误区。

对一个创业者而言，想要取得成功，必须经过许多年的努力奋斗，这其中左右成功与否的因素有很多，其中很重要的是合作伙伴的选择。

现在很多创业者、企业家把合作定义为两家企业之间的业务往来、协作，这其实有些肤浅。对于一个企业而言，在发展过程中合作伙伴是具有广泛性的。创业者必须要做到内外协调，把几种力量综合起来，同时"因企制宜"，才能最大限度地加快企业发展。我们处在一个充满机遇的社会。几乎所有人的心中都有个创业梦——通过白手起家，获得权力、威望、财富、声誉和喝彩，成为像微软的比尔·盖茨、苹果的史蒂夫·乔布斯那样的传奇。然而，每个旅程的第一阶段都会是最为漫长而艰难的，创业也不例外。你必须为此做好准备，采取一些积极的措施来运作你的生意。

谁都想"我说了算"，谁都想当"主人"，但主人不是谁都能当的，不是谁都能够当好的，当家做主意味着更多的付出和更大的责任。创业者在寻求合作伙伴时一心追求话语权，但软弱的合作者却可能在你需要时，不能给予你及时和有力的帮助，反而有可能使一些更强大的潜在合作伙伴却步不前，弃你而去，使你丧失更多的机会。

对合作方的信誉、实力疏于考察

做生意单独做固然很好，当自己的实力或精力有限，那就需要找合作伙伴了。好的合作伙伴自然能让你在生意上如虎添翼，不好的伙伴也能将你拉到事业谷底。因此，如何挑选合作伙伴就显得非常重要。

在选择合作伙伴前，必须先确定生意的形式。每一个企业的创始人都要为自己的生意构造一种形式，越贴近自己的需要越好。企业的创始人创办公司的组织形式是以防不测的保障，也是减少生意开支的手段。正确的形式能帮企业的创始人减少不利因素，保护企业的非商业资产。企业创始人可考虑采用以下公司形式，如工商业公司（营利法人）、控股公司（股东人数有限的公司）、有限责任公司、有限合伙公司或是普通合伙公司（合伙人共享股份及共同承担无限责任）——这样即使初创企业的船沉入水底，你同样也能逃生。

创业者因急于发展企业，对合作方的信誉、实力疏于考察，极易为企业留下隐患。在涉及资金投入时，一定要强调资金的到位期和资金到位的比率。例如，创业者在合作前，务必对合作伙伴进行全方位的调查研究，对合作伙伴的品行、经营能力、资金实力，等等，都要有翔实的了解，以减少投资风险。

总之，合作伙伴关系实际上是一个双赢的概念，只有自己的企业、合作方都能不断地从这种合作中长久受益，这种关系才能持久稳固。

选择实力远超过自己的投资伙伴

从创业者的角度来看，在公司成立之初，就要根据自身产品的相关定位和公司实力进行权衡，选择适合自己的合作伙伴。若没有选择好合适的合作伙伴，不仅前期的资金投入不能收回，投资无效，并且还会在另找合作伙伴时产生不必要的麻烦。

选择实力远超过自己的投资伙伴，这是创业者在选择合作伙伴时的一个重大决策误区。

几个大学生刚毕业就决定自主创业。他们看好了一个很有市场的投资项目，但因自己刚毕业，经济基础薄弱，不得不寻求投资合作伙伴，以求利益共享、风险共担。经过多方考察，他们选择了一家极具实力的大型企业，对方为这一项目投入了足够的资金，同时也占据了大部分的股权。资金问题解决了，但在经营、管理、人力等诸多问题上，他们却达不成共识。由于对方是大股东，根本不按这几个大学生的思路运作，结果项目运行失败。

有些创业者抱有"大树底下好乘凉"的想法，单纯地认为只要有了资金，其他问题都好解决。而事实上，由于合作伙伴过于强大，揽权、抢权意识强烈，创业者虽然有知识有想法，却容易陷入英雄无用武之地的尴尬中。尤其是刚出道的创业者，在以股权融资的时候，一定要考虑双方力量的平衡问题。虽然不能一心想着"制衡"对方，但也一定要随时警惕被对方"制衡"。

感情用事，不能正确面对投资失败

郭玉刚连续投资的几个新项目均因各种各样的原因流产了。一系列的投资悲剧使他受到周围人的奚落和怀疑，这让郭玉刚的自尊心大受打击，也激起了郭玉刚的"斗志"。恰巧这时，听人说了一个一本万利的新商机，急于翻本和挽回形象的郭玉刚连考虑都没多考虑，更别说什么科学评估该投资项目了，当即决定投资该项目。用郭玉刚的话说就是："一回不成，两回不成，我就不信这回还不成！"可惜市场很快"回了话"，他的投资又泡汤了。

不害怕失败是好事，但胆大不等于鲁莽。企业的创始人因无法忍受屡屡投资失败的压力，激起赌徒心理，以情绪化的决策方式去决定投资方向、投资项目，则必败无疑。情绪化是最可怕的投资陷阱之一。一个企业的创始人在任何情况下，都必须有清醒的头脑，冷静而客观地决策。如果觉得自己把握不住，可以请专家或组织智囊团来帮助自己，不能让情绪左右了自己的头脑，导致投资一错再错。

作为一个企业的创始人应该坦然地接受自己失败的痛楚，只有这样，企业的创始人才能真正成功。商场如战场，没有什么常胜将军，失败并不可怕，关键是失败后做什么。

忽视 投资回报，投资陌生行业

经营刚上轨道的餐饮店的经理刘大力力求规模制胜，马不停蹄地打算上马一些新项目。刘大力喜欢读书看报，知道现在专家们都在讲企业经营要多元化，也想"多元化"。刘大力决定到一个完全陌生的行业内一试身手——办个服装厂。由于刘大力从来没有搞过服装，对服装行业两眼一抹黑，而刘大力在餐饮行业积累的经验在服装行业又基本用不上，结果不到1年，刘大力的服装厂就败下阵来。

一个企业经营者爱学习，有上进心是好的，但刘大力在学习时却不善于分辨，忘记了对于一个投资新手来说，"不熟不做"乃是一条普遍法则。盲目进入不熟悉的新行业，不仅使一个经营者过去积累的经验不容易发挥，还浪费了宝贵的时间和资金。

为了提高创业成功的概率，每个创业者必须考虑以下几个问题：

第一，冷静地评估自己拥有的资源，包括社会关系、专业特长，并评估其蕴含的商业价值，寻找创业和投资的着力点。

第二，如果条件尚不成熟，创业者先不忙于动手，应学习必要的技术和其他方面的知识，为将来创业积累资本。

第三，不要凭感觉用事。很多创业者缺乏经验，容易头脑发热，作出一些错误决定。

创业最简单的方法就是从自己熟悉或有专长的事情做起，一般可以起到事半功倍的效果，大大减少创业过程中的波折。如果凭一时冲

动，投资到陌生的行业中，操作起来难免力不从心，失败的几率也是很大的。

对投资项目过于乐观

创业者常常被鼓励要看到事物光明的一面，用积极的眼光看待周围的一切。然而事实证明，"积极"也不能过了头。针对顶尖高绩效公司的研究表明，成功的秘诀在于对现实始终保持清醒的认识。

20世纪90年代，VCD机曾是一种高档耐用消费品，市场前景非常看好，当时南方某企业决定改行做这种产品。这虽然需要一笔非常大的资金，但该企业经过多方筹措仍坚持了下来。可惜等该企业的产品上市时，更先进的DVD产品纷纷面世。市场陷入了价格战的泥潭，而该企业却没有足够的资金去与别人打价格战。在最初的一批货卖了100万元以后，该企业的产品便再也销不动了，不得不乖乖地退出了这片市场。经此一役，该企业元气大伤。

每一个企业的创始人，对投资项目认识不足会带来很多后遗症，包括金钱上的损失，投资不能获得合理回报，创业信心被动摇等。目前许多创业者急于创业，选择项目仓促，导致立项后出现一系列问题，严重的被骗上当，甚至花掉多年积蓄，破产者也大有人在。在选择行业时，创业者必须考虑两个重点：一是如何选定产品或服务；二是创业人士本身是否适合该行业。

没有发现逆境时创业的优势

美国亿万富豪亚默尔原本只是一个贫穷的农夫。加州发现大金矿时，他随着淘金者蜂拥而至。荒山野谷，气候燥热，水源奇缺，处于困境的亚默尔看到这种情况，再三考虑，断然放弃淘金而去寻找水源。于是他挖水渠，引水入池，然后过滤澄清分袋出售。几年后，大多数淘金人沦为乞丐甚至抛尸荒野时，亚默尔却因为从清水中淘得"金子"而成为美国屈指可数的大富翁。

每一位创业者都可能遇到过亚默尔一样的困境，但有的人成功了，而有的人却和大多数淘金者一样失败了。其原因就在于，他们没有看到逆境时创业的优势。比如：创业成本低，淡季期间，场地租金低，人工成本低；淡季创业时，政府一般会推出优惠政策，例如，帮助一些下岗工人、失业人士创业等。

轻易放弃投资项目

史某经过严格调查、慎重考虑，终于办起了一个养蚕茧的项目，史某踌躇满志地着手兴建。一切工作都按计划进展得十分顺利，但项目进行到后期，却遇上货多价贱，蚕丝市场一时趋于疲软的困境。史某因此惊慌失措，感觉就像握着一个定时炸弹，一心急于脱手。谁知当他刚刚以低价将该项目转手后，戏剧性的一幕出现了：随着蚕丝市场的复苏，蚕丝价格发生了强烈的反弹，接手该项目的投资者迅速将项目完工，因此大赚了一笔钱。

轻易放弃投资项目是创业者的一个误区。

面对瞬息万变的市场，投资者必须保持良好的心态，冷静分析变化是长期的，还是暂时的？是政策性的，还是市场性的？惊慌失措只能导致决策失误，决策失误又必然导致投资失败。投资者在决定开始运作一个项目时，就应该对市场和政策的各种变化作出预测，并有针对性地应变。

一个企业的创始人，千万不要轻易放弃投资项目，而应做细做专。我们身处的这个时代，有人称之为转轨时期，由于很多事情都还不确定，宏观环境、微观环境变动激烈，大资本和小资本都有着众多机会，包括新创一个行业的机会，千万不要轻言放弃。

凭运气行事，认为自己无所不能

不要认为自己运气好，认为自己无所不能，幸运不能永随。以运气为拐杖来度量财富之路，早晚要跌跟头。"好运连连，一帆风顺"，只不过是人们的一种美好愿望而已，在现实中是不可能的事。投资是一门科学，要尊重其规律，否则受到惩罚，只能算是咎由自取。

对于一个企业的创始人来说，绝对不能光凭运气进行投资。在商场上，根本就没有运气这一说法，原因是，只有企业的创始人掌握了正确的方法，企业才会持续、健康地发展下去。这个正确的方法就是：第一，观察。观察当前社会上热门的产业、热门的行业。第二，测量。测量产业的规模，测量行业的成熟度。第三，发现。发现该产业或行业的空白点，发现顾客有需要而尚未有人想到去满足的产品或服务。第四，行动。一旦发现空白点，立即行动。

过于武断，投资操作周期太长的项目

初涉商海的李江灵机一动："购买别人的技术专利，拿来自己'做窝下蛋'，岂不既省去了大笔开发费用，又可在时间上先发制人？"选来选去，李江选定一项自认为大有前途的技术，决定投巨资将这项技术的专利权买下来。有人提醒李江这项专利虽然现在看好，但操作周期太长，而且，听说某某研究所有一项更先进的技术已将开发完成。现在购买这项技术，可能很快就会过时。李江却不听劝告，执意投资。当李江将这项专利技术买到手，并且投资将其转化为产品后，人们已不再需要它了。

创业者在选择投资项目时，目光短浅，不能把握市场未来的发展方向，投巨资购买眼看要落后的技术，遭受损失理所当然。当一个项目投资花费巨大，可能需要较长时间才能收回成本并获得赢利时，投资者不但要考虑它的现在，还要考虑它的将来。一项产品现在有市场，不等于将来也同样有市场。

第21章

经营盲点：一些老板常犯的经营错误

经营无小事，每一位创业者都在想办法提高自己的销量，创新自己的经营方式，但是凡事并不是绝对的，很多企业会产生一些经营盲点，而这对于企业的发展来说绝对不是一个较好的信号。所以企业要重视经营盲点，克服经营盲点，让企业走得更远。

忽视目标市场的发展

　　企业的发展不能脱离市场环境，当前，许多中小企业忽视目标市场发展趋势，盲目扩大规模，是其陷入困境的主要原因之一。如：近几年，国内的保健品、家电等产品市场已经趋于饱和且停滞发展，市场竞争格局已经发生了很大变化，大型企业逐步控制了市场，中小型企业在这一市场中盲目扩张就会受到巨大竞争压力，甚至关闭。

　　因此，要成为一个"强"的中小企业，定位于"朝阳"市场是十分必要的。"朝阳"市场是指局部而具体的市场，比如，一个持续扩大的社区，其中的零售、餐饮、服务业就是一个"朝阳"市场。因为不断扩大的市场规模，可以给中小企业一个宽松的生存和发展空间。

忽视在局部市场的优势

　　很多中小型企业在发展过程中，往往忽视在局部保持其竞争优势，盲目追求大和全，从而导致局部竞争优势的丧失而经营失败。国内红高粱快餐连锁经营就是一个例子。最早的红高粱快餐成立于郑州，其经营方式受到当地消费者的认可，但转变成连锁经营后，竞争的核心转移到企业的管理能力和财务能力上，而在这方面红高粱缺乏优势，结果导致红高粱企业的全面崩溃。

强大的中小企业必须是在局部市场中具有独特优势竞争力的企业。一个社区中的餐厅可能没有高超的烹饪技术和豪华的装饰，但它可能在对社区消费者口味的了解方面独具长处，而且在价格、营业时间的安排、顾客亲和力等方面比大型餐厅做得更好，这就足以在局部市场上形成独特的竞争优势，立于不败之地。

忽视 培养稳定增长的主营业务

中小企业生存发展的关键是要有稳定增长的主营业务收入，而不在于短期单纯的收入的增加。挣扎在生存线上的中小企业经常从事多种业务，这并不是好的现象，说明企业的经营基础十分薄弱，而且处于随时关闭的危险之中。一个小型的咨询公司为了收入，可能会承接各种类型的业务，面面俱到，单纯地增长收入，这种方式不利于企业长期发展。

明智的做法是要有针对性，形成在局部领域的优势，如果所针对领域的市场正好又是"朝阳"型的市场，则企业就会有广阔的发展空间。

忽视 建立稳定的团队

尽管中小企业的人员流失比较大是常见的现象，但保持核心队伍的稳定仍是必要的。特别是对于一些技术型的中小企业，核心技术往往掌握在核心队伍成员手上，不稳定的团队有时会直接摧毁一个中小企业的事业。

正确的做法是，当企业发展时，要制订适当的激励政策鼓励主要人员，比如给予分红、期权或增加薪资，等等。另外，还要保持沟通，使主要员工认同企业的发展目标，从而建立稳定的核心队伍。

忽视 不稳定的财务状况

中小企业的资金规模小，在经营规模扩大时，一项不当的投资就会造成财务状况的不稳定，很可能就会断送企业的前途。当然，对于中小企业来说，由于渴望发展，完全没有风险是不可能，但要谨记"稳定企业财务状况"这条原则十分必要。很多时候，导致企业关闭的原因不是仅仅因为有亏损，而是由于不适当的资金占用导致资金流动出现问题。尤其要注意的是，企业在创办初期进行多元化发展，是造成企业财务状况恶化的一个重要原因。

改善财务状况，要注重财务指标，其中最重要的有"现金流量""应收账款""应付账款""速动比率"等指标，保持这些指标处于健康状态十分重要。另外，对于把收益寄托在未来的投资收益上的计划，要十分慎重，如果投资的是专用设备，则变现能力很弱；如是与当前产品类型不同的产品，则更要十分谨慎。

忽视边际成本的上升

这是很多中小企业都容易走入的一个误区。所谓"边际成本"就是每多增加一单位的产量所需要增加的成本。

随着企业规模的扩大，管理成本将会上升，市场费用加大，员工工资支出也会增加，但销售额和利润却没有同步扩大，边际成本就会不断上升。边际成本上升，甚至上升较快的企业，赢利能力逐步下降，这注定企业将会失去发展前途。

另外，边际成本上升也反映了企业缺乏管理能力，企业将会因为规模扩大遇到更多的经营阻力。

崇奉高额利润

　　中小企业最常见的经营错误就是崇奉高额利润率及"溢价定价"。关于这种错误可能导致什么样的结果，施乐公司在20世纪70年代几近崩溃是一个极好的例子。

　　该公司发明复印机以后——工业史上极少有产品如此迅速地取得那样巨大的成功，便立刻开始给这种机器增加一个又一个功能，每一种功能都以最大利润率定价，从而每加一种功能便抬高一次复印机的价格。施乐公司的利润猛增，当然它的股票价格也同时上涨。但是，只需要一种简单机器的大多数消费者却越来越打算购买其他竞争厂家的产品。当日本的佳能公司推出这种产品时，很快就占领了美国的市场。施乐公司只能苟延残喘了。

　　通用汽车公司的麻烦——也是美国整个汽车工业的麻烦，在很大程度上也是执著于利润率的结果。到1970年时，德国大众汽车公司的"甲壳虫"小车已经占有大约10%的美国市场，这表明了美国对小型省油的车有需求。数年后，第一次"石油危机"过去之后，这个市场已经变得很大，并且还在快速增长。然而，美国汽车厂家许多年来非常乐于把这部分市场留给日本人，因为小型车的利润率似乎比大型车低很多。

　　这种想法很快就被证明是一种错觉——事情通常都是这样的。通用、克莱斯勒和福特不得不给大型车的买主越来越多的补贴，诸如折扣、现金奖励等。结果，三大汽车巨头付出的补贴大概已超过他们可以用来开发有

竞争力的（并且也是有利可图的）小型车的代价。

崇奉溢价定价总是为竞争者创造了市场，但高利润率并不等于最大利润。利润总额＝营业额×利润率。因此，最大利润是通过产生最大全部利润流的利润率而获得的，而这个利润率往往也是产生最佳市场定位的利润率。

以"最高承受度"定价

有的公司对一种新产品以"市场最高承受度"为限定价。这也为竞争带来了没有风险的机会。即便该产品有专利保护，这种政策也是错误的。对于哪怕是最强大的专利，只要有足够的刺激，潜在的竞争者总能够找到对付它的方法。

日本人之所以能占有今天的世界传真机市场，是因为发明、开发并首先生产传真机的美国人当初制订了市场最高承受度的价格——即他们能够得到的最高价格。然而日本人在潜心学习了两三年后，将他们的产品在美国的价格整整定低了40%，一夜之间便夺得了市场。只有一家小批量生产特种传真机的美国小厂商得以幸存。

与施乐公司相反，杜邦公司仍然保持了世界最大合成纤维生产厂家的地位，是因为在20世纪40年代中期，它向世界市场推出的新型专利产品——尼龙，其价格使杜邦必须销售5年才可能赢利，但却使它保持竞争态势并不断发展创新。

按成本推动定价

曾经，大部分美国公司，尤其是所有的欧洲公司定价时是将全部成本加起来，然后再加上利润率。接下来，当它们推出产品后，就不得不开始削减价格，付出很大代价重新设计产品，不得不承受损失——往往还不得不放弃一种很出色的产品，因为它的价格定得不合适。它们的论点是"我们必须收回成本，创造利润"。这没错，但这是顾客们不关心的问题，顾客并不以为确保厂商的利润是他们的事情。定价唯一可靠的方法应该是从市场愿意付什么价开始（因此也必须假设，竞争者将定何种价格），并按照该定价去设计。

按成本推动定价表明了为什么美国的消费电器产业已不复存在的原因。美国曾经拥有技术和产品，但这是按照成本推动的定价运作的——而日本人却实行价格推动的成本核算。成本引导定价也几乎将美国的机床产业摧毁，使采用价格引导成本核算的日本人在世界市场上居于领先地位。美国工业后来的复苏，虽然十分有限，但也是美国产业界终于转换到价格引导成本核算的结果。

旧的成果妨碍新的创业

经营者往往容易守住过去成功的果实不放，不愿意突破旧的成果实现更高创新。正是这一点使IBM公司出错了。它的跌倒是自相矛盾地由它的独特成功造成的：当苹果公司在70年代首先推出个人电脑时，IBM公司几乎在一夜之间就赶上来了。然而，当它在这一新的个人电脑市场占据领先地位时，它却把这个新的正在成长的业务约束于旧的摇钱树——大型计算机。

事实上这是该公司第二次犯这样的错误了。40年前，当该公司首先发明计算机时，高级管理层坚持在有可能销售打孔资料卡的地方不要提供它的计算机，因为打孔资料卡当时是它的摇钱树。后来，还是司法部挽救了该公司，因为它提出了针对该公司垄断打孔资料卡市场的反托拉斯法诉讼，这迫使管理部门放弃了打孔资料卡，从而拯救了刚开始成长的计算机。不过，第二次它就没有这种幸运之神来挽救它了。

沉湎老问题而错过新机会

从"解决问题"中得到的只是消除损害，只有机会才提供成果与增长。实际上机会在每一个方面都与问题一样的困难和要求苛刻。正确的做法是，首先需要列出经营业务所面临的机会，并确定每一个机会都配备了足够的人员（和得到足够的支持），然后才应该列出问题并为解决它们配备人员。

西尔斯公司在近年来的零售业务中做得很可能恰好相反——对机会听之任之，把精力全放在解决问题上。而正在稳步丢失世界市场的欧洲大公司（如德国的西门子公司）大概也是这样干的。而通用电气公司做得就完全正确，它的政策是，对所有那些不提供长期增长与机会，不能使该公司在世界名列前茅的业务，即使它们是有利可图的，也将其放弃。然后，通用电气公司把它最好的人员放在机会的开拓上，不断推陈出新。

因此，管理人沉湎于解决问题之中，就会错过一些新机会。

整个公司定位的错误

马自达公司，作为汽车王国日本的第五大汽车制造商，创建于1920年，至今仍在汽车发动机开发方面处于领先地位，尤其是它生产的高级赛车，拥有日本市场的半壁江山。就是有着这样坚实基础、名闻遐迩的大型公司，今日已归属于美国的福特汽车公司。马自达为海外竞争对手所兼并，这对一向以创造经济奇迹而闻名的日本人而言，实在是难以接受的事实。

20世纪80年代末，日本的泡沫经济已是日趋严重，马自达却依旧孤芳自赏，只顾在技术上拼命地追赶本田公司与日产公司，执意开发、生产出大量高级轿车，甚至为此投资1 200亿日元建设了一座新厂。但由于产品积压，新生产线开工率还不足45%，这是其公司定位不准所造成的严重后果。

马自达公司以技术领先闻名，在自己的技术领域中创造出了一流的品牌，但是它的决策者只以技术、以公司自我为中心，而忽略了公司产品的市场占有率和消费者市场对其产品的感知与认可，从而导致了整个公司定位的错误。因为其市场占有率和公司原有的市场份额由于公司定位的错误而逐渐被挤占和瓜分，已经无法继续生存和发展，因而其也逃脱不了被美国福特公司所兼并的必然后果。

举棋不定，贻误战机

作为管理者，必须敢于决断，善于决断，看准时机之后，当机立断，速战速决。绝不能举棋不定，贻误战机。

任何决策，总是有一定时空条件的，很少有任何条件都一清二楚，结果也一目了然的决策。决策时固然要认清内外部的条件，但不可能等到完全掌握了这些条件才可以做决策，而是要在条件掌握与时效两方面取得平衡，在尽可能掌握条件的基础上作出尽可能合乎实际的决策。所以，正确的决策就是依据现实条件的最佳方案的选择，也就是说要在理想和现实之间平衡的选择。

英国管理大师理查斯·鲁宾说："在追求完美的决策过程中，会失去合理的决策。最完美的决策只能是遥不可及的梦想，而最合理的决策是切合实际需要的决策。"

迅速决策不仅可以抓住最好时机，而且可以冲破传统的消极观念，极大地动员下属的热情，坚定下属实施方案、争取胜利的决心。相反，决策者在关键时刻模棱两可，优柔寡断，不仅会涣散下属的情绪，而且会瓦解队伍的士气。

"敢断""善断"来源于决策者的魄力和鉴别力，果敢与自信永远是优秀老板的特征和必备的素质。太过瞻前顾后，患得患失，或者过分求全责备，凡事都求万无一失，不应该是老板的风格。

第22章

管理误区：一些老板常犯的管理错误

　　管理是很重要的事情，对一个刚刚创建的企业更是如此，管理的好坏对企业的发展影响极大。而我们现在的很多中小企业在管理上还不是很成熟，有很多欠缺的地方，因此企业的领导一定要明确企业的管理存在哪些误区，只有避免这些误区，才能更好地管理好企业。

崇尚权力

警察拥有一把手枪，不到危急时刻却从来不使用。对于老板来说，他的权力就相当于警察手中的手枪。权力本身的作用在于引而不发，而不在于它的实际使用。

"我个人就代表了企业。"这是权力妄想的一个表现。

你有必要问一问自己："在我成了老板之后，我的行为有没有改变？"是否已经变得如此自大，以至于你认识的每一个人几乎都在你面前诚惶诚恐，或者对你的每一个古怪念头和要求言听计从？你是否有时做错了事，但从没有对此怀疑过？

现在你是否该停下来好好思考，做些其他事情，或者什么也不做。这是一个十分简单的问题，但却是最难回答的问题之一——尤其当我们似乎完全能掌握自己命运的时候。天空一片晴朗时，摔倒的老板中有许多都是在看似风平浪静时摔跟头的。因此，有时放慢脚步，甚至暂停下来重新评估自己的道路，也许是最好的策略。

当你试图获得更多权力时，你也许正在丧失你的权力。管理人员必须完全摆脱幻想：完全控制——事事都要插手，既不可能又不需要。有趣的是，你将会发现，不试图完全控制，反而能得到更多的权力——完成事情的权力。

自我迷恋

自我迷恋的老板虽然拥有激发员工干劲的领袖魅力和口头感召力，但与他们相处并不容易。他们存在出现失误的潜在可能性，而且一旦出现失误将严重制约他们的事业和个人的发展。

自我迷恋在企业中常见的表现是：过于迷信个人魅力。许多老板都有一种误解，认为个人魅力是管理的精华所在。但是，有效的管理并不靠个人魅力。个人魅力有时反而是管理者的致命缺点：它使管理者变得死板僵化，自以为无所不能，且抗拒改革。具体表现在以下几方面。

1. 抵制批评

自恋型的领导者对批评过于敏感，他们不仅回避和抵制批评，甚至不能容忍任何不同意见的存在。原因在于他们内心世界的大门不向任何人开启，与任何人都保持情感上的距离。不少自恋型领导者口头上提倡团队合作、平等交流，但内心想要的却是满口称是的下属，致使有独立思想的下属不断离去或被解雇，最终出现人才危机。

2. 不善于教导

自恋型领导者习惯于发号施令，不善于教导员工。即使是高成效的自恋型领导者杰克·韦尔奇也不会启发性地教导员工，激发其创造性，而是让员工按照自己的思路和模式行事。他们不是教练，而是指挥官。指挥相对而言是比较简单的，而教导则需要理解、尊重、容忍和引导。这些正是自恋型领导者的弱项。

所以，作为管理者不要只眷恋自己的想法，其他人的思路可能更胜一筹。相反，倒应该用你的想法来引导他人。让大家都来憧憬未来的成功会给他们带来什么样的美景。

只说不做

"说"代替了"做"的现象存在于许多企业。它们会以各种形式存在。

演示代替了行动：将讨论、撰写作为管理人员的中心工作。这在大企业中尤为突出。

案头工作替代了行动：用制订计划、会议研讨、准备书面材料等替代了行动。

企业信条代替了行动：这是最普遍的一种形式。把企业信条或价值观以某种方式表达出来（如印小卡片给员工，或是印在海报上），事实上，希望得到的东西不会自动变成现实。这时，"说得多做得少"已成为人们司空见惯、可以接受的行为。人们之所以觉得它可被接受，是因为没有人出来反对或反其道而行之。

大多数人都不太愿意分析问题了。人们常常小瞧那些能马上带来经营成就和变革的简单行动，总是要等到事情逼到头上，才去做点什么。标准制订出来了，过程也被定义了，这些内容也恰如其分地变成了问题，经过校对，还配上了带有缩略语的图表。然而，只要还停留在分析和规划阶段，就是说得多，为实现目标却做得太少。尽管规划和分析有时也很有用，但其中许多工作对我们想达到的结果并不能产生任何直接的影响。有时候，最好的起点就在眼前。运用现有的时间、资金和资源，竭尽全力去完成使命，从今天开始就做力所能及的事情。

只做不想

"审慎思考，贯彻到底"是一个非常基本的概念，但是却天天都被人忽视。我们都见过设计得一塌糊涂的建筑和仪器，不禁会问怎么会发生这种事情。其实，这些事情发生的原因就是设计者没有做好心理上的模拟计划。

只要我们愿意思考，世界上所有的问题都能迎刃而解。然而麻烦的是，我们常常依赖于各种设备，以免去思考，因为思考是个苦差事。怎么解决这一困境呢？专家的建议是：

（1）回顾过去。

（2）观察你的团队。

（3）检查活动的过程。

（4）复审一下是谁得到了奖励。

（5）对环境稍作巡视。

（6）听听专家之言。

（7）睁开眼睛去行动。

你可以在一个有利的时间作一些反思性的思考活动，如利用清晨时光慢跑、运动、写写东西、沉思、计划。对很多人来说，这是个安静的时刻，是他们反省、给心灵马达热身的时候。

做好好先生

如果影响你作出判断的理由是因为你觉得这么做会受到员工的欢迎，你就是在冒被人无端评为政客的风险。如果你希望经常有人肯定你是一位可以使每一个员工都满意的领导，那么，成为一位优秀的管理者的工作不能带来多少安慰。不被所有人憎恶，是件好事，但是不要忘了：管理者要赢得人们真心的尊重和爱戴，有时，还必须采取一些不寻常的管理手段。

作为一名企业管理者，成为所有人的朋友是不可能的。这有两个原因：其一，总是会有一些问题牵扯到一些和你关系最密切的员工。当你必须作出困难的决定的时候，这些离你最近的人自然希望你有所偏袒，但你显然不能这么做。第二，显得和一些人特别熟悉或者不经意表现出喜爱某些人会影响你权力的平衡，你必须尽一切努力保持公平、客观。

不要落入试图平息人们的反抗的陷阱，要坚持你的立场，不断向人们提供信息的同时获得有意义的反馈，但是不要为了赢得人们的鼓励或青睐而丧失自己的动力。你可以有意识地带领员工经历一些困难的局面，以此判断当员工不特别赞同你的目标时，他们会在多大程度上很好地配合你，这一点很重要。

狭窄

你也许有过到美术馆或者任何有油画的地方看油画的经历。当你站到油画前面试图把油画看得更清楚的时候，你会发现画面简直不可忍受：除了一团乱七八糟的色彩外，你什么也看不到！但是，当你退一步，到更远的地方去欣赏的时候，你会发现它是多么妙不可言。

欣赏油画的经历揭示了一个深刻的道理：当我们过于关注目标时，反而不能达到目标。

这是由于你太过于沉湎于自己的目标与活动，以至于忽视了自己运作于其中的更宽泛的外部联系。

人的天性就是如此，总是倾向于寻找预定的答案，总是带着这种偏见，而很难真正提供一个崭新视窗。这样的教训在市场调研中经常发生，所以你会发现市场调研也不过就是那么一回事。

如果你正在为你的目标或组织中的问题而困扰，我建议你不妨先把你的目标和问题放下来，把眼光对准其他事物，也许你就能发现另一番视野。

太过追求完美

你可能期望太高，但有时候够好就行了。你可能浪费太多时间和力气去梦想完美，结果却没有时间去做好任何事情。我们需要记住的是：适时见好就收。

有时候完美是值得追求的。办公室寄出的信件应该没有任何错字或错误的文法。此外，希望制造降落伞、保险套、飞机起降设备的人也致力于完美。然而，有些完美即使办得到，也不值得花费时间去做。我们需要确知何时应该追求完美，何时见好就收。

有时候你必须继续进行下一个计划，打下一个球，或是将建议书丢进邮筒。许多你必须做的计划和工作就像跨栏一样。你不该碰到栅栏，但是跨过栅栏以后就算再高也不会有额外的加分，你只要跳过去。同理，如果你所做的计划需要在很短的时间内跨过很多栅栏，那么你花费太多精力在第一个栅栏上，就会筋疲力尽而没有多余的力气完成剩下的部分，同时，你的速度也会减慢。最好的跨栏选手会仅以些微的差距跳过栅栏。

大多数的情况下，客户要求的就是品质。你可能花费数千美元制造全世界最好的钢笔，但是，如果客户要的只是用完即丢的好写的圆珠笔，你就浪费了时间与资源。你的客户也许不希望你在一个计划的某一部分花太多时间，而是希望你做好每个部分。你的上司（也可以是客户）也许只是要你将你的反应直接、随意地写在便条纸上，而不是要你写一篇长篇大论的答案。诀窍就在于，找出什么是客户真正要的东西，这才是最重要的管理技巧，也是生存之道。

把问题复杂化

大雁和狐狸同时落入猎人设下的铁笼子里。

狐狸对大雁说："我有一千种办法逃脱。"

大雁说："我只有一种办法可以重获自由。"

正说着，猎人来了。大雁便装死，猎人以为大雁被狐狸咬死了，便从铁笼子中把大雁取出扔在地上，大雁忽然展开双翅，飞走了。然而狐狸尚未决定使用哪一种办法逃命，被猎人放入了一只口袋里，无法脱身。

这则寓言印证了我在本书中一直强调的一点：简单的办法往往是最有效的办法，或者说最好的办法。简单管理的秘密就在于把复杂的东西演变为若干简单的东西去做。要做好复杂的事情，必须善于化复杂为简单。

"人应当全心信赖可以解决问题的答案，而不应该轻信任何较之更复杂的答案。"中古时期的明哲奥坎告诉我们。他说的道理再直白不过：关键在于能解决问题，而不是它简单还是复杂。

第23章

财务误区：一些对财务管理的错误认识

对于一个新创建的企业来说，财务的稳定，是企业在市场中稳定发展的前提保障，因此创业者必须做好自身的财务战略管理工作，避免陷入账务管理的误区，进而保障企业在市场中的长远发展。

财务管理就是会计核算

财务管理所需要的最基本的信息来自于会计核算。因此，很多老板认为财务管理就是会计核算。

实际上，会计与财务是有严格区别的。会计是企业经济活动的事后反映。财务会计需要严格遵守公认的原则，从事会计工作的人具有严格的工作规程，属于"知识工人"。会计部门的主管是"会计长"，具有丰富的会计知识和经验的人即可胜任。

而财务管理从事的是管理工作，是为企业高层管理者提供决策支持，同时负责企业的投资、融资、资金计划、预算、资产使用、资本运营等工作。财务主管则是"财务长"，这个人不但要懂会计，更重要的要懂管理。

当老板不用懂财务知识

老板们应该具有最基本的会计知识。但是，许多企业的老板并未对财务知识进行系统的学习，尤其是高新技术企业的老板大都是科技人员，由于具有较好的科研业绩，而成为管理者。

如优秀的研发专家成为公司总经理，医术精湛的大夫成为医院的院长，等等。这样的技术专家对管理知之不多。更重要的是，他们往往不认为自己不懂管理，认为管理没有什么技术含量。面对这样的老板，财务主管可就辛苦多了。

因此，财务主管经常抱怨自己的工作得不到理解。

只看表面的光鲜

有许多这样的企业，投资增加，企业不断做大，收入又流入企业继续发展，若干年下来，企业的确做大了，会计报表上的总资产增加了，员工多了，企业也获得了成功。因此，老板们不认为自己管理有问题，尤其是财务管理方面。他们会反问，有问题我们怎么会如此成功？

仔细想想，企业从小到大，老板们的成功是不容置疑的。但是，以此说明财务管理的成功有效也是不足为据的。从财务管理知识和理论上来讲，财务会计是一种事后反映，它只能告诉我们企业做了什么，而不能说明企业应该做什么。企业将所有的资金长时间不加变现，而在一个领域中不断地简单投入，而且这种投入毫无计划，是十分危险的。

当企业需要从经营过程中提取现金时，生产规模自然缩小，从来不去想经营中究竟需要多少资金，固定部分与流动部分的合理配比是什么，是企业财务管理不到位的体现，也是企业经营盲目性的体现。企业完全依赖自有资金，既不举债，也不进行资本运作，对于财务杠杆的作用全然不顾，知其然而不知其所以然，企业的路会越走越窄。

财务人员越老越值钱

在招聘员工时看经验是没错的，尤其是财务管理人员，企业更看重经验。但是，我们必须注意到，经验之所以有用，是因为我们假设重复的事情还会再发生，如果一件事情不再发生，经验是派不上任何用场的。从对于新的知识和方法的接受速度上看，没有经验有时比有经验更好。比如，当年会计制度进行改革时，公司的记账方法从原来的增减制与收付制改成借贷制时，许多老会计怎么也不明白什么是借，什么是贷。

因此，经验并不总是最重要的。企业也决不可以认为自己有许多老财务人员，有经验，就万事大吉。因为这些人往往会成为公司利用新的技术、采用新的运作思路时的最大障碍。对于一些过去已经发生过的、现在重复发生的事务，有经验的人可以用；对于一些新开辟的业务，大胆启用新手，发挥其创造性优势，是制胜的要诀。另外，在有些问题中，当有经验的员工百思不得其解时，也许新手可以给出解决的方案。

财务管理是一门复杂的学问，尤其是随着现代金融衍生工具的不断出现，财务管理将面临许多新的课题。从意识上、观念上消除误区，从方式方法上进行改进，是老板们最佳的选择。

企业小，财务机构不需独立

调查显示：4%的被调查企业没有独立的财务机构；25%的被调查企业会计、出纳岗位没有分设。

从企业的发展阶段来看，只有三五个帮工的企业，年产值才几十万元，没有必要分设会计、出纳岗位，财务制度要跟企业的发展结合起来。但是当企业发展到一定阶段，会计和出纳是绝对要分离的。

企业在内控制度上面有个概念，叫"账、财、物"分离，而做这些分离，事实上并不会增加多少成本，只是要你在理念上、意识上去重视，原来的财务人员明晰自己的职责就可以。

有没有很细的标准，去判断企业发展到什么程度该实行独立的财务管理？

从企业的长远发展来看，财务机构独立得越早越规范越好。如果等企业发展了才来做，漏洞可能已经产生，到时再"亡羊补牢"，要花费很大的成本。

不懂财务管理，企业照样做大

一提财务，很多小企业老板就会头疼，因为不太懂，也不了解财务知识。他们认为，做好产品和市场就可以，不懂财务管理，一样可以把企业做起来；财务管理是财务人员的事，对做经营管理的用处不大。

传统的财务管理，一般只是事后统计，服务于企业的经营过程。但现代的财务管理，讲的是事前、事中、事后三种控制，延伸到企业整个经营管理流程上。实行财务管理，可以给企业主提供科学的决策分析依据。

在企业的资金管理中，有些老板会根据个人的感情或者经验、爱好制定资金的使用计划。比如，某个老板同时跟两家企业做生意，但他跟其中一家关系比较好，钱到的时候就先安排给了关系比较好的。但是他欠另一家的货款比较多，又必须拖到下一次才能还。这会造成企业信用不好。

资金运用没有一个合理的规划，有可能造成企业的信誉不好。而企业如果有严格的财务核算制度、资金的使用计划等，完全可以把这些不必要的隐性成本降低。

财务管理会增加成本

有的老板认为要加强财务管理，就意味着会增加管理成本和其他流程成本，这对小企业来说不划算，这样的结论显然是经不起推敲的。

财务管理的本质是，把复杂的管理简单化，简单的管理规范化，规范的管理模式化，模式化的管理数据化。

成本跟管理不是水火不相容的，关键是看企业怎么做。可以通过把复杂的东西简单化，简单化的东西规范化，规范化的东西模式化，模式化以后就轻松了，最后财务管理实现数据化，公司老板管理起来就更轻松了。

比如，麦当劳经营产品品种不多，它就利用财务分析出哪种产品模式比较好，然后通过盈利模式比较，保留一部分产品，剩下的就是利用自有的资源合理配置，管理就形成固定的模型了，模型化以后就体现在一个数据上。所以麦当劳用非常简单的方法，把一个管理模型铺向世界各地。

通过这个例子可以看出，财务管理不是通过把一个东西复杂，而是把它规范化、模式化。

第24章

交际戒律：创业不能违背的社交原则

　　零资金创业成功的关键，必须拥有一定的交际能力。创业意味着与别人合作、与社会交流，生意场上的竞争又十分激烈，建立良好的人际关系至关重要，因此交际能力显得举足轻重。

戒没有诚信，谎言百出

生活中我们总是喜欢真诚、信得过的人，讨厌说谎不老实的人。一个诚实的人，不论有多少缺点，与他交往都会感到安全。这样的人一定能找到幸福，在事业上有所成就。这是因为，以诚待人，别人也会以诚相待。一个人只要真诚地待人做事，就容易获得他人的认同。

与人交往没有比取信于人更为重要的了。你的言行举止，时刻不能放弃这个根本。只要有这个根本存在，只要别人还信任你，其他方面的缺陷或许还有弥补的机会，若失去了这个根本，别人就不相信你了，也就不愿意再与你共事，不愿意与你打交道。因此，失信于人，将付出大代价。说话不算数，许诺不兑现，意味着你丢失了最起码的为人品质。没有信誉就没有一切，在重视人际交往的今天，诚信原则不可丢。

诚信是一种"长期投资"。唯有长期遵守诚信的原则，才能建立和维护你的信誉和品牌，唯有维护了你的信誉和品牌，才能得到可持续的成功。

戒分析力差，把场面话当真

在社交场合，你要学会说点场面话，给别人一点甜头。场面话能够给人以宽慰，有如沐春风的效果，并由此沟通感情、联络友谊，促使人际交往达到水乳交融的境界。但不能因别人的几句场面话而"陶醉"其中，要知道，轻信他人之言有时不是一种善良，而是愚钝的表现。

对待场面话的态度应是：不能不信，也不能全信。比如，有人在某些特定的场合、特定的际遇下对你说的一些场面话，以应一时之景，那么你要注意别把这种场面话当真。

要判断对方说的是不是场面话，也不难，你可以事后多求证几次。如果对方说出了话后或避不见面，或含糊其辞，或转移话题，那么对方说的肯定是场面话，此时你要提高戒心，对诸如此类的场面话不可盲目相信。

戒过于直白，毫无城府

"胸无城府"这个词，原本用来形容人的纯真，做人单纯一点也无可厚非，大多数人也乐于和单纯的人交往，因为心里会觉得比较踏实。然而，社会是复杂的，人性是多变的，如果性格过于单纯，缺少心计，会对自己不利。

"深沉"这种人格是人的特点的一种"组织"，是人在其长期生活过程中形成的一种"整体性结构"，而且还是一种"复杂的、稳定的整合"，它不是一种"人工的修饰品"，而是将"成熟的自我"真实地反映在他日常的思想、行为之中。

要想做一个"深沉"的老板，首先要改变心态，增强对事件的理解力和领悟力。面对同一个问题，成熟的人的看法是理智的，而不是仅仅停留在事物的表面。

真正的"深沉"是一种能够感觉到的力量，这种力量使人坚强，使人在困难面前不退缩，在成功面前不自满，在失败面前不自卑。这种力量影响着你，也影响着你的周围。

戒不懂方圆，一视同仁

现实生活中，有些人内心方正，有些人内心圆滑，有些人对外方正，有些人对外圆滑。

从这个角度考察，人物呈现四种形态：内方外方，内方外圆，内圆外圆，内圆外方。怎样和这些品性不同的人打交道呢？吃得开的顶尖赢家往往会采取求真务实的方法，那就是"到什么山上唱什么歌"，和不同形态的人物交往，要使用不同的交际之道。

（1）对内方外方的人要诚实委婉。

（2）对内方外圆的人要有礼有节。

（3）对内圆外圆的人要有板有眼。

（4）对内圆外方的人要灵活变通。

老板要把方圆之术和"循规蹈矩"很好地结合到一起，既要遵守规矩，又不失之圆滑，既要处理好方方面面的关系，又要获取自己最大的利益。